# 能源企业
## 高质量发展管理体系实践与探索

NENGYUAN QIYE GAOZHILIANG FAZHAN GUANLI TIXI
SHIJIAN YU TANSUO

河南能源集团 ◎ 编

企业管理出版社
ENTERPRISE MANAGEMENT PUBLISHING HOUSE

图书在版编目（CIP）数据

能源企业高质量发展管理体系实践与探索／河南能源集团编．－－北京：企业管理出版社，2023.9
　　ISBN 978-7-5164-2860-3

　　Ⅰ．①能… Ⅱ．①河… Ⅲ．①能源工业-工业企业管理-研究-河南 Ⅳ．①F426.2

中国国家版本馆 CIP 数据核字（2023）第 126114 号

| | |
|---|---|
| 书　　名： | 能源企业高质量发展管理体系实践与探索 |
| 书　　号： | ISBN 978-7-5164-2860-3 |
| 作　　者： | 河南能源集团 |
| 选题策划： | 周灵均 |
| 责任编辑： | 陈　戈　周灵均 |
| 出版发行： | 企业管理出版社 |
| 经　　销： | 新华书店 |
| 地　　址： | 北京市海淀区紫竹院南路 17 号　邮　编：100048 |
| 网　　址： | http://www.emph.cn　电子邮箱：2508978735@qq.com |
| 电　　话： | 编辑部（010）68456991　发行部（010）68701816 |
| 印　　刷： | 北京虎彩文化传播有限公司 |
| 版　　次： | 2023 年 9 月第 1 版 |
| 印　　次： | 2023 年 9 月第 1 次印刷 |
| 开　　本： | 710mm×1000mm　1/16 |
| 印　　张： | 18.5 |
| 字　　数： | 230 千字 |
| 定　　价： | 96.00 元 |

版权所有　翻印必究·印装有误　负责调换

# 编委会

主　任：李　涛
副主任：梁铁山　田富军
编　委：薛志俊　刘同胜　宋录生　杨　恒
　　　　张　毅　杨联合　吴山保　王　伟
　　　　宋立新　刘彦龙　尹　征　张元元

# 前言

古道风华新步起,突困破茧展宏图。河南能源集团有限公司(以下简称河南能源)作为传统大型煤炭企业,在面临发展困境时,百折不挠,砥砺奋进,积极探索,在党和政府的正确领导下,摆脱困境,转型重生,走上新的高质量发展之路。

党的二十大报告中提出的能源发展方向为我国能源产业指明了前进道路。国有企业改革作为能源产业发展的重大挑战,近年来成为众多能源企业面临的重要议题。在国有企业改革的大背景下,河南能源积极响应党的号召,借助国有企业改革的大势,面对内外部的压力和考验,以逆境为契机,不畏艰难,积极探索,取得了阶段性的成果。企业坚持创新引领,全力管控债务风险,实施了利率调整、债务延期和债券展期兑付等重要举措,同时强调安全生产的重要性,完成了国有企业改革三年行动任务,推进总部机构改革,明确了化工产业的发展战略和方向。这一系列努力使得企业的发展形势趋于稳定向好,实现了营业收入的增长和扭亏增利。

河南能源改革重生经验具有广泛的推广价值和借鉴意义。本书旨在通过对企业发展现状、内外部环境、改革重生管理体系以及未来发展方向的分析总结,为企业深化改革、对标提升和化解风险提供指导,助力企业实现改革重生和高质量发展的目标。

本书系统地探讨了河南能源的改革重生之路,全面展示了其面临的困境、转型的策略和取得的成果。通过深入研究,我们总结了适用于企业自身发展的管理经验和发展模式，希望能为推动我国能源产业的高质量发展提供有益参考，同时也希望河南能源的脱困转型故事能对广大同行和读者在这个充满挑战和希望的新时代企业变革之路上有所借鉴。

本书主要章节内容如下。

第一章：研究背景与意义。在研究背景部分，探讨了理论背景和总体现实背景，包括政治环境、经济环境、社会环境和技术环境，以及各产业的现实背景。在研究意义部分，阐述了本研究对河南能源发展的重要性。

第二章：河南能源现状分析。本章对河南能源的基本情况，包括公司概况、生产经营情况和科技创新情况进行了分析。此外，还对河南能源的业务板块做了介绍，并进行了高质量发展的 SWOT 分析，分析了其优势、劣势、机遇和挑战，以及面临的问题。

第三章：国内外能源企业高质量发展经验借鉴。本章探讨了国内外能源企业高质量发展的经验，包括政策体系中的标准体系、国际优秀企业的标准和成功经验，以及矿业企业的发展特征，同时总结了企业高质量发展的共同特征及借鉴意义。

第四章：河南能源"四位一体"高质量发展管理体系设计。本章介绍了河南能源在"十四五"期间的整体战略，包括指导思想、坚持原则、总体定位、发展思路和发展目标。重点介绍了"四个第一"战略思想的提出，并详细阐述了"四位一体"高质量发展管理体系的设计。

第五章：河南能源"四位一体"高质量发展管理体系构建与实践。本章从安全、职工、发展和创新四个方面详细阐述了河南能源"四位一体"高质量发展管理体系的构建和实践，包括以安全为第一责任、以职工为第一牵挂、以发展为第一要务、以创新为第一动力。

第六章：以软实力为支撑保障，构建全面管理创新体系。本章主要介绍了以软实力为支撑的全面管理创新体系，其中包括党建统领、制度保障、社会责任和传承文化四个方面的内容。

第七章：河南能源改革脱困成果总结与高质量发展展望。在改革脱困成果总结中，通过紧抓三个重塑，即脱困、化险和重生，精准定位并实施"一盘棋"战略，河南能源成功实现了脱困。在化险方面，通过扛起企业责任，实施化债"组合拳"，有效防范和化解了重大风险。在重生方面，河南能源以安全高效绿色为目标，实现了创新发展。此外，还总结了重点任务，包括推动国有资本投资公司改革试点、深化经营机制改革、深化管理体制改革、深化结构改革、坚持党对国有企业的全面领导以及构建完善规范的对标体系等。

河南能源高质量发展展望：第一，强调坚持发展为第一要务，要做实做强业务板块，提高核心竞争力。第二，强调坚持安全为第一责任，要防范化解重大风险，确保企业安全稳定。第三，强调坚持职工为第一牵挂，维护职工切身利益，关注员工的权益和福利。第四，强调坚持创新为第一动力，加快转换发展动能，推动企业的创新和转型升级。第五，要坚持深化改革，全面提升管理水平，不断适应市场需求和发展变化。

愿本书成为河南能源改革重生经验的宝库，为广大企业和读者提供借鉴和启示，引领他们在困境中实现突破，迈向新的辉煌。由于编者能力及水平有限，书中难免存在疏漏和不足之处，敬请广大读者批评指正！

河南能源集团<br>
2023 年 3 月

# 目录

## 第一章 研究背景与意义 ······································· 1
### 第一节 研究背景 ············································ 5
### 第二节 研究意义 ············································ 33

## 第二章 河南能源现状分析 ····································· 35
### 第一节 河南能源基本情况 ···································· 37
### 第二节 河南能源业务板块情况 ································ 46
### 第三节 河南能源高质量发展SWOT分析 ························· 49
### 第四节 河南能源高质量发展面临的问题总结 ···················· 61

## 第三章 国内外能源企业高质量发展经验借鉴 ····················· 67
### 第一节 政策体系中有关高质量发展的标准体系 ·················· 69
### 第二节 国际优秀企业高质量发展标准及成功经验 ················ 76
### 第三节 矿业企业的高质量发展特征 ···························· 80
### 第四节 企业高质量发展的共同特征及借鉴意义 ·················· 82

## 第四章 河南能源"四位一体"高质量发展管理体系设计 ············ 85
### 第一节 河南能源"十四五"期间整体战略 ······················ 87

I

第二节　"四个第一"战略思想的提出 ………………… 93

　　第三节　"四位一体"高质量发展管理体系设计 ……… 94

**第五章　河南能源"四位一体"高质量发展管理体系构建与实践** … 97

　　第一节　以安全为第一责任，底线意识筑牢转型根基 ……… 99

　　第二节　以职工为第一牵挂，人本关怀营造国企温度 ……… 113

　　第三节　以发展为第一要务，重塑稳定的核心竞争力 ……… 128

　　第四节　以创新为第一动力，科学技术引领转型重生之路 … 135

**第六章　以软实力为支撑保障，构建全面管理创新体系** ……… 163

　　第一节　党建统领，指引总体方向 …………………… 165

　　第二节　制度保障，建设现代化企业 ………………… 185

　　第三节　社会责任，体现企业担当 …………………… 187

　　第四节　传承文化，赓续红色基因 …………………… 190

**第七章　河南能源改革脱困成果总结与高质量发展展望** ……… 201

　　第一节　河南能源改革脱困成果总结 ………………… 203

　　第二节　河南能源高质量发展展望 …………………… 225

**附件　部分新闻媒体报道** ………………………………… 233

　　附件1　2021年10月24日，《河南日报》：《锚定"两个确保"
　　　　　　交上出彩答卷　改革重生争当开路先锋》 ……… 235

　　附件2　2022年1月4日，《光明日报》客户端：《河南能源：
　　　　　　稳扎稳打　涅槃重生》 ………………………… 240

　　附件3　2022年1月8日，《河南日报》：《读懂百年"密码"
　　　　　　力行改革"答卷"》 …………………………… 244

附件 4　2022 年 4 月 14 日，国有企业改革三年行动简报第 56 期：《河南能源通过改革转型助力企业化解风险　实现涅槃重生》 …………… 253

附件 5　2022 年 7 月 14 日，《河南日报》：《河南能源：全面实施重塑性改革　阔步转入高质量发展》 …………… 256

附件 6　2022 年 8 月 10 日，《河南日报》：《河南能源集团以高质量发展推动创建一流企业》 …………… 260

附件 7　2022 年 8 月 25 日，《中国煤炭报》：《三生万物——河南能源改革重生记》 …………… 263

附件 8　2022 年 10 月 31 日，《新华财经》：《能源国企如何改革破局重塑辉煌——专访河南能源集团董事长梁铁山》 … 270

附件 9　2022 年 11 月 2 日，《河南日报》：《河南能源：改革重生》 …………… 275

**参考文献** …………… 283

# 第一章 研究背景与意义

## 第一章 研究背景与意义

党的二十大报告提出，要"立足我国能源资源禀赋，坚持先立后破，有计划分步骤实施碳达峰行动，深入推进能源革命，加强煤炭清洁高效利用，加快规划建设新型能源体系，积极参与应对气候变化全球治理"。这为我国能源产业的发展指明了方向。

在能源产业发展的整体环境下，国有企业改革是众多能源企业面临的一项挑战。国有企业改革三年行动是 2020 年 5 月 22 日，第十三届全国人民代表大会第三次会议上提出的。这一行动是从 2020 年开始，未来三年落实国有企业改革"1+N"政策体系和顶层设计的具体施工图，也是对党的十八大以来各项国有企业改革重大举措的再深化。

在国有企业改革的大背景下，河南能源集团有限公司（原名"河南能源化工集团有限公司"，2022 年 7 月正式变更为"河南能源集团有限公司"）深入开展国有企业改革三年行动，制定"1+29+2"实施方案。河南能源以习近平新时代中国特色社会主义思想为指导，不断增强"四个意识"，坚定"四个自信"，做到"两个维护"，深入贯彻习近平总书记关于国有企业改革的重要论述特别是视察郑州煤矿机械集团股份有限公司（以下简称郑煤机集团）时的重要讲话精神，坚持和加强党的全面领导，坚持市场化改革方向，以国有资本投资公司改革试点为主线，聚焦体制机制难点、痛点，深入推进产权、组织、治理结构改革，加快治理体系建设，提升治理效能，助推企业高质量发展。2021 年，河南能源国有企业改革三年行动规定的 40 项重点任务全面完成，164 项具体任务已全部完成，各级经理层 1000 余人实行任期制和契约化管理。企业通过印发《河南能源化工集团开展对标国际国内一流管理提升行动实施方案》，明确了战略管理、组织管理、科技管理等 10 个领域、39 个方面的提升目标，开展对标一流管理提升行动，实现了产权结构、组织结构、治理结构等各方面全方位、全局性改革。此外，企业于2021年11月下发《河南能源化工集团有限公司国有企业改革三年行动重点攻坚工作方案》，在前期改革任务成果的基础上，对下一步有关工作进行安排部署。

借助国有企业改革的大势，河南能源在过去几年中面临内外部的多重压力与考验的情况下，逆境求生，勇于探索，踔厉奋发，经过一年多的转型重生，已取得阶段性成果。2021年4月，河南省委、省政府做出推动河南能源改革重生的决策部署，举全省之力帮助企业改革脱困。两年多以来，河南能源在河南省委、省政府的正确领导下，坚持创新引领，全力管控债务风险，实现1000多亿元利率调整及债务延期，完成全部到期债券展期兑付；明确提出"安全是第一责任""三不四可"安全理念，落实各级安全责任，安全生产大局稳定；全面完成国家层面国有企业改革三年行动任务，强力推进总部机构改革，实现总部机构、人员压缩1/3；明确化工产业"东引西进"发展战略和"1+4"产业发展方向，引入16家中央企业和区知名民营企业总投资546亿元，重点推进濮阳、鹤壁、义马、永城四大化工园差异化发展。通过艰苦努力，企业发展形势趋稳向好，2021年全年实现营业收入1103亿元，实现扭亏增利70亿元；2022年1—7月，实现营业收入687亿元、同比增长26%，盈利34亿元、同比增长158%，闯出了一条依靠改革实现脱困、化险、重生的新路。

在此过程中，河南能源形成了具有推广价值和借鉴意义的改革重生经验。本研究将对企业发展现状、内外部环境、改革重生管理体系以及未来发展方向等进行分析总结，帮助企业打赢深化改革、对标提升、风险化解三大攻坚战，坚决实现改革重生和高质量发展的奋斗目标。

# 第一节 研究背景

## 一、理论背景

"企业转型升级"一词,从狭义来说,是指产品质量的提升或生产技术的升级,即由初级产品走向高级产品的质量水平提升,或是由低层次技术走向高层次技术的技术水准提升的过程。从广义来说,企业转型升级泛指一切以往做不到但对企业经营绩效有利的事情,例如质量改良、技术进步、新产品开发、产品附加价值提升、人员素质提升、营销通路拓展等。针对企业转型升级的理论主要有以下几类。

### (一)企业能力理论

企业能力理论体系沿革,如图1-1所示。

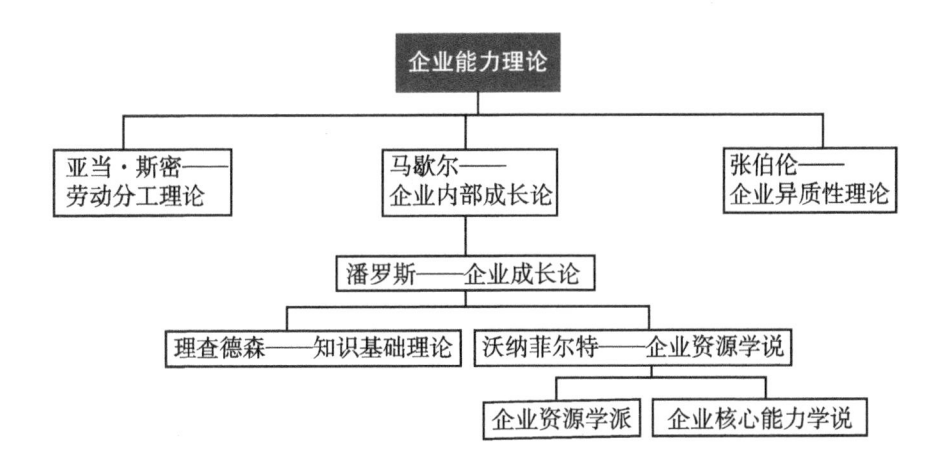

图1-1 企业能力理论体系沿革

企业能力理论最早可以追溯到18世纪亚当·斯密的劳动分工理论，他认为，人们在经济活动中的利己主义导致劳动分工，并对提高劳动生产率和增进国民财富起到了巨大的作用。马歇尔所提倡的企业内部成长论为该学派的理论打下基础，他认为，由于专业化分工导致企业内部出现新的协调问题，因而技能、知识的不断积累产生新的内部专门职能，企业内部会形成伴随生产进程的公开知识积累，从而推动企业不断进化。张伯伦（Chamberlin E H）重点研究了企业的异质性（heterogeneity）后认为，企业的专有资产或能力如技术能力、品牌知名度与美誉度、管理者独立工作能力、与他人合作能力、商标和专利等，是使企业处于不完全竞争状态，并获取经济租（economierent）的重要因素。

潘罗斯（Edith Penrose）发表了《企业成长论》，她继承了马歇尔企业内部成长论和熊彼特（Joseph Schumpeter）创新理论的观点，从经济学角度通过研究企业内部动态活动来分析企业行为。潘罗斯认为，企业不仅是一个管理单位，而且是一个具有不同用途、随着时间推移由管理政策决定的生产性资源的集合体，企业拥有的资源状况是决定企业能力的基础，真正限制企业扩张的因素来自企业内部，尤其是"企业现存人员的管理能力"。因此，企业可以通过内部知识积累拓展经营领域所需的能力，而且这种知识的积累是一种内部化的结果，由资源所产生的生产性服务发挥作用的过程推动知识的增长，而知识的增长又会导致管理力量的增长，从而推动企业演化成长。

潘罗斯通过构建企业的"核心资源——企业能力"来揭示企业成长的内在动力，形成了其独创的企业成长分析框架，也为后续基于"企业能力理论"这一核心概念所衍生出来的众多学说如企业资源理论、企业核心能力理论和动态能力理论的出现提供了重要的理论工具。

围绕潘罗斯的"企业内部能力推动企业成长"这个核心概念，许多学者进一步发展出各种不同的学说与观点。理查德森（Richardson H W）提出企业间协调的知识基础理论，进一步发展了企业内在成长理论；伯格·

沃纳菲尔特（Birger Wernerfelt）于1984年在《战略管理杂志》上发表《企业资源学说》一文，提出了公司内部资源对公司获利并维持竞争优势的重要意义，从此企业能力理论开始分化为两个相对独立又互为补充的学派。其中一派就是以沃纳菲尔特的"企业资源学说"为主，他与后来的研究者如罗曼尔特（Richard Rumelt）、李普曼（Stephen Lippmam）、温特（Sidney Winter）、巴尼（Jay B Bamey）等人共同研究形成资源学派。资源学派强调核心资源的重要性，认为每个组织都是独特的资源和能力的结合体，是要素市场而不是产品市场形成了决定企业成功的环境。另一派称为"企业核心能力学说"，以普拉哈拉德（Prahalad C K）和哈默尔（Hamel G）在1990年5—6月的《哈佛商业评论》上发表的划时代文章《企业的核心能力》为标志。普拉哈拉德和哈默尔提出，企业是一个能力体系或能力的集合，企业核心能力最终决定企业的竞争优势与经营绩效，一个企业的长期竞争力来自它以比竞争者更低的成本和更快的速度开发具有差异性的创新产品的能力，而且这种核心能力具有适用性、价值性、难模仿性，能够成为企业竞争优势的来源。在超级竞争的背景下，企业持久竞争优势的源泉就是企业的核心能力。这一学派将演化经济学的企业模型和资源学派的观点结合起来，提出了动态能力（Dynamic Capability）理论。该理论认为企业的优势存在于企业组织与管理过程之中，而企业的组织与管理过程是由企业的专有资产形态和演进路径决定的。它特别强调动态环境中企业特定能力的获得以及该企业能力的运用和保护。

其中，企业核心能力学说是河南能源高质量发展的基础理论之一。

## （二）企业生命周期理论

葛雷纳在《哈佛商业评论》上发表了《组织成长的演变和变革》一文，文中首次系统地提出企业生命周期理论（见图1-2），把企业生命周期划分为创业、聚合、规范化、成熟、再发展或衰退五个阶段，认为企业每个阶段的组织结构、领导方式、管理体制和职工心态都有其特点。

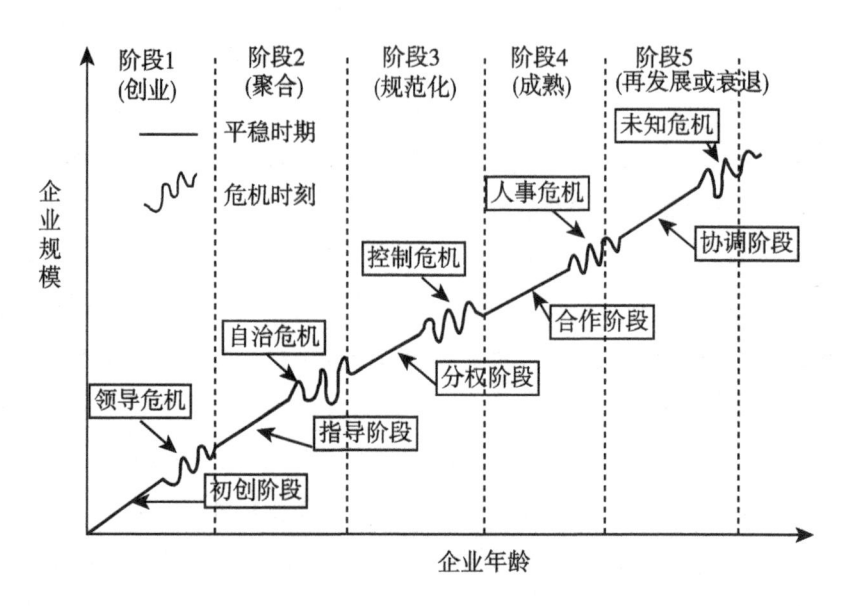

图 1-2 葛雷纳的企业生命周期

1983年，美国的奎因和卡梅隆在《组织的生命周期和效益标准》一文中，把组织的生命周期简化为四个阶段，即创业阶段、集合阶段、正规化阶段和精细阶段。此后，西方管理学者分别从不同的角度探讨如何延续企业生命。美国管理学家伊查克·爱迪思在《企业生命周期管理》一文中按照企业的灵活性和可控性将企业成长过程分为孕育期、婴儿期、学步期、青春期、盛年期、稳定期、贵族期、官僚早期、官僚期及死亡期十个阶段。企业的成长，意味着它具备了一定的灵活性和可控性；企业的老化，则意味着其灵活性和可控性较低。其理论核心是通过将"内耗能"转化为"外向能"，引发企业管理创新从企业内部向企业外部扩散。

典型的企业生命周期模型从理论高度抽象地描述了企业的生命过程及形态变化，它反映了企业生命过程的一般规律。通过总结现有企业生命周期的模型后发现，现存的模型在对企业生命周期阶段的划分上，不仅没有统一的标准和一致的做法，而且划分的依据也不相同；然而，所有的模型都表现出企业的发展要经历具有显著的不同特征的几个阶段，认为企业是一个不断演进的实体，其演进的路径和速度取决于内部因素和外部因素。内部因素有企业的战略、财务资源、经营者能力等，而外部因素有竞争环境、宏观经济因素等。这些因素都会导致企业生命周期的变化，尤其是企业的战略决策，在不同的阶段有明显的差别，而企业战略的改变往往伴随组织结构、人员配置的相应改变，因此企业发展并不一定遵循严格的路径和完整的周期，如企业的消亡并非是不可避免的，企业可以通过变革和创新实现再生，从而开始一个新的生命周期。总结发现，企业在其成长和发展的轨迹上，会经历不同的生命周期阶段，每个生命周期阶段的企业具有特有的组织结构、行为方式，同时会产生不同的经济后果。现有企业生命周期模型在企业生命周期阶段的划分上，比较常用的是将企业生命周期划分为四个阶段，即初创期、成长期、成熟期和衰退期。

河南能源在发展过程中不断迭代，更新发展战略，以避免企业滑入衰退陷阱，正是企业生命周期理论在企业管理实践中的生动体现。

## （三）企业再造理论

企业再造理论又称企业重构理论，是由美国麻省理工学院教授哈默（Michael Hammer, 1948—）和 CSLINDEX 管理咨询公司董事长钱皮（James Champy, 1942—）于1993年提出的一种新的管理理论。企业再造理论是指"为了飞越性地改善成本、质量、服务、速度等大型现代企业的运营基准，对工作流程进行根本性的重新思考并彻底改革"。也就是说，为了适应新的世界竞争环境，企业必须摒弃已成惯例的营运模式和工作方法，以工作流程为中心重新设计企业的经营、管理及运营方式。

企业再造理论以一种再生的思想重新审视企业，并对传统管理学赖以存在的基础——分工理论提出了质疑，这无疑是管理学发展史上的一次革命。

基于企业再造理论，企业将会发生以下几个方面的变革：工作单位发生变化——从职能部门变为流程执行小组；工作变换——从简单的任务变为多方面的工作；人的作用发生变化——从受控制变为授权；职业准备发生变化——从职业培训变为学校教育；衡量业绩和报酬的重点发生变化——从按照活动变为按照成果衡量；晋升的标准发生变化——从看工作成绩变为看工作能力；价值观发生变化——从维护型变为开拓型；管理人员发生变化——从监工变为教练；组织结构发生变化——从等级制变为减少层次；主管人员发生变化——从记分员变为领导人。

企业再造理论从具体实践的角度为河南能源的高质量转型发展提供了框架和方向。

## （四）重点理论对河南能源转型重生与高质量发展的指导意义

河南能源高质量转型发展，是以企业生命周期理论为总体指导，以企业能力理论为突破方向，以企业再造理论为实践框架的。

企业生命周期理论表明，越是接近上游的基础产业，如煤炭、钢铁、石油，它的生命周期越长；越接近最终消费者的产品，如家用电器、个人计算机、移动电话等，其生命周期越短，越容易受到企业外在环境的冲击和消费者偏好的影响。产业生命周期机理表明，企业竞争力是动态发展的。生命周期的不同阶段，决定一个产业成功的关键因素不同，这就要求与之匹配的企业核心能力也应不断调整。鉴于煤炭产业处于成熟期，根据企业生命周期理论和经济学原理，煤炭产业整体上处于发展的均衡状态，整个行业的经济利润（会计利润-机会成本）最终将趋于零，只有那些规模效益突出、管理水平相对较高的企业，才能避免滑入衰落期，找到新的增长点。

对于煤炭等资源开采业而言，煤炭企业的发展大都要经历勘探、矿区规划、基本建设、生产经营、成熟蜕变、衰亡这一周期过程，其所对应的时间跨度就是煤炭企业的生命周期。煤炭资源的有限性和不可再生性，又决定了其生命周期具有明显性和独特性，其开发必然要经历一个从勘探到开采，再到高产稳产、衰退，直到枯竭的过程，煤矿区经济发展会呈倒

"U"形结构。只有在成熟期后期找到新的发展动力,才能进入新的成长周期。

"四位一体"改革创新体系就是河南能源在成熟期面临生命周期拐点时所提出的新方向。它聚焦发展这一主题,对内严守底线,关注职工需求,对外谋求科技创新的力量。以管理水平提升延长企业在增长期和成熟期的停留时间,是这一体系的核心思想,如图1-3所示。

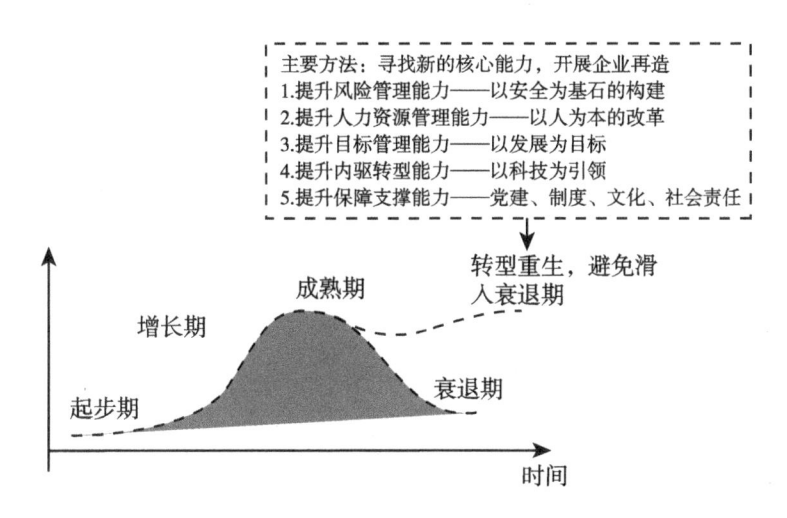

图1-3 河南能源高质量转型发展的理论框架

## 二、总体现实背景

从全球看,当今世界进入动荡变革期。新一轮科技革命和产业变革深入发展,国际力量对比深刻调整,国际环境日趋复杂。新一轮科技革命和产业变革深度演进,相互交织,正处于重大突破的历史关口,人工智能、量子科技、生物科技等蓬勃发展,重大颠覆性技术不断涌现,正在重构全球经济格局和创新版图;蔓延全球的新冠疫情,对全球政治、经济形成极大冲击,造成严重通货膨胀和供应链危机;极端天气多发,造成巨大经济损失,并影响能源供给。

从国内看，我国经济发展进入转变发展方式、优化经济结构、转换增长动能的攻关期，经济已由高速增长阶段转向高质量发展阶段。为应对深刻变革调整的国际形势，我国正在加快构建以国内大循环为主体、国内国际双循环相互促进的新发展格局，实施扩大内需战略，扩大有效投资，加强新型基础设施建设、新型城镇化建设，加强交通、水利等重大工程建设。我国内需潜力巨大，成长性好、带动力强，目前正处于新型工业化、信息化、城镇化、农业现代化快速发展阶段，投资需求潜力仍然巨大，而且投资的短期带动效果更明显，"双循环"格局和"两新一重"等重大政策利好因素为企业调整产业带来新的发展机遇。抗击新冠疫情的良好措施和效果，使中国在2020年全球经济大幅萎缩背景下"一枝独秀"，成为世界主要经济体中唯一实现全年经济增速为正的国家，2021年中国经济继续延续稳健复苏态势。从长远看，随着国家治理能力现代化的提升，中国将长期保持稳定发展势头。

从河南看，中部地区崛起、黄河流域生态保护和高质量发展等重大国家战略为河南发展提供重大机遇。河南是拥有1亿多人口、2000多万中等收入群体的大市场，是产业体系完备的先进制造业和现代服务业基地，是连通境内外、辐射东中西的物流通道枢纽，东部产业转移、西部资源输出、南北经贸交流、内外市场联通的战略地位逐渐凸显出来，完全可以塑造人力资本、内需体系、流通经济、有效供给等新优势，打造国内大循环的重要支点、国内国际双循环的战略链接，以及高质量发展引领区。河南省委第十一次党代表大会描绘了美丽河南的美好愿景，到2035年基本建成经济强省、文化强省、生态强省、开放强省及国家创新高地、幸福美好家园。同时，在区域环境中还存在一些制约企业发展的因素，思想观念相对落后，开放意识不强，人均主要经济指标相对落后，新产业、新经济、新业态占比不高，创新支撑能力不足，城镇化水平偏低，资源环境约束趋紧，营商环境有待进一步改善，等等。综合研判，"十四五"期间，河南省将充分发挥中部区位、资源、市场、文化等优势，加快崛起，发展潜力巨大。

对河南能源外部环境进行 PEST（P 指 Political，政治环境；E 指 Economy，经济环境；S 指 Society，社会环境；T 指 Technology，技术环境）分析，如图 1-4 所示。

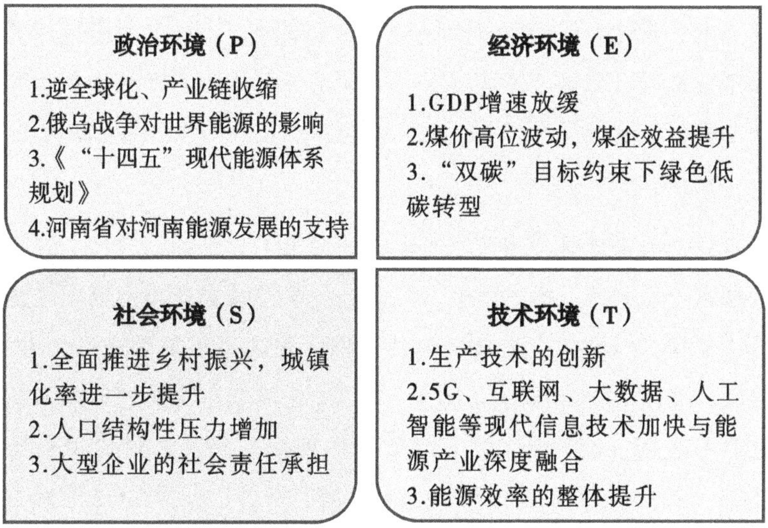

**政治环境（P）**
1. 逆全球化、产业链收缩
2. 俄乌战争对世界能源的影响
3. 《"十四五"现代能源体系规划》
4. 河南省对河南能源发展的支持

**经济环境（E）**
1. GDP 增速放缓
2. 煤价高位波动，煤企效益提升
3. "双碳"目标约束下绿色低碳转型

**社会环境（S）**
1. 全面推进乡村振兴，城镇化率进一步提升
2. 人口结构性压力增加
3. 大型企业的社会责任承担

**技术环境（T）**
1. 生产技术的创新
2. 5G、互联网、大数据、人工智能等现代信息技术加快与能源产业深度融合
3. 能源效率的整体提升

图 1-4　河南能源外部环境 PEST 分析

我国正处在实现"两个百年"奋斗目标的历史交汇期，而世界正处于"百年未有之大变局"。对于我国国民经济和企业发展来讲，"十四五"也是克"危"寻"机"、谋长远促转型的关键时期。目前，社会各界已经形成共识，当今世界已经进入一个 VUCA 时代，即处于"不稳定"（Volatile）、"不确定"（Uncertain）、"复杂"（Complex）和"模糊"（Ambiguous）的状态之中，这对我国社会经济和企业高质量发展提出了新的挑战。

在这样的整体环境下，国有大型能源企业的发展也面临着政治、经济、社会、文化等外部变量带来的冲击。当然，危机之中往往蕴藏着新的机遇。对于河南能源来说，这几方面的环境影响也是"喜忧参半"，机遇与挑战并存。

## （一）政治环境

### 1. 全球产业链重构

由于新冠疫情导致的逆全球化进一步加剧，各国的产业链都在向国内转移。疫情后的次生冲击——全球产业链重构影响更加深远。越来越多的国家意识到，无论经济如何全球化，与国家安全、人民生命直接相关的产业都要掌握在自己手里。疫情后很多国家重新评估本国产业体系，开始回收、扶持基础产业和民生产业，这将对世界产业格局产生巨大冲击。

### 2. 国际环境的影响

俄罗斯作为全球最大的天然气出口国和第二大石油出口国，在全球能源供应体系中扮演着重要的角色。目前，我国在煤炭产出上已牢牢坐稳全球第一把交椅，但同时作为煤炭消费大国，我国每年仍需进口大量煤炭。数据显示，我国2021年煤炭进口量在3.23亿吨左右，从进口国家结构来看，2021年我国从俄罗斯、澳大利亚和印度尼西亚三国进口煤炭量超过1.5亿吨，占总进口量的近半数，其中从俄罗斯进口量为5455万吨，同比增长超过60%。2021年由于从澳大利亚进口煤炭的数量骤减，俄罗斯和印度尼西亚对我国的供应增量均超过3000万吨。未来，俄罗斯的煤炭供应对我国的煤炭市场或多或少会有一定影响。

### 3. 能源领域"十四五"规划

《"十四五"现代能源体系规划》中，也强调了加强煤炭安全托底保障。优化煤炭产能布局，完善煤炭跨区域运输通道和集疏运体系，增强煤炭跨区域供应保障能力。持续优化煤炭生产结构，以发展先进产能为重点，布局一批资源条件好、竞争能力强、安全保障程度高的大型现代化煤矿，强化智能化和安全高效矿井建设，禁止建设高危矿井，加快推动落后产能、无效产能和不具备安全生产条件的煤矿关闭退出。建立健全以企业社会责任储备为主体、地方政府储备为补充、产品储备与产能储备有机结合的煤炭储备体系。发挥煤电支撑性、调节性作用。统筹电力保供、减污降碳，根据发展需要合理建设先进煤电，保持系统安全稳定运行必需的合理裕度，加快推进煤电由主体性电源向提供可靠容量、调峰调频等辅助服务的基础保障性和系统调节性电源转型，充分发挥现有煤电机组应急调峰能力，有序推进支撑性、调节性电源建设。

**4. 河南省政府的大力支持**

河南能源的改革转型离不开河南省政府的大力支持。在2020年年底，河南能源面对生死存亡的关键问题，河南省委、省政府高度重视、果断决策，制定了"一揽子"化解风险及应对方案，实施了一系列救助措施，举全省之力支持河南能源改革重生。具体举措如下。

在金融支持方面，稳定存量，精准分类施策，对2021—2023年到期贷款展期降息，到期债券穿透后按比例兑付，对非银行金融机构债务开展债转股或按到期贷款处理；推动已签约债转股落地，回归明股实股。扩大增量，鼓励支持银行增加授信和贷款投放规模；用好人民银行信贷工具，尽早启动债券发行和银行增信融资；充分利用股票市场，发挥上市公司融资功能。

在财税支持方面，对河南能源及所属困难企业，依据税法及相关规定给予税费缓、减、免等优惠政策。鼓励企业内部资源优化配置和资产重组，依法减免资产处置、内部资产重组、国有划拨土地转增资本、统借统还等相关环节涉及的税费。免收河南能源2019—2023年国有资本收益，加大省级资本经营预算和省级专项资金对河南能源的支持力度。加快拨付河南能源推进矿井智能化、安全技术改造等项目奖补资金。对主动申请去产能的煤矿，延续停产关闭矿井财政补助、职工安置、产业转型等扶持政策。依法依规延长河南能源社会保险费、住房公积金的缓缴期限，缓缴期间免收滞纳金。

在资源支持方面，对企业转型发展项目，在项目用地上优先采取土地置换，在税收上依法给予减免优惠。支持土地分类盘活，对城区内符合"退二进三"政策的土地，按照政府收储予以补偿；对不具备调规变性的土地，按工业地性质予以收储；对远离城区的土地，采取增减挂钩指标交易等方式予以盘活。支持企业扩边扩储矿井及预配置资源"探转采"，加快去产能矿井剩余采矿权价款依规退还。

在基金支持方面，由中原豫资投资控股集团有限公司牵头设立300亿元河南省企信保基金，支持省属国有企业公开市场债券兑付等。整合省内各类基金，引入社会资金，设立煤化工转型升级基金，重点支持河南能源产业转型升级。

由此可见，国内外政治环境虽然充满了不确定和不可控因素，但是总体来看对煤炭企业发展是一个较为平稳的环境。河南能源改革重生已经到了关键时期，做好风险防控、效能提升、改革转型等各项工作是"稳"的需要、"进"的需要、"变"的需要。从可行性上看，当前和今后较长时期内，煤炭在我国能源体系中的主体地位和"压舱石"作用不会改变，政府为现代煤化工产业指明了高端化、多元化、低碳化发展方向，政策提出"新增可再生能源和原料用能不纳入能源消费总量控制"，中部地区崛起、黄河流域生态保护和高质量发展等国家战略相继落地，河南省"十大战略"指出要为煤炭等传统产业实施高位嫁接，政策红利将会不断释放，这些都为河南能源实现涅槃重生奠定了坚实的基础。尤其是河南省对河南能源全方位的支持和指导，更是为企业改革转型增加了底气。

## （二）经济环境

### 1. 经济增速放缓带来的压力

2021年中国GDP总量达到114.4万亿元人民币，按照年平均汇率折算达到17.7万亿美元，实际GDP同比增长8.1%，美国仅为5.7%。从数据上看经济形势保持稳定增长，但是具体来看，尤其是自2022年以来，国内经济发展面临需求收缩、供给冲击、预期转弱三重压力，经济增速放缓压力持续加大。2022年4月召开的经济形势专家和企业家座谈会对当前形势做出研判，认为中国经济总体运行在合理区间，但并不讳言"有些突发因素超出预期"，且强调要"正视和果断应对新挑战"。2022年3月，中国制造业采购经理指数（PMI）、非制造业商务活动指数和综合采购经理指数产出指数均降至临界点以下，表明经济总体景气水平有所回落。这些均体现出我国经济发展目前面临的巨大压力。

### 2. 需求导向的煤价波动

在经济整体下行压力增加的背景下，煤炭行业在2021年下半年经历了一次罕见的煤价上涨，动力煤价格一度刷新历史极值。在政策密集调控下，煤价逐渐回归合理水平。到2022年第一季度，国家统计局数据显示，4月上旬与3月下旬相比，煤炭产品价格多数环比下跌，普通混煤价格环比下降超过20%；而2022年煤炭价格总体趋稳，煤炭供需维持弱平衡态势。这样的趋势为煤炭企业的发展提供了较为稳定的环境。

### 3. "双碳"目标的约束

预计在很长一段时期内，煤炭仍将扮演"压舱石"的重要角色。然而，一方面是经济发展对能源的现实需要，另一方面是环境保护的长远利益。"30·60"战略的实施对绿色能源的发展提供了政策背书，对于煤炭等传统能源来说则是巨大的挑战。

一般来说，实现碳中和的方法有两种：一种是减少二氧化碳排放，另一种是进行碳捕捉和碳汇。前者要求我们减少煤炭的使用量，后者以现有技术来看成本高昂，是煤电成本的1~2倍，所以现在很少使用。因此，目前碳中和主要依靠减少对煤炭的使用来实现，我国煤炭产业必然受到影响。煤炭企业将在开采模式、洁净煤技术、矿区生态环境治理、智能化改造等方面进一步体现绿色低碳要求。煤炭企业总体格局也将由"小而多"变得"大而精"。长期来看，煤炭将逐渐平稳退出供能主舞台，转而成为提炼苯、焦炭、沥青等化工用品的原材料，并成为应急供能资源储备。届时大型煤炭企业都需要进行转型。

在这样的背景下，新能源取代化石能源将是长期趋势。"十四五"期间，我国能源消费强度和总量双控会进一步强化，"对能耗强度下降目标完成形势严峻的地区实行项目缓批限批、能耗等量或减量替代"。对于传统能源领域，一方面要严格控制消费总量。《2030年前碳达峰行动方案》提到要加快煤炭减量步伐，严格控制新增煤电项目，"十四五"时期严格合理控制煤炭消费增长，"十五五"时期逐步减少煤炭利用。另一方面要提升能源利用效率，推动煤炭清洁利用，等等。

以碳达峰、碳中和为目标引领的我国能源革命在"十四五"期间将加速推进能源转型和能源革命进程，通过大幅提升能源利用效率和大力发展非化石能源，逐步摆脱对化石能源的依赖，以更低的能源消耗和更清洁的能源支撑我国经济社会发展和居民生活水平提高，在倒逼能源清洁转型的同时保障我国能源安全供应。

同时，加快高耗能、重化工业等产业去产能和重组整合步伐，钢铁、石化、建材、水泥、有色金属等高能耗、高排放产业产能扩张力度将受到严格的碳排放限制，产能退出和压减速度加快，且产业内技术、设施更为先进的龙头企业有望进一步占据竞争优势，兼并重组整合趋势加强；改善投资结构，新增大量绿色投资需求，新增大量风电、光伏等非化石能源投资；高耗能、高排放产业为降低排放，需要新增大量清洁能源设备、低碳排放设备等技术改造投资；为快速降低碳排放，需要新增大量绿色、低碳、零碳等技术投资。目前，我国能源结构中煤炭消费占比达57%，在"能源双控"的政策作用下，预计2025年煤炭消费将达到峰值，约42亿吨。因此从长远来看，煤炭产业未来整体发展空间受限，光伏、风电、氢能等新能源领域成为发展重点。

受碳达峰、碳中和政策影响，工业产业将会迎来明显的结构分化。一方面，针对高排放、高耗能行业，产能和能效约束将进一步收紧。《2030年前碳达峰行动方案》提到，要"加快退出落后产能"，特别是石化（严格控制新增炼油和传统煤化工生产能力）等重点行业；另一方面，要加快发展战略性新兴产业，并将其同绿色低碳产业深度融合，如新一代信息技术、生物技术、新能源、新材料、高端装备、新能源汽车、绿色环保等产业。

煤化工产业具有高碳属性，在生产过程中需要对氢/碳原子比进行调整，以基础化工产品甲醇、乙二醇、烯烃以及煤制油为例，整个过程中都会有大量的二氧化碳产生。因此，未来煤化工产业加快减碳、实现低碳转型已成为重点工作。煤化工在河南能源产业中占比较重，"双碳"目标既是对煤化工产业也是对河南能源提出的挑战。

为此，河南能源需要提前布局，考虑转型。

首先，河南能源拥有落后产能退出关闭矿井等闲置土地资源，按照国务院《关于煤炭行业化解过剩产能实现脱困发展的意见》，鼓励煤炭企业利用废弃的煤矿工业广场及其周边地区，发展风电、光伏发电项目。河南能源将充分利用企业厂房屋顶及闲置矿井等优质资源，与新能源优势企业合作，积极推进分布式光伏电站建设，推广分布式光伏建筑一体化工程。河南能源所管辖4个区域煤业公司（永煤、义煤、焦煤、鹤煤）拥有完善的矿区电网，以及优质的存量配电资产及管理团队，已成功申请国家"增量配电业务试点"。按照《国家发展改革委 国家能源局关于开展"风光水火储一体化""源网荷储一体化"的指导意见（征求意见稿）》及增量配电业务相关政策精神，增量配电业务改革试点内可发展光伏、风电等清洁式能源，并在网内就地消纳。"十四五"时期将逐步建设光伏、风电基地，同时开展矿区智能电网升级改造、增量配电网和蓄水储能项目，推进矿区电网与新能源产业协同发展，向区域综合能源服务中心转型，有力地支撑河南能源产业转型升级和高质量发展。

其次，河南能源可以着力于建设成为河南省氢能枢纽。河南能源现有煤化工产业中，乙二醇、甲醇、化肥、1,4-丁二醇等产品生产装置中均有氢气产生，且产量较大、纯度较高。氯碱装置中也副产大量氢气，且成本较低。集团公司氢气资源丰富，并且下属企业在省内各地市分布较广，这为集团布局加氢站提供了得天独厚的条件。结合河南能源产业现状，抓住这次战略机遇进入氢能源领域，开辟集团公司产业发展的新领域。具体定位为：将河南能源建设成为河南省氢能枢纽，成为氢能关键核心部件储氢瓶、储氢罐、电堆扩散层-碳纤维纸/布制造中心、加气运营中心，立足河南、面向全国输出氢能关键设备。

最后，碳中和背景下，低排放、低能耗煤化工企业将确立强者恒强格局。2020年12月底，《2019—2020年全国碳排放权交易配额总量设定与分配实施方案（发电行业）》正式发布，发电行业于2021年启动第一个履约周期。随着"双碳"目标推进，煤化工作为高排放行业也将开展碳配额交易。在碳排放交易体系下，煤化工将迎来行业成本的系统性抬升。碳排放与能耗更低的领先企业相比，高排放、高耗能企业将获得更高的成本优势，且这些优势将随着碳排放权价格的上涨而不断放大。部分高排放产能将因成本提高而出清，相当于一次供给侧改革，强者恒强格局将加速确立。

（1）通过科技引领，优化生产工艺，大幅减少二氧化碳排放。通过流程优化、关键部件提升、研发新型高效催化剂与工艺和过程节能技术，对主要耗能工序进行流程再造，应用绿氢绿氧实现减排降耗目标；大力推广实施能量梯级利用、余热发电、余热回收等节能技术，提高装置的能源转化效率。

（2）坚持从源头管控，增加清洁原料来源，促进原料低碳化，减少煤炭转化，规划焦炭+$CO_2$→$CO$、纳米碳酸钙、碳酸酯类-聚碳酸酯系列三条碳利用产业，从源头上降低碳排放强度。

（3）积极开展关键核心技术攻关。深入研究二氧化碳利用、新能源开发、储运氢能等技术，大力推广利用绿色节能新技术、新工艺、新装备，加大循环经济和节能减排力度。在延伸产业链方面实施清洁生产，如开展锅炉和气化炉二氧化碳捕集和纯化；在二氧化碳资源化利用研究方面，利用二氧化碳制二甲基甲酰胺、甲醇、生物基化学品等技术，达到化学固碳目的；开展利用废弃矿井存储二氧化碳的实验；推进二氧化碳应用于油田驱油封存；等等。

## （三）社会环境

### 1. 城镇化率的持续提升

2021年，新型城镇化和城乡融合发展工作取得新成效，年末常住人口城镇化率达到64.72%，农业转移人口市民化加快推进。在中国，除去产业聚合，城镇化的另一路径是人口聚合。无论是哪一种类型的城镇化路径，其关键一环都是打造更完善的能源体系。对于已经和即将成为新城镇居民的民众而言，这意味着更好的生存状态；对于投资者而言，这意味着更好的经营环境；对于地方政府而言，这既意味着对中央政策的响应，也意味着可以更快、更顺利地推行自己的规划；对于河南能源这样的能源企业而言，则意味着新的机遇和挑战。

### 2. 人口结构的改变

从城乡二元人口结构来看，乡村人口转移到了城市，对能源需求提出了新的要求；但是同时，我国的人口结构面临着结构性的压力。1985—2019年，全国劳动力人口的平均年龄从32.3岁上升到38.8岁，劳动力人数增幅不断降低并开始出现绝对数量下降的情况。这对人员密集型的煤炭企业来说，是不利因素。适龄劳动人口数量的下降会导致煤炭企业的用工难题，但也是催生智慧化、无人化生产的一种动力。

### 3. 企业的社会责任承担

前两者都是社会环境对煤炭企业的影响，煤炭企业对社会也承担着一定的责任。从企业的政府责任来看，河南能源属于大型国有矿业企业，国有企业的发展需要以国家与政府的支撑为基础，其稳定经营也直接影响国家经济的发展。因此，国有企业对政府的责任，除正常业务外，还应当合法经营，积极纳税，遵守有关法律法规和法律法规未规定的道德规范；在积极响应国家税收政策的前提下，充分利用国有资产取得经济效益，在享受国家税收优惠政策的同时积极依法纳税。此外，还应承担起打击腐败，促进廉政建设，引领国家经济发展，促进就业，维护社会稳定的责任。河南能源是河南最大的国有工业企业，现有员工15万人，上缴税费100.7亿元，充分体现了大型国有企业的政府责任担当。从企业对股东的责任来看，国有企业应确保国有资产的保值和增值，防止国有资产的流失。从企业的消费者责任来看，在企业多方利益相关者中，消费者或许是最不需要向企业承诺忠诚的，而企业主要通过消费者的购买行为实现利润收入目标。河南能源2021年完成营业收入1100亿元，是与消费者双向信任的体现。从企业的员工责任来看，河南能源坚守为民初心，让职工更有幸福感。扎实开展"我为职工办实事"活动，聚焦职工"急、难、愁、盼"，办好民生实事2155项。全力筹资补齐6个月工资，实现整体人均薪酬同比增长11%。投入4580余万元帮扶困难职工1.25万人次，夏送清凉、冬送温暖，慰问职工22万人次；慰问困难职工子女1150人；筹集助学资金327万元，帮扶1844人。

在企业环境责任方面，公司坚持发展绿色循环经济，提升环保设施运行质量，坚决打赢污染防治攻坚战，扎实创建绿色矿山、绿色工厂，统筹推动节能降碳增效工作。在企业社区责任方面，公司在提升自身经营水平的同时，始终关注社会民生问题，充分体现了一个大型国有企业的责任和担当。在"7·20"抗洪救灾中积极担当作为，捐款1670余万元，派出510人、14个防汛抢险救援队，圆满完成郑州地铁五号线、阜外华中医院等5地10处抢险救援工作。为省内长协电厂发运电煤1025万吨，占省内供煤量的42.5%；向社会让利10.2亿元。集团驻村工作队获得"河南省脱贫攻坚先进集体"称号。同时公司组织1100余名医护人员义务为37万余名社会群众做核酸检测，积极向郑州等地捐赠消毒液28.9万千克，为全省疫情防控做出了积极贡献。

## （四）技术环境

### 1. 数字经济的发展

新冠疫情以来，传统行业受到严重的冲击，但是信息服务业则实现了稳步增长。2021年，我国制造业GDP较上年增长8.9%，而信息传输、软件和信息技术服务业GDP比上年增长17.2%。这说明，在目前环境下，以数字经济为代表的新动能在对冲不确定性时，比以传统产业为代表的旧动能展现出更大的发展潜力。新环境已经为新一轮科技和产业变革的浪潮按下快进键，数字化转型成为企业应对外部不确定性的关键策略。

### 2. 煤矿的智能化转型

近年来，煤矿智能化建设快速发展，煤矿生产、运营、服务模式、供应链运作、生态圈打造将发生重大改变。学科交叉融合加速，新兴学科不断涌现，前沿领域不断延伸。信息技术、生物技术、新材料技术、新能源技术广泛渗透，几乎带动所有领域发生了以绿色、智能、泛在为特征的群体性技术革命。云计算、5G、大数据、物联网、移动互联网、人工智能等新一代信息技术的发展，为煤炭行业未来科技带来了无限可能。未来煤炭科技将向多领域交叉融合方向发展。政府强调要加快5G网络、数据中心等新型基础设施建设进度。新型基础设施建设是指以网络化、数字化、智能化为核心的基础设施建设。煤矿"新基建"将带动煤炭行业5G、大数据中心、智能传感器、基站等数字基础设施的建设，必将带动煤矿机器人、智能装备、矿用软件系统、工业互联网平台的发展，带动煤炭大数据开发、数据征信等数据服务业的发展。煤矿"新基建"也势必推动煤炭产业的质量变革、效率变革、动力变革，改写煤炭产业发展格局，为煤炭产业基础再造和产业基础能力提升提供有利条件。

技术发展为转型重生中的河南能源带来了新的希望和动力。结合前文所说，在碳约束和人员约束的负向条件以及保证能源平稳供给的正向条件同时存在时，只有科技创新、提升生产效率、减员增效才是企业实现可持续发展之路。河南能源正处在转型发展的关键时期，更需坚持创新引领，加快转换发展动能。要把科技自立自强作为企业发展的战略支撑，大力实施科技创新"突破工程"，推动创新效率持续提升。建设一流创新平台，集聚一流创新人才，培育一流创新主体，产出一流创新成果。以科技发展为契机，实现技术引领的转型升级。

## 三、分产业的现实背景

### （一）能源产业

#### 1. 宏观环境

在全球气候变化的大背景下，推进绿色低碳技术创新、发展，以可再生能源为主的现代能源体系已经成为国际社会的共识，能源清洁低碳转型加速已经成为全球发展趋势。可再生能源开发利用比例不断提升，化石能源消费比重逐步下降，电气化水平持续提升。新兴能源技术正以前所未有的速度加快迭代，可再生能源发电、先进储能技术、氢能技术、能源互联网等具有重大产业变革前景的颠覆性技术应运而生。随着云计算、大数据、物联网等新兴技术的发展，能源生产、运输、存储、消费等环节正发生变革。当前亚太地区成为能源消费增长主力，市场话语权逐步提高，美洲油气异军突起，中东-西亚油气供应一极独大局面渐趋弱化，国际能源版图将加速重构。新冠疫情后，全球能源市场进入剧烈震荡期。以全球天然气价格暴涨为开端，引发了一系列能源价格和电价的相互交织上涨。在能源转型与能源供需失衡相互叠加下，部分国家和地区出现能源供应紧张，引发国际市场波动，再次凸显了保障能源安全的重要性。

"十四五"时期，我国能源需求将继续适度增长，能源结构双重更替步伐加快，非化石能源快速发展，科技创新将成为推动能源高质量发展的重要引擎。一是能源消费将保持适度增长。随着工业化城镇化深入推进，我国能源消费仍将保持适度增长，但增速总体趋缓。预计2025年全国能源需求总量将达到约55亿吨标准煤，年均增速约为2.1%。二是能源资源约束趋紧。2020年12月，习近平总书记在气候视频峰会上提出，到2030年我国单位国内生产总值二氧化碳排放将比2005年下降65%以上。党的十九届五中全会强调，要降低碳排放强度，支持有条件的地方率先达到碳排放峰值。当前我国能源消费总量是美国的1.4倍，碳排放是美、欧、日的总和。"十四五"期间，能源结构调整任务十分艰巨，特别是控制煤炭消费总量的压力加大。三是清洁能源替代步伐加快。随着清洁能源替代步伐加快，预计到2025年非化石能源在一次能源消费中的比重将上升到18%左右。四是能源发展动力加快转换。能源发展正由依靠资源要素投入向创新驱动转变，科技、体制和发展模式创新将推动能源清洁化、智能化发展。五是能源安全供给多元发展。为应对日趋复杂的国际环境，保障能源安全供给多元发展，国家推动煤炭清洁高效开发转化，稳步推进煤制油气技术升级示范，推进煤炭安全绿色智能高效开采，等等。六是能源开发和保供重心加速西移。受经济结构调整、消费总量控制、生态环境容量的约束，能源开发和保障供应的重心加速向晋、陕、蒙、新等西部地区转移。

当前，河南省发展已进入新的历史阶段，省委要求确保高质量建设现代化河南、高水平实现现代化河南。能源作为现代化河南建设的基础支撑，在一定时期内仍将持续增长，在碳达峰、碳中和目标牵引下，必须通过降低能耗强度、提高利用效率、加快外引清洁能源保障实现经济社会发展目标，这既对能源高质量发展提出了更高的要求，也为能源发展拓展了更加广阔的空间。新一轮科技革命和产业变革深入发展，新业态、新模式蓄积的发展动能持续壮大，也为促进河南省能源绿色低碳转型提供了有力的支撑。

2. 行业发展趋势

"十四五"时期是贯彻新发展理念、落实能源安全新战略思想的关键时期，新能源可再生能源快速发展，能源结构优化调整，煤炭在一次能源消费结构中的比重继续下降，倒逼煤炭生产和消费方式变革，煤炭行业发展机遇与挑战并存。

(1) 煤炭兜底保障地位进一步显现。

煤炭占我国化石能源资源的90%以上，是稳定、经济、自主保障程度最高的能源。立足国内是我国能源战略的出发点，必须将国内供应作为保障能源安全的主渠道，牢牢掌握能源安全主动权。欧洲能源危机和国内煤炭短缺导致电力紧张的情况，警示我们必须从我国能源资源禀赋和发展阶段出发，坚定不移地将煤炭作为保障能源安全的基石。

(2) 煤炭消费在能源结构中的比例下降。

"十四五"时期，随着工业化、城镇化深入推进，我国能源消费仍将保持适度增长，但增速总体趋缓。一方面，随着人民生活水平逐步提高，与美国等发达国家相比，我国人均能源消费水平仍有一定提升空间；另一方面，随着经济结构不断优化、新旧动能加快转换，现代制造业等新兴产业将拉动能源消费继续适度增长。"十四五"期间，我国煤炭生产消费总量将保持低速增长，预测2025年全国煤炭需求量达42亿吨左右，占一次能源消费的53%左右。

(3) 供给侧结构性改革持续推进。

"十四五"期间，煤炭行业仍将以供给侧结构性改革为主线，由总量控制向结构优化转变，不断提高供给体系质量。快速推进以国有资产、国有企业改革为背景的新一轮大规模兼并重组，促进行业发展质量进一步提升。

(4) 国内煤炭市场供需总体平衡。

根据中国煤炭工业协会2020年度煤炭发展报告统计数据，全国煤矿实际总产能超过50亿吨，依然明显高于总需求，但由于环保双控、能耗双控以及安全生产管控的影响，全年生产天数打折，煤矿产能被抑制，将维系供需基本平衡与区域性、时段性、煤种结构性短缺并存局面。国家正在不断吸取宏观调控方面的经验教训，实施更加精准的调控，但地方政府的执行效果有待观望。

（5）智能化成为高质量发展支撑。

随着5G、物联网和大数据等现代信息技术的推广应用，煤炭生产智能化步伐将持续加快。"十四五"期间，通过示范煤矿建设，带动全国煤矿智能化建设全面铺开。

（6）国内煤炭市场体系不断完善。

煤炭运输通道进一步完善，交易市场建设持续深化，大型煤炭储配基地及物流园区建设稳步推进，将为维护全国煤炭市场平稳运行、保障煤炭稳定供应提供重要支撑。

（7）煤炭绿色低碳生产和清洁高效利用提出更高要求。

矿区生态文明建设深入推进，绿色低碳生产和清洁高效利用成为实现煤炭行业高质量发展、保障国家能源安全的根本之路；但由于产业结构、需求压力、科技短板、历史负担等原因，煤炭行业碳达峰、碳中和目标任务艰巨。2020年，中华人民共和国国家发展和改革委员会（以下简称国家发展改革委）等部门发布《关于加快煤矿智能化发展的指导意见》并提出，新建煤矿要按照绿色矿山建设标准进行规划、设计、建设和运营管理，生产煤矿要逐步升级改造，达到绿色矿山建设标准，努力构建清洁低碳、安全高效的煤炭工业体系，形成人与自然和谐共生的煤矿发展格局；中华人民共和国生态环境部（以下简称生态环境部）等部门联合印发《关于进一步加强煤炭资源开发环境影响评价管理的通知》，进一步明确煤炭资源开发项目在生态、水环境、大气环境、固体废物等方面影响评价和保护措施的要求。

## （二）化工产业

### 1. 宏观环境

从全球发展方向看，随着发达国家市场逐步成熟和产业技术进步，世界化学工业正在进行新一轮的产业结构调整和转型升级，资源导向型产业集中度不断提高，客户导向型产业在产品种类上日益精细，差异化程度加深。产业结构调整正加速向材料科学、生命科学、环境科学产业转移。生产高技术含量和高附加值产品，实现产品高端化、差异化，已成为企业生存和发展最主要的途径。科技创新成为化工产业转型升级的主要驱动力。价值更高、性能更突出的高端化工新材料的开发和应用备受关注，特别是生物医药、包装材料、汽车轻量化材料、电子化学品、功能建筑材料等将加快发展，化工新材料的市场份额将迅速扩大。

从具体生产运营看，国际原油价格走势、全球经济发展形势和油气供需平衡等因素将严重影响化工产业平稳发展。一是生产成本是现代煤化工产业能否生存的关键。与石油化工相比，现代煤化工项目在原料成本上升、产品价格提升有限的情况下，盈利能力较弱。多年来，除煤制烯烃微利外，大多数煤化工项目亏损，未来成本竞争力将成为现代煤化工产业生存发展的关键。二是"炼化一体化"快速增长，市场竞争激烈。近年来，国有、民营、外资投资建设了一大批"炼化一体化"项目，恒力、荣盛等民营企业从下游纺织向上游炼化延伸，中石化、中石油等中央企业积极向下游发展高附加值化工产品，埃克森美孚、壳牌、巴斯夫等国际石化巨头抢滩中国市场，化工产品市场竞争日趋激烈。三是企业将面临日趋严格的安全环保约束，随着新《中华人民共和国环境保护法》的实施，对煤化工产业的污染管控将更加严格，煤化工项目获得用水、用能、环境指标难度增加。四是市场刚性需求为产业发展提供强劲动力。"十四五"时期，我国仍将处于发展的重要战略机遇期，推进工业化、城镇化进程中对化工基础原料仍有巨大需求。烯烃、乙二醇和对二甲苯是基础化工原料，下游产品广泛用于纺织、建材和包装等行业，是人们日常生活的必需品，市场需求仍将稳步增长，这为煤基化工产品发展奠定了市场基础。五是煤化工产品价格可能稳中有升。2021年以来，煤炭及原油价格大幅上涨对煤化工产品价格形成较强支撑，大多数化工产品盈利达历史最好水平。预计未来几年将持续稳定或稳中有升，精细化学品、化工新材料将成为投资热点。

2. 行业发展形势

（1）科技创新是第一动力。

我国的高端新材料、专用化学品等战略性新兴产业与发达国家还有较大差距，目前正着眼于建立自主可控的现代化产业体系，加大提高研发创新投入力度，全面加强核心技术攻关，加快研究实施关键零部件、核心技术的可替代性措施。"卡脖子"技术进入集中攻关期，将会为"十四五"期间行业高质量发展和实现创新引领提供更多可能。

（2）绿色低碳是发展主旋律。

"十四五"期间，绿色消费已成为人们重要的生活方式之一。倡导绿色发展的全球价值观、发展观、文化观将成为世界各国发展的主流。特别是资源环境约束趋紧、安全环保要求日益提高、重特大安全事故频发的态势尚未扭转，社会公众甚至一些地方政府对化工行业的认识尚且不足，"谈化色变"的现象还不同程度地存在，必将对石化行业在技术创新、产业发展、污染减排方面形成倒逼机制，从而促进绿色创新和绿色产业发展，形成新的经济增长点。

（3）煤化工迈向高质量发展。

未来，我国煤化工产业将继续坚持科学布局、产业融合、创新引领、综合治理的原则，进一步加强或提升技术示范引领、多产业融合发展、装备技术水平、二氧化碳减排等，稳步提高煤炭清洁高效转化比例，努力降低"三废"排放强度，全面建成煤化工示范工程，形成若干大型产业基地，不断完善技术装备体系，继续增强石油安全保障能力，不断推进产业融合发展，实现煤化工产业与经济社会协调发展。

（4）产业布局继续向西北部转移。

西部煤炭资源丰富，是煤炭后备资源丰富地区、净调出区。区域内风、光、热资源丰富，为煤化工产业与新能源（光伏、光热、风电、绿氢等）产业多能互补、融合发展提供了广阔的发展空间。

（5）新材料及相关产品是主方向。

化工新材料是我国化学工业体系中市场需求增长最快的领域之一。目前，我国化工新材料产品产值约为0.9万亿元，市场规模约为1.4万亿元，近5年年均增速超过10%；与此同时，国内化工新材料产品供应整体短缺，依靠大量进口。特别在国际贸易保护主义思潮抬头、高技术产品领域贸易摩擦不断升级的形势下，化工新材料短板可能成为制约我国制造强国建设的"瓶颈"，必须加快提升保障能力。预计到2025年，国内化工新材料的整体市场规模将达到2.2万亿元以上。

## （三）物流和贸易产业

### 1. 宏观环境

物流和贸易产业是国内国际双循环新发展格局的重要组成部分，对促进产销衔接和供需匹配、畅通国民经济大循环、提高国民经济运行质量和效益具有强大的支撑作用。党的十九大报告明确提出推进贸易强国建设的重要任务，此后中华人民共和国商务部（以下简称商务部）提出了建设经贸强国"三步走"战略：2020年前，进一步巩固经贸大国地位；2035年前，基本建成经贸强国；2050年前，全面建成经贸强国。《国务院关于深化流通体制改革加快流通产业发展的意见》提出："流通产业已经成为国民经济的基础性和先导性产业"；《物流业发展中长期规划（2014—2020年）》明确物流业"是支撑国民经济发展的基础性、战略性产业"。《河南省国民经济和社会发展第十四个五年规划和二〇三五年远景目标纲要》提出"现代物流强省"，构建"通道+枢纽+网络"现代物流运行体系，打造万亿级物流服务全产业链。

国家支持发展平台经济，为企业转型提供了方向。2021年3月，习近平总书记在中央财经委员会第九次会议上强调，我国平台经济发展正处在关键时期，要着眼长远、兼顾当前，补齐短板、强化弱项，营造创新环境，解决突出矛盾和问题，推动平台经济规范健康持续发展。

2. 行业发展形势

（1）我国国内贸易总体规模稳步扩大。

2016—2020 年，我国社会消费品零售总额从 31.6 万亿元增长到 39.2 万亿元，年均增长 6.5%，我国成为仅次于美国的全球第二大消费品市场。消费对 GDP 增长的贡献率稳定在 60% 以上，继续成为经济增长的第一驱动力。2020 年，国内贸易主要行业增加值为 12.8 万亿元，占 GDP 的比重为 12.6%，仅次于制造业；拥有各类市场主体 9068 万个，占全部市场主体近七成。预计到 2025 年社会消费品零售总额将达到 50 万亿元左右。

（2）数字经济引领技术变革和产业升级，国内贸易发展迎来新机遇。

居民收入水平提高、消费观念转变，消费者对高品质商品的需求快速增加，对服务性消费的需求不断释放，消费结构呈现加快升级趋势。线上线下结合，消费者、货物、仓库、配送与供应链结合。线上平台加快"下沉"，线下企业主动"触网"，线上线下加速融合。《"十四五"国内贸易发展规划》预计 2025 年网上零售额将达到 17 万亿元左右。

（3）中国对外贸易表现出极强的韧性和蓬勃的活力，发展迈上新台阶。

主要表现在以下几个方面：一是对外贸易规模整体递增。二是对外贸易行业发展优势明显。在全球经济整体回暖的背景下，我国供应链优先恢复的优势将逐步体现出来，对内需起到有效支撑作用，全球需求向我国倾斜。随着供给侧结构性改革的深入推进，国内"六稳"政策措施继续落地见效，预计未来我国外贸有望继续保持总体平稳增长态势，高质量发展将迈上新的台阶。三是外贸发展涌现出新业态和贸易新模式。"互联网+"的到来使很多行业发生重大变革，外贸近几年也出现新的贸易模式，跨境电子商务作为"跨境+电子商务"的新型国际贸易，具有全球化、网络化、去中心化等特点，对河南省吸引消费回流、促进产业升级、扩大进出口、打造中西部地区内陆开放高地作用重大。

（4）物流已跃升为支撑我国国民经济发展的基础性、战略性、先导性产业。

2020年全国物流总额达到300.1万亿元，现代物流服务体系基本建立起来，全国物流相关法人单位已超过40万家，出现了追赶或超越世界领先水平的标杆企业。我国规模以上物流园区超过1600家。截至2020年年底，全国铁路营业里程达14.6万千米，公路总里程为519.8万千米；港口万吨级以上泊位达2592个；民航运输机场发展到241个。交通与物流融合发展，物流基础设施网络基本成型。物流业加速发展为我国成长为世界第二大经济体和第一大贸易国提供了有力支撑，对产业升级、流通业改革等起到重大作用。

（5）新型城镇化建设和消费升级为物流业务拓展带来新空间。

电子商务、网络消费等新兴业态快速发展，推动制造业、农产品、商贸等领域物流需求不断增长。消费结构不断升级，为冷链物流、电商物流、大宗物流业务拓展带来更加广阔的空间。

（6）新一轮产业革命、技术革命深入推进，成为物流发展的强劲引擎。

数字经济引领创新发展，将深刻改变传统物流运作方式和商业模式。科技化、专业化趋势进一步加强。物联网、大数据、云计算、人工智能与物流业深度融合，新能源汽车、无人驾驶汽车、大型高速船舶等在物流领域得到广泛应用，极大地促进了物流业升级。物流行业分工日趋完善，专业化程度正在逐步提高，推动效率提升。新模式、新技术和新业态不断呈现。现代供应链、智慧物流、多式联运、无车承运、共同配送、托盘共享、挂车租赁等新模式、新技术和新业态加快普及。应急物流、绿色物流、军民融合物流打开了新局面。

## 第二节 研究意义

"四位一体"高质量发展管理体系的提出,是针对河南能源当前形势的客观研判,是企业对危机、改革以及环境不稳定性的主动应对,是企业脱困重生的战略选择,是永续发展的行动纲领,是引领航程的思想灯塔。这一管理体系内涵丰富,意义重大,对于指导河南能源脱困发展,为全国煤炭企业提供借鉴,甚至对国有企业改革都有重要的意义。

从企业角度看,2020年年底,受发展历史因素等多重影响,河南能源的改革发展举步维艰。一场突如其来的债券违约事件,更是把河南能源的发展拉入谷底,推向了生死存亡的边缘。经过2021年一年的改革重生,河南能源绝地奋起、逆势突围,已经取得阶段性的成效。本研究对企业的意义主要表现在以下两个方面:一是对现有的改革重生成果进行固化,对采取的措施进行总结梳理,这是企业发展过程中宝贵的经验财富,是企业克服困难、不屈不挠的精神体现,也是赓续红色血脉、传承坚忍精神的文化注解。二是为未来进一步的高质量发展指明方向。经过2021年的奋斗,河南能源虽然取得阶段性改革重生的胜利,但是前路艰难,各种不确定和不稳定因素丛生。本研究从理论和实践两方面进行分析,为企业未来的高质量发展提出对策,指明方向。

河南能源面对困境积极应对,是国有煤炭企业集团绝地反击、逆境重生的经典案例,对行业发展具有借鉴意义。河南能源"四位一体"高质量发展管理体系不仅对面临困境的企业具有借鉴意义,对所有追求高质量发展的企业都有价值;不仅在煤炭企业中具有推广意义,在资源型企业甚至制造业企业中也具有指导价值;不仅有利于提高管理水平,对企业的整体效益提升也具有促进作用。因此，本研究具有较好的市场推广价值，可形成固定模式，通过行业协会、学术研讨等形式进行交流推广。

# 第二章 河南能源现状分析

# 第一节　河南能源基本情况

河南能源作为大型国有能源企业，在过去一段时间内经历了发展的低谷，目前正是企业转型发展、脱困重生的关键时期。其基本情况如下。

## 一、公司概况

河南能源是经河南省委、省政府批准，先后经过两次战略重组成立的一家特大型能源化工集团。2008年12月5日，在永煤集团、焦煤集团、鹤煤集团、中原大化、河南省煤气集团基础上重组成立河南煤化集团。2013年9月12日，河南煤化集团和义煤集团战略重组，组建河南能源化工集团有限公司，注册资本金210亿元，注册地址位于河南省郑州市郑东新区商务外环路6号。拥有能源、高端化工、现代物贸、现代金融、智能制造与合金新材料等产业，主要分布在河南16个省辖市，以及新疆、贵州、内蒙古、陕西、青海等省（区）和澳大利亚。拥有大有能源、九天化工2家上市公司。下属企业既有100多年开采历史的井工煤矿，也有采用5G技术的无人智能开采石灰石矿山。2020年煤炭产量为7656万吨，资产总额为2886亿元，职工16万人，营业收入为1705亿元，利润总额为-46.79亿元，上缴税费68.56亿元。居2020年世界企业500强第486位、中国企业500强第139位、中国煤炭企业50强第10位、中国石油和化工企业500强第20位。

河南能源按照"集团总部管资本、事业部（产业集团）管资产、权属企业或三级单位（矿、厂）管生产"的功能定位，以产权为纽带，以专业化、扁平化为方向，按照"专业化+区域化"管理架构，在原有煤炭区域管理公司的基础上，先后成立河南能源化工国际贸易集团有限公司（以下简称国贸集团）、河南能源化工集团化工新材料有限公司（以下简称化工新材料公司）等平台公司以及区域化化工园区。集团总部现有13个部室，所属二级公司30个。集团公司按照管服分离、实现服务共享原则，压减管理层级，明晰权责边界，逐步形成定位清晰、职责明确的"集团总部（资本层）——事业部或产业集团（资产层）——矿、厂等生产单位（执行层）"三级管控架构，其组织结构图如图2-1所示。

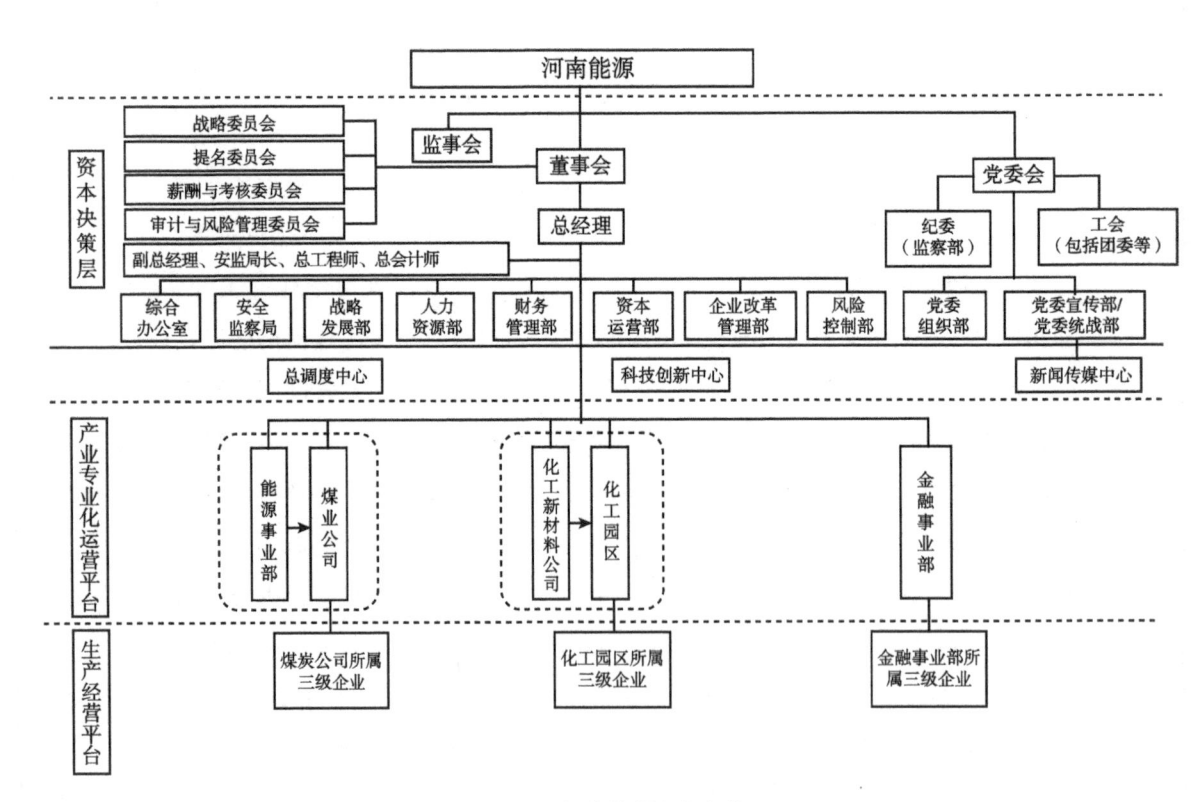

图2-1 河南能源组织机构

## 二、河南能源生产经营情况

截至2021年年底,河南能源资产总额为2776亿元。2021年完成商品煤产量6736万吨、化工产品产量441万吨,营业收入1100亿元、利润32亿元,经济效益创近年最好水平。

### (一)经济指标

河南能源销售指标,如表2-1所示。

表2-1 河南能源销售指标

| 年度 | 销量<br>(万吨) | 营业收入<br>(亿元) | 净利润<br>(亿元) | 原煤完全成本<br>(元/吨) | 人均利润率<br>(%) |
|---|---|---|---|---|---|
| 2019 | 7701.17 | 1807.43 | 0.39 | 325.02 | 18.95 |
| 2020 | 7500.08 | 1671.08 | -56.32 | 315.75 | -271.57 |
| 2021 | 6697.11 | 1103.14 | 16.83 | 394.30 | 258.16 |

2019—2021年,公司商品煤销量在6600万~7700万吨波动,2021年营业收入较前两年有较为明显的下降;但是从利润数据的表现来看,2021年公司实现了扭亏为盈,净利润达到了16.83亿元,不仅一举扭转2020年的亏损局面,而且也分别是2018年和2019年的21倍和43倍。2021年的人均利润率也达到了近年来最高水平。

河南能源资本指标,如表2-2所示。

表2-2 河南能源资本指标

| 年度 | 资产负债率（%） | 净资产收益率（%） |
|---|---|---|
| 2019 | 79.97 | 0.07 |
| 2020 | 85.83 | -12.06 |
| 2021 | 86.26 | 4.58 |

2018年以来，河南能源的资产负债率有上升的趋势，但同时净资产收益率有了显著提升。2020年是公司最困难的一年，净资产收益率为-12.06%，但是2021年这一指标提升到了4.58%，上涨16.64个百分点，这说明公司的改革重生举措得力，整体向好。

## （二）生产指标

河南能源历年生产数据，如表2-3所示。

表2-3 河南能源历年生产数据

| 年度 | 原煤产量（万吨） | 煤炭综合售价（元/吨） | 煤矿核定生产能力（万吨） |
|---|---|---|---|
| 2019 | 8066.16 | 447.30 | 8199 |
| 2020 | 7656.15 | 385.66 | 7761 |
| 2021 | 6822.60 | 630.78 | 7701 |

公司在2019—2021年，原煤产量持续下降。原煤产量在2019年达到8066.16万吨之后，2020年和2021年连续下降，2021年该数值为6822.60万吨。这与公司的矿井核定生产能力有关。

## (三) 投资指标

"十三五"期间,共安排固定资产投资项目96个,计划投资701亿元。其中,能源项目(煤炭、电力)34个、投资207亿元,化工项目33个、投资249亿元,物贸项目12个、投资58亿元,智能制造及合金新材料项目11个、投资98亿元,金融产业项目4个、投资54亿元,其他项目2个、投资35亿元。受国家产业政策调整、产品供需市场变化、区域发展环境制约等因素影响,一些重大建设项目调出规划,"十三五"时期不再建设。如新疆准东40亿立方米/年煤制天然气项目、1500万吨/年芨芨湖西矿井项目、5个乙二醇项目等均未实施。同时,按照国家安全环保政策提升的要求,增加了一些锅炉超低排放改造、污水处理提标改造等项目。"十三五"期间,实际建设项目53个,完成投资104亿元,完成投资计划的15%。其中,能源项目完成23个、完成投资25亿元,化工项目完成24个、完成投资59亿元,物贸项目完成2个、完成投资5亿元,智能制造及合金新材料项目完成2个、完成投资12亿元,其他项目完成2个、完成投资3亿元。按投资方向分,主业投资项目完成49个、完成投资89亿元,非主业投资项目完成4个、完成投资15亿元。

## (四) 环保指标

2020年,集团公司能源消费总量折算标准煤为8 264 874吨,工业总产值为5 209 459万元,万元产值综合能耗为1.59吨标准煤/万元。其中,燃料煤消费量6 670 395吨标准煤,电力消费量962 989吨标准煤,天然气消费量454 354吨标准煤,汽油消费量4180吨标准煤,柴油消费量39 825吨标准煤,甲烷消费量133 132吨标准煤。从用能结构看,燃料煤占比为80.71%,电力占比为11.65%,天然气占比为5.50%,汽油占比为0.05%,柴油占比为0.48%,甲烷占比为1.61%。河南能源能源消费量分布,如图2-2所示。

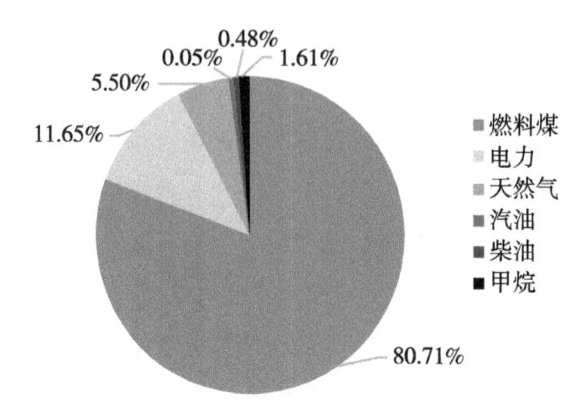

图 2-2　河南能源能源消费量分布

2020 年，集团公司二氧化碳排放总量（含直接排放和间接排放）为 40 434 581 吨，万元产值二氧化碳排放为 7.76 吨/万元。其中，化工、煤炭、电力、水泥产业板块是主要的二氧化碳排放来源，化工板块排放 21 853 713 吨、占比为 54.05%，煤炭板块排放 9 998 173 吨、占比为 24.73%，电力板块排放 5 133 235 吨、占比为 12.70%，水泥板块排放 1 707 134 吨、占比为 4.22%，其他板块排放 1 742 326 吨、占比为 4.31%。分区域看，河南省内排放 34 687 337 吨、占比为 85.79%，省外（新疆、贵州、内蒙古、陕西、青海）排放 5 747 244 吨、占比为 14.21%。河南能源二氧化碳排放量来源分布，如图 2-3 所示。

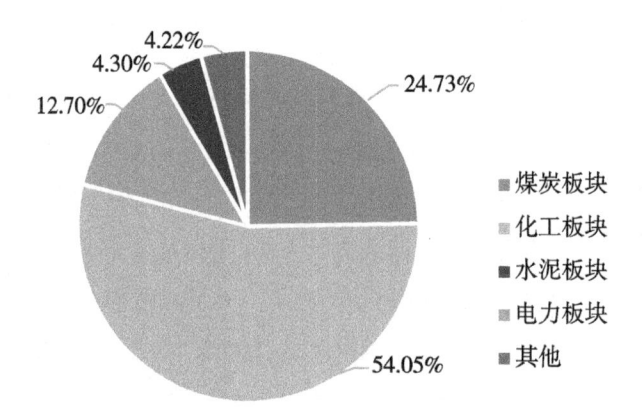

图 2-3　河南能源二氧化碳排放量来源分布

在节能减排领域,"十三五"时期,公司大力开展生态治理和污染防治,积极进行绿色改造,全力进行污染防治攻坚战,在生态治理、污染防治等方面取得良好成效。减少烟尘 110 591 吨、二氧化硫 20 867 吨、氮氧化物 19 995 吨、COD 为 13 329 吨、氨氮 621 吨、二氧化碳 45 万吨。矿井水处理达标率为 100%,矿井水综合利用量为 51 209 万吨,矿井水利用率达 89%;煤矸石产生量为 5380 万吨,综合利用量为 4773 万吨,综合利用率为 88.7%;瓦斯综合利用量为 67 259 万立方米,综合利用率为 79%,减少煤炭消耗 42 万吨;共恢复治理土地面积 5277 公顷,土地复垦率为 50.46%。"十三五"期间,节能减排各项工作均超额完成规划目标。

在资源综合利用领域,公司生产过程中主要污染物排放总量明显减少,生态系统稳定性显著增强,环境管理体系、环境监管机制等生态环保制度体系得到完善,生态环境质量大幅改善。新建煤矿全部达到绿色矿山标准。煤矸石利用率不低于 95%,突出矿井瓦斯抽采率达到 60%;煤矿沉陷区土地复垦率不低于 70%,矿井水综合利用率不低于 90%,原煤入选率不低于 80%。

## 三、河南能源科技创新情况

### (一)科技投入不断增加

近年来,河南能源科技投入不断增加,尤其是在改革重生之后。2021 年科技投入为 22.8 亿元,研发投入强度为 2.07%。

2019—2021 年,公司实现研发费用加计扣除抵扣税 4.6 亿元。其中,2019 年 1.3 亿元,2020 年 1.3 亿元,2021 年 2 亿元。

### (二)科技项目计划稳定开展

2019—2021 年,河南能源下达研发项目计划 259 项。其中,2019 年

70 项，2020 年 130 项，2021 年 59 项。

### （三）荣获省部级科技进步奖项

2019—2021 年共获省部、行业级奖 227 项。其中，一等奖 20 项，二等奖 77 项，三等奖 130 项。

2019 年荣获科技类奖项 72 项。河南省科技进步奖 4 项，其中三等奖 4 项；中国煤炭工业协会科学技术进步奖 17 项，其中一等奖 2 项、二等奖 6 项、三等奖 8 项；绿色矿山科学技术奖 34 项，其中一等奖 3 项、二等奖 7 项、三等奖 24 项；第一届中国安全生产协会安全科技进步奖 14 项，其中二等奖 5 项、三等奖 9 项；石化联合会科技奖 3 项，其中二等奖 1 项、三等奖 2 项。

2020 年荣获科技类奖项 50 项。河南省科技进步奖 4 项，其中二等奖 2 项、三等奖 2 项；中国煤炭工业协会奖共计 16 项，其中一等奖 1 项、二等奖 8 项、三等奖 7 项；绿色矿山科学技术奖基础研发类 1 项二等奖，技术研发类 28 项（一等奖 2 项、二等奖 11 项、三等奖 15 项），发明类 1 项三等奖。

2021 年荣获科技类奖项 105 项。国家级科技进步奖 1 项二等奖；河南省科技进步奖 3 项，其中二等奖 2 项、三等奖 1 项；中国煤炭工业协会科学技术奖共 15 项，其中一等奖 1 项、二等奖 7 项、三等奖 7 项；第二届中国安全生产协会安全科技进步奖共 12 项，其中二等奖 3 项、三等奖 9 项；绿色矿山科学技术奖共 20 项，基础研究一等奖 1 项，科技进步奖一等奖 1 项、二等奖 2 项、三等奖 16 项；河南省煤炭学会科学技术奖共 54 项，其中 2021 年荣获 46 项（一等奖 9 项、二等奖 21 项、三等奖 16 项），2017—2020 年荣获一等奖 8 项。

### （四）科技创新平台突破

截至 2021 年 12 月，河南能源共组建经过政府部门认定的研发机构 58

个，其中国家级企业技术中心 1 个，院士工作站 1 个，博士后科研工作站 2 个，博士后创新实践基地 4 个，省级企业技术中心 14 个，省级工程技术研究中心 12 个，省级新型研发机构 2 个。

## （五）专利申请与授权增加

河南能源 2019—2021 年专利申请情况，如表 2-4 所示。

表 2-4　河南能源 2019—2021 年专利申请情况

| 年度 | 申报专利（项） 发明专利 | 申报专利（项） 其他 | 授权专利（项） 发明专利 | 授权专利（项） 其他 |
|---|---|---|---|---|
| 2019 | 100 | 463 | 56 | 329 |
| 2020 | 64 | 341 | 23 | 374 |
| 2021 | 68 | 381 | 21 | 288 |
| 合计 | 232 | 1185 | 100 | 991 |

## （六）标准编制稳定

河南能源 2019—2021 年标准编制情况，如表 2-5 所示。

表 2-5　河南能源 2019—2021 年标准编制情况

| 年度 | 国家标准（项） | 行业标准（项） | 企业标准（项） |
|---|---|---|---|
| 2019 | 1 | 13 | 24 |
| 2020 | 1 | 1 | 15 |
| 2021 | 1 | - | 25 |
| 合计 | 3 | 15 | 64 |

## （七）商标情况有进展

截至 2021 年，共有有效商标 31 个，其中驰名商标 1 个，知名商标 10 个，其他商标 20 个。

# 第二节　河南能源业务板块情况

## 一、主要业务板块

目前，河南能源涉及的主要业务板块如下。

### （一）能源产业

能源产业涵盖煤炭、电力两个板块。截至 2020 年年底，拥有煤炭总储量 296 亿吨，生产矿井 55 处（省内 39 处、省外 16 处），煤炭产能 7761 万吨（省内 5246 万吨、省外 2515 万吨），品种以无烟高炉喷吹煤、炼焦精煤为主。拥有永煤、焦煤两大全国无烟煤基地，无烟煤产能占全国的 19.8%。拥有覆盖焦作、鹤壁、永城、义马等完备的矿区电网，配套有装机容量为 1414.8 MW 的热电、劣质煤电站和瓦斯电站。资产达 1353 亿元，员工有 12.92 万人。下辖永煤公司、义煤公司、焦煤公司、鹤煤公司、新疆公司、贵州公司 6 个煤业公司。其中，永煤公司矿井 17 处，义煤公司矿井 13 处，焦煤公司矿井 6 处，鹤煤公司矿井 7 处，新疆公司矿井 6 处，贵州公司矿井 6 处。

## （二）化工产业

化工产业拥有化工装置 94 套，产能近 1000 万吨，产品主要涉及甲醇、乙二醇、1,4-丁二醇（简称 BDO）以及化工新材料碳纤维、聚甲醛、PET（聚对苯二甲酸乙二醇酯）、PBT（聚对苯二甲酸丁二醇酯）等 18 个种类。拥有资产 799 亿元，员工有 1.65 万人。企业分布于河南省内的濮阳、安阳、鹤壁、义马、商丘、洛阳、新乡、开封、焦作、漯河、永城等地市，以及贵州、新疆、青海和安徽等省（区）。2020 年 9 月，由化工新材料公司作为平台管理公司对化工企业进行统一管理，现有规模以上化工企业 34 家，其中省内 28 家，省外 6 家。

## （三）物贸产业

现代物贸产业拥有近 400 千米铁路专线、期货标准交割厂库以及规划建设的两大煤炭储配基地等，经过多年的整合发展，已形成销售、采购、贸易、仓储物流和平台建设的"4+1"产业布局。

## （四）其他产业

金融服务产业立足集团产融一体，构建产融协同体系。智能制造与合金新材料产业涵盖空分设备制造、煤机设备制造、汽车轮毂制造，拥有国内空分行业的领先企业和省内首批智能工厂等。

# 二、重点产业板块

重点产业板块的发展情况如下。

## （一）煤炭板块

围绕优化煤炭资源结构和煤炭生产结构，释放优质矿井产能，关闭退出落后产能。2020年煤炭产量实现7656万吨，与规划的煤炭产量8610万吨相差954万吨，主要是响应国家"去产能"政策，"十三五"期间关闭退出一批矿井，核减部分矿井产能。

## （二）化工产业

围绕产业链延伸、园区布局，淘汰落后产能，通过新技术、新工艺，重点发展高端新材料、精细化学品，使产业竞争力及企业集中度、集约化、园区化水平进一步提升。2020年，主要产品产能为：甲醇306万吨、乙二醇150万吨、醋酸70万吨、PET 30万吨、PBT 10万吨、1,4-丁二醇20万吨、聚甲醛4万吨、烧碱30万吨、甲胺15万吨。与"十三五"规划目标基本吻合，主要产品产能相差70万吨乙二醇，原规划建成3套乙二醇，受市场、资金等因素影响，"十三五"期间建成1套乙二醇项目，新增乙二醇产能20万吨/年。

## （三）物贸产业

紧抓"一带一路"、郑欧班列、全国现代物流中心建设等战略机遇，优化调整管理结构，在业务领域的价值链延伸、相关多元化业务的拓展以及区域业务上求突破，规划2020年年末总收入达1000亿元，实现利润8.3亿元。2020年总收入指标超额完成，受疫情、市场、资金等方面影响，未完成利润指标相差7.5亿元。

## （四）其他产业

根据河南能源战略调整及债务违约影响，产业调整较大。金融产业因永煤债务违约，融资功能丧失。合金新材料和装备制造产业中栾川龙宇钼业有限公司（以下简称龙宇钼业）退出。

# 第三节　河南能源高质量发展 SWOT 分析

河南能源高质量发展 SWTO 分析示意图，如图 2-4 所示。

√ 产业竞争力
√ 队伍凝聚力
√ 整体战斗力

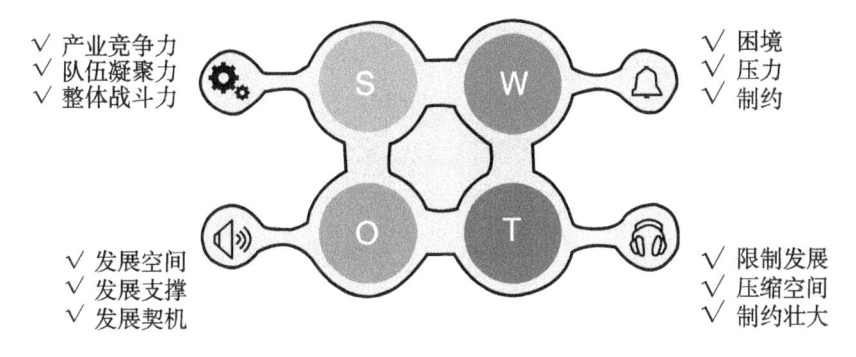

√ 困境
√ 压力
√ 制约

√ 发展空间
√ 发展支撑
√ 发展契机

√ 限制发展
√ 压缩空间
√ 制约壮大

图 2-4　河南能源高质量发展 SWOT 分析示意图

## 一、优势分析

河南能源高质量发展的优势集中体现在以下几个方面。

### （一）河南能源注重提升产业核心竞争力

（1）在能源产业领域，河南能源区位优势突出。煤炭板块一半以上的产能位于中原腹地，直接对接人口大省、煤炭净调入大省河南市场，而且相对于山西、内蒙古、陕西、新疆四大产煤省（区），更靠近我国能源原材料相对短缺的中东部经济发达地区，集团公司总部所在的郑州市是我国中部地区重要的中心城市、全国重要的综合交通枢纽和国家物流枢纽，对煤炭产销形成便利支撑；所在贵州省煤矿东靠湖南，南邻广西，西毗云南，北连川渝，周边均为缺煤省（区），具有明显的区域市场优势。

河南能源的产业基础雄厚。目前拥有煤炭资源储量296亿吨，生产矿井55处（省内39处、省外16处），煤炭产能7761万吨（省内5246万吨、省外2515万吨），积累了煤炭开发的资源优势、技术优势、人才优势和文化优势。产业规模较大。

河南能源煤种较为齐全。多数煤矿煤种、煤质较优，有利于销售组织和市场竞争。煤种以无烟高炉喷吹煤、炼焦精煤、长焰煤、贫瘦煤为主，其中，焦煤公司、永煤公司是我国重要的优质无烟煤生产企业，无烟洗精煤是优良的高炉喷吹用煤，鹤煤公司的瘦煤、贫瘦煤是优质炼焦配煤，新疆公司的气煤是优质炼焦煤及炼焦配煤，义煤公司的焦煤属于市场紧俏的稀缺煤种。

（2）在化工产业领域，河南能源产业基础较好。经过多年的发展积累了丰富的煤化工产品生产经验，拥有4套壳牌炉、5套航天炉、6套鲁奇炉等多套煤气化装置，运行质量全国行业领先，也培养了大批生产和管理人才。甲醇、醋酸、1,4-丁二醇等产品生产能力大，并不断向下游高端产品延伸，为发展可降解材料和功能性材料提供了坚实的产业基础。尤其是乙二醇等煤化工产品，在全国起步较早，装置规模大，具有较丰富的生产管理经验，也具备一定的科研开发能力，在人力资源方面具有较强的竞争力。

河南能源具有区位优势，位居市场腹地。地处中原腹地，公路、铁路、航空并举的立体化大交通网络已经形成，交通枢纽地位突出，邻近长三角与环渤海两大经济圈，东连华东市场，西连中西部地区，面向国际市场，周边地区拥有巨大的市场需求和密集的产业配套。加之河南省人口众多，城镇化率为55.43%，距东南沿海地区的城镇化率还有较大差距，随着我国经济发展进入新阶段，中部崛起的重要性更加凸显出来，未来的市场需求潜力大，为企业化工产业的发展提供了条件。

与传统煤炭产业不同，化工产业的存量资源相对充足。各地现有的化工园区和产业项目，积累了相对丰富的存量资源，包括各园区的土地、环保指标、碳资产和产能指标，在当下"能源双控""碳减排"和化工产业严控发展大背景下，也为企业未来发展提供了一定的空间。随着各级政府对大气排放指标和煤炭指标的进一步管控，河南省内新建燃煤锅炉、气化炉难度较大。目前河南能源各化工企业稳定的蒸汽、合成气资源，可以为新建精细化工、新材料项目提供建设用地、公用工程配套等条件，为下一步发展提供了基础保障。

在化工领域河南能源已经具有一定的品牌及规模优势。集团公司煤制乙二醇产销量全国第一、甲醇产销量华中地区第一、BDO 产销量全国第二，PBT、PET、尿素、三胺、BDO 等产品畅销海外，高性能碳纤维、三胺泡绵广泛应用于航空航天和军工领域，同时打造出"中原"和"玉珠"化肥、"龙宇钢"聚甲醛、"绿寰宇"三胺泡绵等国内外知名品牌。

在化工领域河南能源加快转型发展。河南能源牢记嘱托，实干奋进，明确"东引西进"发展战略和"1+4"产业发展方向，全面实施"进、退、补、转"，加快延链补链强链，化工产业跑出转型"加速度"，抢占产业"新赛道"，构建发展新优势。公司认真践行煤化工产业高端化、多元化、低碳化发展要求，做好化工产业转型升级。在转型升级上突出一个"加"字。

河南能源立足现有化工产业基础和资源优势，大力发展低碳绿色新材料产业，着力打造千亿级全系列可生物降解塑料材料龙头企业，实现传统化工、基础原料化工向功能性化工新材料发展。此外，河南能源联合石油和化工规划院编制了《河南能源化工板块转型升级发展产业规划》，高标准、高水平、高起点谋划未来发展目标和方向。按照规划战略目标和发展思路，河南能源化工产业将形成四大化工基地布局，打造省内"可生物降解塑料千亿基地"。预计到 2030 年，累计新增投资超过 1000 亿元，新增高端化学品生产规模 1000 万吨/年，年均新增产值超 2000 亿元，年利税总额新增超 300 亿元。当前，化工板块将进一步明确"四大园区"差异化技术路线和终端产品定位，一张立足当下、着眼长远、科学规划、布局合理的化工产业发展蓝图正在徐徐铺开。

（3）在现代物贸领域，河南能源具有优越的区位条件和发展环境。河南省经济实力强，产业基础雄厚，物贸发展空间巨大，发展现代物贸的产业基础雄厚。随着国家促进中部地区崛起战略实施以及"三个基地、一个枢纽"（国家重要粮食核心区生产基地、新兴工业基地、现代商贸物流集散基地、中原经济区综合交通枢纽）建设步伐加快，预计今后一段时期，河南省经济仍将保持较高增长速度，为全省生产物贸发展提供了巨大的空间。

河南省人口多、市场大，消费品市场发展前景良好。河南省是人口大省，经济腹地广阔，近1亿人口本身就是巨大的消费市场。近年来，河南省城乡居民收入快速增长，商贸流通业迅速发展，以郑州为中心的中原城市群工业化、城市化进程不断加快，经济实力快速提高，对全省及周边地区的辐射带动作用明显增强。随着河南省工业化、城镇化进程的加快和居民消费水平的提升，消费品市场规模不断扩大，消费业态不断创新，消费品物流发展潜力巨大。物流资源丰富，物流产业发展具有较强支撑。河南省地处中部核心区域，承东启西，连南贯北，陆路交通发达，航空运输快速成长，是距离天津、青岛和连云港等港口最近的省份之一，具有发展物流产业的区位交通优势，有望发展成为我国中西部地区现代物流中心。全国铁路主通道有"三纵三横"贯穿河南，铁路通车里程近4000千米；现有公路通车总里程24万千米，其中高速公路通车里程4841千米，居全国首位，实现了全部省辖市和90%以上的县（市）通达高速公路；郑州国际机场基础设施不断完善，客货吞吐量快速增长，已被国家确定为全国八大区域枢纽机场之一；铁路、公路、航空、水运、管道等运输方式有机衔接的综合交通运输体系基本形成，具有发展公铁海多式联运的天然优势。全省"四纵四横"的信息高速公路基本框架初步形成，电子政务、电子口岸、行业信息平台建设取得较快进展。河南能源总部位于省会郑州，产业分布在京广铁路和陇海铁路沿线，具有优越的区位条件和发展环境。

河南能源的物贸产业还具有较好的产业基础。河南能源已形成集中销售、集中采购的机制优势。集中销售，避免内部竞争，增强市场话语权；

节约销售成本，提高运行效率；实现信息互通，提高市场研判准确度和行业影响力；通过资源和市场互补，精准调度，与客户之间建立更加稳固的合作关系。通过集中采购，充分发挥规模优势和比价优势，提高性价比，避免无序竞争，降低成本，提高效率，实现企业效益最大化。

河南能源的销售渠道也有明显优势。河南省是能源消费大省，年电煤净调入量在1.4亿吨左右，紧临的"两湖一江"年煤炭消费量在3亿吨左右，拥有巨大的能源需求。河南能源在中东部地区及南方市场深耕多年，拥有得天独厚的市场优势。华东、华中、华北及东北地区主要大型钢厂，华中地区主要电厂，都长期与河南能源有业务合作。大宗商品交易平台投用后，销售渠道进一步得到了扩展。

在资源方面，河南能源具有商品物流贸易资源优势。河南能源自身物贸资源众多，每年8000多万吨煤炭和500万吨化工产品需要销售、运输，煤炭、化工主要产品30余种，种类丰富，产业协同发展优势突出。物资设备年采购规模达300亿元。有近400千米铁路专线、甲醇等期货标准交割厂库，即将建成两大煤炭储配基地。分、子公司遍及河南省主要省市和其他省市重要地区。河南能源具有上下游客户资源优势，丰富的产品资源为企业带来大量客商资源，是进行多种产品贸易的基础保障。拥有中国宝武钢铁集团有限公司、河钢集团有限公司、中国铝业集团有限公司、五大电力、桐昆集团股份有限公司等煤炭、化工、电力、冶金战略客户，共1.5万余个国内外客户。

在品牌方面，公司具有品牌优势。河南能源多年是世界500强企业，在市场上享有较高的信誉度，为优质贸易品种的开展提供了条件。河南能源具有代理服务贸易优势。河南能源在不同产品所处市场中均有较高的影响力和话语权，容易取得中小客户的信任，所承接的代理业务范围不断增加。

在信息化方面，具有智能化平台优势。公司已实现全国煤炭行业产品从生产端到消费端的全流程打通，做到信息数据不落地，交易、物流全过程可追溯，为上下游及银行提供真实信息支持，助推贸易业务安全做实做大做强。

在风险防控平台方面，风险防控体系由目前人工防控转向智能化、自动化防控，用平台网络货运物流限制了出现空转虚假贸易的风险。

在协同共享生态圈方面，整合行业产业链上下游供应商、采购商、贸易商，初步形成了集"平台+实业+物流+金融"的平台经济上下游供应链。

## （二）河南能源注重培养职工队伍凝聚力

河南能源有16万名职工，很多职工家庭都是几代人在企业工作，家庭的命运、个人的命运和企业的发展紧密地联系在一起。历史上河南能源也遭遇过多次困难，每一次河南能源人都选择了充分理解企业、支持企业、相信企业，不讲条件、不计报酬、脚踏实地干好自己的本职工作。大家抱团取暖，支持企业渡过了一道道难关。2021年，省工作组党建督查组到各成员企业做了深入调研，形成的调研报告第一点就提出，河南能源拥有一支好的干部职工队伍，在欠发薪酬、形势困难的情况下，广大职工仍然坚守岗位、无怨无悔地工作，保持队伍不乱、人心不散，有力地支撑了企业稳定的发展局面。

## （三）河南能源注重激发企业整体战斗力

首先，河南能源经历了一次绝地重生，不仅没有垮下去，反而更加具有韧劲。

（1）通过脱困重生，完成了国有企业改革任务。国家层面规定的40项重点任务全面完成，企业自选的164项具体任务完成95%。一是重构产业结构。突出煤炭、化工新材料两大主业，全面退出不具备竞争优势的氧化铝、钼等有色金属产业和房地产等非主业，实现产业"去杂归核"。提高化工产业集中度，将省内化工园区由9个缩减为4个，与鹤壁、濮阳、三门峡、商丘等地政府签订全面深化合作框架协议，高位嫁接9个高端新材料合作项目，推动从传统煤化工向化工新材料转型。推进"两非两资"项目盘活出清，转让鹤壁等地宾馆、技校，剥离企业办社会职能。推进瘦身健体，释放内部活力，2021年压减法人户数25户，7户企业进入破产程序。2020年以来，累计处置项目67个，通过资产变现回笼资金223亿元。二是重构治理模式。实施总部机构改革，明确职能定位，将总部职能部室及其他机构由28个精简到17个，精简率为39.3%；正式职工由291人精简到202人，精简率为30.6%。制定并落实"煤炭十条""化工十六条"授权放权举措，打破原高度集中的"六统一"管控模式，全面下放资金、销售、人事等六大类权限，扩大基层自主权，充分激发动力。推动混改提质扩面，稳妥引进战略投资者，在永城、鹤壁等园区引入山东盈泰清洁能源科技股份有限公司、美瑞新材料股份有限公司、上海丹通新材料有限公司等行业内知名企业实现"以混促转"。累计239户存量混改企业实现提质，混改比例为62.3%，持续选取优质资源提升资产证券化率。三是重构经营机制。全面推进各级经理层任期制和契约化管理，各级公司1009名经理层成员全部由"身份管理"转变为"岗位管理"，实现"能上能下"。优化人力资源结构减员提效，2020年以来分流安置人员近2.5万人，人均工效提升11.7%，实现"能进能出"。优化收入与业绩联动机制，选取试点单位实施长效激励机制，实现"能高能低"。

（2）通过脱困重生，提升了风险应对能力。国务院国资委全面深化改革领导小组办公室在全国国有企业改革三年行动简报（2022年第56期）中推介河南能源改革重生经验，对河南能源取得的成效予以肯定。这也表明河南能源改革重生取得了阶段性成果。2021年以来，河南能源认真贯彻落实省委、省政府决策部署，牢牢把握政策机遇，全面实施重塑性改革，打出改革重生"组合拳"，实现绝地奋起、逆势突围，闯出了一条依靠改革实现脱困、化险、重生的新路。河南能源改革重生的重点在于债务化解、深化改革、保障稳定三个方面，公司站在维护区域金融稳定的政治高度，深入推动改革重生总方案以及稳生产稳岗位稳人心、深化改革转型升级、债务化解、审计、维稳等"1+5+N"方案体系落地生效，全面开展企业改革重生各项工作。

其次，河南能源持续发扬"特别能战斗"精神。在全面开启建设社会主义现代化国家的新征程中，河南能源进一步传承和创新煤矿传统革命精神，将"特别能战斗"精神作为支撑企业实现高质量发展奋斗目标的重要动力来源和宝贵精神财富，赋予新的时代内涵，展现出新的时代价值。

## 二、劣势分析

### （一）能源产业面临竞争力不足、发展不可持续的困境

从能源产业来看，随着开采的年限增加，煤层开采条件变差，可持续能力不足。瓦斯、矿井水、冲击地压、自然发火等煤矿灾害威胁严重，不少矿井同时受多重灾害威胁，矿井地质条件复杂，而且随着矿井开采进展日趋加重。由此导致开采成本越来越高，安全生产的管理难度增加。河南省内多数煤矿已进入生命周期的老年期和中年期，可采资源日趋衰减，与此相反，除规划"十四五"时期开发的永夏矿区李大庄井田之外，已无可供安全、经济开发的煤炭资源。省外资源条件较好的煤炭井田，大多已被国内其他煤炭企业集团瓜分，受自身经济能力等限制，在省外获取较好煤炭资源的难度较大，直接影响煤炭产业持续发展。

河南能源虽然产品线较全，但是产品竞争力弱。我国西部、北部地区煤矿产能迅速增加，其开采条件好，煤种煤质优势明显，随着"北煤南运、西煤东调"大型运煤通道接连建成投运，对集团公司原有销售目标市场形成较大冲击，集团公司煤炭产品竞争力有减弱趋势。

煤矿负担依然较重。近年来关闭退出大批矿井，其中仅"十三五"时期就关闭107处，人员安置压力较大。安全、环保和生态治理恢复等方面投入持续增加。煤矿人员多、效率低、人均薪酬水平低的状况还没有得到

根本性扭转，矿区维稳压力始终较大。

## （二）化工产业面临环保、结构不合理、投入不足等多重压力

从化工产业来看，最大的压力来自环境保护。近年来，随着国家环境保护政策收紧，地处安阳、濮阳、鹤壁、新乡、焦作的化工园区和企业，均处于"2+26"大气污染传输通道城市，地处三门峡和洛阳的义马园区处于大气污染治理重点的"汾渭平原城市"，以及国家实施的煤炭减量发展方案，等等，在一定程度上给化工企业长周期运行带来了制约，特别是冬季，各化工企业均不同程度地受到限产、停产等约束，增加了产品成本。

化工产业存在集中度低、结构不合理的问题。河南能源化工产业布局分散，8个园区分布在省内外各地市，无法实现互联互通、资源共享、优势互补，无法形成规模效益和协同效应；同时合成氨、甲醇、乙二醇、醋酸等基础化工产品在化工产品中占比较大，附加值较低，产品价格受石油价格影响大，竞争力不强。产品同质化严重，主要以基础原材料或中间体为主，大部分处于产业链前端、价值链低端。化工新材料、高纯化学品、专用化学品开发不到位。

随着化工产业的不断发展，技术研发投入不足也逐渐凸显出来。技术核心竞争力不强，平均年研发投入远低于行业水平3%。这导致对新工艺、新装备、新技术、新产品研发力度弱，产、学、研、用相结合的体系难以支撑产业高质量发展。企业自身创新研发能力弱，绝大部分技术从外部引进，但引进的新工艺、新装备、新技术、新产品存在较长的"消化期"，没有从根本上形成研发引领产品更新的创新机制，专有核心技术匮乏，对产业发展的支撑能力不够。

## （三）物贸产业面临着市场竞争、资金不足的制约

从物贸产业来看，竞争格局方面，晋能控股集团有限公司成立后，原

山西晋城无烟煤矿业集团有限责任公司、华阳新材料科技集团有限公司、山西潞安矿业（集团）有限责任公司无烟煤整合为一家，打破了原有市场竞争格局，对河南能源"十四五"市场布局造成较大影响。电煤市场方面，受新能源和外购电替代影响，河南省电煤需求持续下降。运输格局方面，随着浩吉铁路等投运，铁路运力"瓶颈"打通，"两湖一江"等河南省传统电煤市场竞争更加激烈。

贸易流动资金严重不足。贸易业务的资金流动量大，多年来河南能源贸易流动资金持续紧张的局面没有改观，贸易中"背靠背"收付货款的资金运行模式极大地限制了企业发展壮大。厦门象屿集团有限公司等同行业先进企业，其流动资金规模与对应业务规模基本按1∶10进行匹配，每100亿元业务规模需10亿元流动资金进行匹配，河南能源贸易活动流动资金较少，高度依赖上下游客户垫资，在市场竞争中处于劣势地位。

## 三、机遇分析

### （一）经济发展和结构调整为能源提供了发展空间

在能源产业板块，煤炭需求将持续增长。我国经济发展仍处于重要战略机遇期，韧性强、潜力大、回旋余地广，长期向好基础牢、条件好，随着经济的持续稳定增长，现代煤化工产业和调节性火电装机将有序增长，清洁高效利用技术和装备的进步将带来煤炭利用的新需求，主流市场分析普遍认为，"十四五"及今后一个时期煤炭需求仍将适度增长。

淘汰落后产能也将腾出市场空间。2021年夏季以来煤炭持续短缺的现象，表明"十三五"时期大力气淘汰煤炭落后产能为优质产能煤矿腾出了较大的市场空间。正在不断纠正"弃煤化"偏差，煤炭工业发展政策环境进一步趋好。在危机持续演进的国际背景下，煤炭作为兜底保障能源的地位进一步显现，在全面推进绿色转型和构建现代能源体系进程中，国家将

"统筹发展和安全,坚持先立后破、通盘谋划,以保障安全为前提构建现代能源体系,不断增强风险应对能力,确保国家能源安全"确立为首要原则。"十四五"规划开局的2021年,党中央国务院及国家有关部门出台了50份与"煤"相关的政策文件,引导行业保证煤炭供给、清洁高效利用、加快智能化建设、深化安全生产、推动资源地区转型等。

### (二)政策红利为化工产业提供了发展支撑

在化工产业板块,国家发展改革委《促进中部地区崛起规划实施意见》为河南能源化工产业发展提供巨大政策支持。在中部崛起战略实施过程中,河南农业、房地产、汽车、能源、交通、机械、电子、纺织、轻工、有色金属、建筑建材等工业领域发展需要大量化工新材料,河南能源化工新材料产业产品定位可以有效满足市场需求。

### (三)信息技术和新兴科技为物贸产业提供了发展契机

在现代物贸产业板块,正在迎来重大历史机遇。当前,新一轮科技革命和产业变革正在加速重构产业链、供应链系统,龙头企业引领、产业转型升级、产业链式发展趋势更加明显,为物贸发展提供新的机遇。大数据、云计算、物联网、区块链、人工智能等信息技术应用,为实现"物流、商流、资金流、信息流"四流合一提供可能,为发展现代物贸产业提供强大动力。大力推进现代信息技术与供应链深度融合,为提升供应链整体运行效能和企业质量效益提供了技术支撑,现代物贸发展空间巨大。

## 四、挑战分析

### (一)不同主体间的竞争和成本劣势影响能源产业的发展

在能源产业板块,煤炭总量增长空间狭窄。我国政府承诺,力争2030

年前实现碳达峰，2060年前实现碳中和。绿色转型和能源结构调整步伐加快，煤炭消费总量、强度双控政策措施将更加严格；随着大力开展清洁能源替代，煤炭在一次能源消费结构中的比重将持续下降，煤炭总量增长空间越来越小。根据中国能源有关研究机构和国家能源管理部门前瞻性研究预测，未来10年我国煤炭消费总量将出现一个先小幅上升、再稳中略降的峰值平台期。以追求产能规模扩张壮大煤炭产业的发展道路越来越窄。

能源消费革命迎来新能源对传统能源的挤兑。天然气、可再生能源快速发展以及非常规油气勘探开发力度逐步加大，清洁能源开发利用规模不断扩大，将加快替代煤炭等传统能源。预计到2025年，非化石能源在一次能源消费中的比重将上升到18%左右。部分行业领域和区域的煤炭需求总量和需求结构会相应产生新的较大变化，要求煤炭清洁高效利用技术、产品结构和销售工作随之进行调整升级。

企业集团层面的竞争也在加剧。随着由西向东、由北向南大型运煤通道的建成和不断扩能升级，通道终端铁路支线、转运站点设施及公路的逐步完善，煤炭转运能力不断增加，"三西"煤炭产区先进产能将进一步释放，其成本相对较低的优质煤炭产品对中南和"两湖一江"地区煤炭结构调整产生较大影响，冲击河南能源在该地区的市场，河南煤矿在全国煤炭供需格局中的区位优势被进一步削弱。

一系列内外部因素导致煤炭成本居高不下。我国资源、生态环境约束趋紧，对安全生产的期望和要求也越来越高，煤炭成本中用于灾害防治、技术装备升级、环境保护、生态治理与恢复等方面的刚性支出比例大，社会制度、运行机制决定了高煤价的持续时间不会太长，从长期来看将维持中等煤价水平，在此背景下，河南能源大多数矿井将保持一般盈利，少部分矿井仍徘徊在盈亏边缘，甚至陷入亏损。

## （二）产品竞争和"双碳"要求影响压缩化工产业的空间

在化工产业板块，产业竞争日益加剧。目前我国化工产品低端产品过剩，高端材料需要进口。煤化工产品面临低油价下石油化工产品的冲击，同时行业内竞争日趋激烈。新疆、内蒙古、陕西等煤炭资源丰富地区规划和建设了多个煤化工基地，基地产业结构、产品种类雷同，基本上为乙二醇、甲醇、1,4-丁二醇等产品，煤化工产品同质化程度高，行业内竞争激烈。

碳达峰、碳中和要求化工企业承担起艰巨的减排降碳义务，随着各地相继落实碳达峰、碳中和要求，各省（区）将进一步压缩煤炭消费总量，未来煤炭、能耗和碳排放指标更为稀缺，企业节能减排、压煤降碳措施将更趋严厉。同时，大型石化和煤化工企业都是温室气体重点排放单位，碳交易的实施将加速行业洗牌。

### （三）不确定性和体制机制制约影响物贸产业的壮大

现代物贸产业板块面临体制机制改革挑战。在深化改革过程中，存在体制机制不活、内生动力不足等问题，不能灵活应对激烈的市场竞争；同时外贸市场风险也在不断增大。受疫情和贸易战等因素影响，当前世界经济面临诸多不稳定、不确定因素，主要表现为能源、原材料等大宗商品价格大幅波动，国家间冲突加剧，贸易政策有较大调整，国际航运不畅，等等，造成外贸业务风险加大。

# 第四节 河南能源高质量发展面临的问题总结

## 一、转型升级基础薄弱

煤炭和化工等传统产业大多处于产业链低端，整体盈利能力偏低，新兴战略产业培育不够，产业转型升级步伐缓慢，企业大而不强、大而不优的问题长期存在。

## 二、安全生产仍面临严峻挑战

煤矿、化工作为河南能源的主要产业，安全风险大、管控难度大，实现安全生产任务十分艰巨。从根本上杜绝生产安全事故还存在不确定性，"十三五"时期发生生产安全事故5起，死亡23人，事故起数和人数较"十二五"时期都有所下降，但离实现安全生产"零事故"奋斗目标仍存在一定差距。煤矿重大灾害威胁依然严重，河南能源现有正常生产矿井55处，其中高瓦斯和煤与瓦斯突出矿井37处，冲击地压矿井3处，水害复杂及极复杂矿井共13处，灾害严重矿井占比较大，随着矿井服务年限的增加，开采深度不断延伸，地质条件日趋复杂，瓦斯、水等灾害逐渐加重。化工企业安全风险日趋增大，"十三五"时期全国化工行业生产安全事故频发，暴露出化工企业安全生产工作还存在薄弱环节，安全管理和安全监管仍需进一步加强。影响安全生产的不利因素增多，受国际国内经济形势等多种因素影响，以及安全投入、债务化解、稳定风险等各种矛盾交织叠加，企业生产经营形势严峻，职工队伍不稳定，技术人员流失，给安全生产带来了前所未有的困难和挑战。

## 三、企业面临的各类风险不容忽视

首先，企业债务风险较大。河南能源带息负债规模大，资产负债率偏高，负债结构不合理，债券、融资租赁等比例过高，成为制约企业改革发展的巨大包袱。债务违约事件造成河南能源融资全面停滞，偿还到期债务困难重重。

其次，其他各类风险有所上升。债务违约引发的安全风险、涉法涉诉风险、信访稳定风险交织叠加，一旦处置不当就可能引发全局性、系统性风险。特别是职工薪酬长期拖欠，造成部分职工生活困难，人才流失严重，职工队伍稳定面临巨大压力。

## 四、科技创新能力不足

创新平台作用发挥不够，科研人才占职工总人数比重不足2%，科技创新、管理创新能力总体偏弱，创新投入占营业收入比重在2019年和2020年均不足1%，2021年虽有小幅回升，但也仅有2%，与先进企业差距明显。同时成果转化效果不佳，对提升企业核心支撑作用不够明显。河南能源技术研发投入情况，如图2-5所示。

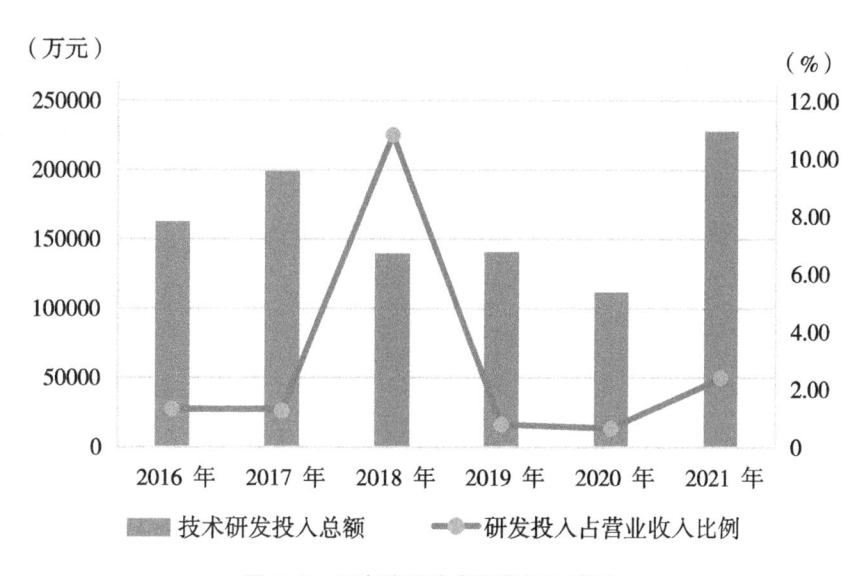

图2-5 河南能源技术研发投入情况

## 五、节能减排压力逐渐增加

2030年实现碳达峰，2060年实现碳中和，是党中央站在构建人类命运共同体的高度，着眼推进国家现代化建设与可持续发展，以前瞻思维、宽广视野做出的重大战略决策。"十四五"时期，对全国来说是确保如期实现碳达峰的关键期，对企业来说也是实现绿色低碳转型的重要窗口期。

从国际看，全球应对气候变化开启新征程，欧盟、日本等120多个国家和地区提出了碳中和目标，世界主要经济体争相推动经济绿色复苏，产业绿色转型已成为重要投资领域。全球能源结构加速向低碳化转型推进，新能源技术水平和经济性大幅提升，主要发达国家积极谋划率先摆脱对化石能源的依赖，能源低碳转型推动全球能源格局重塑和供需版图深度调整，正在进入可再生能源主导的全新能源体系和发展模式。

从全国看，我国实现碳达峰、碳中和相比西方国家时间更紧、任务更重、力度更大，是一场广泛而深刻的经济社会系统性变革，其中能源行业绿色低碳发展是关键。当前，我国能源低碳转型进入爬坡过坎的攻坚期，碳排放达峰和低碳化已成为能源发展的硬约束，能源结构和系统形态将面临巨大变革，化石能源消费增长空间受限，新能源大规模发展亟须能源系统加快适应和调整，绿色能源生产消费新模式亟待形成，绿色低碳战略性、前沿性技术亟待加速突破。

从河南省看，能源行业碳排放占50%以上，面临优化结构、保障供应、强化治理等多重目标统筹平衡的考验。一是能源低碳转型压力较大。省内产业结构偏重、能源结构偏煤问题较为突出，煤炭消费占比高出全国水平约10个百分点。国家要求河南省煤炭消费减量10%左右，压减煤炭消费、降低碳排放需要供给侧、需求侧协同发力，共同克服用能成本上升、产业结构调整等困难。二是能源安全保障风险持续增大。河南省能源资源以煤为主，油气、水、风、太阳能等赋存相对偏少，预计"十四五"期间60%左右的能源需从省外引入，供应保障不确定因素增多，应对极端天气、重大疫情等突发事件，以及区域性、时段性紧张局面的保供能力亟须强化。三是能源科技支撑能力薄弱。河南省能源技术、装备创新能力不强，灵活高效燃煤发电和现代煤化工等技术研究亟须突破，新型储能、氢能开发利用、CCUS（碳捕集利用与封存）等前沿技术和相关产业亟待发展，"源网荷储"一体化、多能互补等新模式、新业态对新技术的要求越来越迫切。四是市场决定性作用发挥仍需强化。以绿色能源为导向的价格和交易机制尚不完善，市场主体参与能源领域的活力有待进一步激发，迫切需要构建与碳达峰、碳中和要求相适应的现代能源体系。

从企业看，"十四五"时期，河南能源将面临调整产业结构、优化产业布局、保障能源供应、绿色低碳发展、加快产业转型等多重任务统筹推进的挑战。一是调整产业结构的挑战。集团公司以煤炭、化工为主业，产业结构偏重的问题突出，急需培育发展新能源、新材料等战略新兴产业，创新提升物流贸易、医疗健康等现代服务产业，加快调整产业结构。二是优化产业布局的挑战。集团公司煤化工产业布局分散，产业链短，集约集聚集群发展水平不高，省内发展煤化工项目面临着能耗和环保指标硬约束，急需优化发展布局，加快产业转移。三是全省能源保供的挑战。河南省能源资源以煤为主，煤炭是兜底保障的基础能源，"十四五"期间全省仍有1.4亿吨煤炭供应缺口。作为全省最大的能源企业，河南能源在做好自身减碳降碳的同时，还须发挥全省能源保供主力军的作用。四是绿色低碳转型的挑战。集团公司属于资源密集型企业，能耗与碳排放总量与强度较大。国务院印发的《2030年前碳达峰行动方案》提出，到2025年，单位国内生产总值能源消耗比2020年下降13.5%，单位国内生产总值二氧化碳排放比2020年下降18%。《河南省"十四五"现代能源体系和碳达峰碳中和规划》提出，"十四五"期间，单位GDP能耗累计下降15%以上，单位GDP二氧化碳排放累计下降19.5%。按照国家和河南省"十四五"节能降碳工作目标，集团公司面临艰巨的节能降碳任务。

在面临多重挑战的同时，企业也将迎来新的发展机遇。一是国家政策机遇。党中央国务院出台"双碳"指导意见和行动方案，明确了总体要求、主要目标和重点任务，提出了一系列支持性政策。认真研究国家产业政策，做好上下对接，用足用好政策红利，将有利于企业实现转型发展。二是战略转型机遇。"十四五"时期，是调整用能结构、构建绿色生产方式的关键期。积极抢占新一轮绿色产业革命和低碳技术革命的制高点，对于推进企业高质量发展意义重大。三是投融资机遇。据有关部门预计，我国要实现"双碳"目标，需新增投资130多万亿元。对企业来说，抓住减碳降碳项目将获得更大资金支持，绿证、绿电、碳排放权交易将更加活跃，绿色金融产品也将更为丰富，为企业推进产业转型升级提供更多融资渠道。

# 第三章 国内外能源企业高质量发展经验借鉴

习近平总书记在中国共产党第十九次全国代表大会报告中要求，深化国有企业改革，培育具有全球竞争力的世界一流企业。这也是企业高质量发展的具体要求和体现。目前，无论是政策体系、理论研究，还是国内外的企业实践中，都体现出高质量发展的理念。

# 第一节 政策体系中有关高质量发展的标准体系

## 一、四强四优

实际上，企业层面的高质量发展理念由来已久。国务院国资委提出的中央企业"四强四优"标准可以成为高质量发展的一类标准。所谓"四强四优"，即自主创新能力强、资源配置能力强、风险管控能力强、人才队伍强，经营业绩优、公司治理优、布局结构优、社会形象优。

为实现"四强四优"这一目标，国务院国资委提出了"五大战略"和"三大保障"进行支撑。四个优可以总结为质优，质优的标准是主业突出、治理良好，拥有自主知识产权、核心技术和国际知名品牌，具有较强的国际化经营能力和水平，在国际同行中综合指标处于先进水平，如图3-1所示。

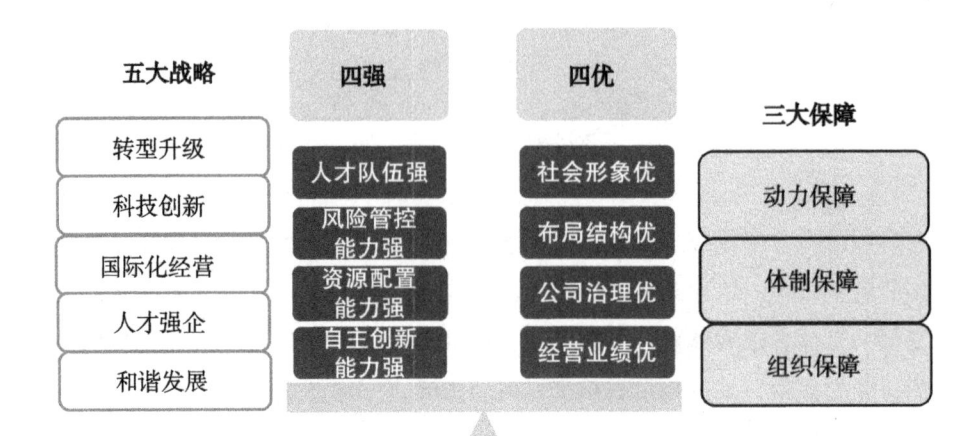

```
五大战略        四强         四优
                                      三大保障
  转型升级    人才队伍强   社会形象优
                                       动力保障
  科技创新    风险管控    布局结构优
              能力强
  国际化经营  资源配置    公司治理优   体制保障
              能力强
  人才强企    自主创新    经营业绩优
              能力强                   组织保障
  和谐发展
```

图 3-1 "四强四优"内涵

"五大战略"即转型升级、科技创新、国际化经营、人才强企、和谐发展，这意味着中央企业将步入从"大"变"强"的时代。"三大保障"是：继续深化国有企业改革，增强企业活力，提供动力保障；不断完善国资监管体制，增强监管有效性，提供体制保障；加强和改进企业党建工作，充分发挥党组织的政治核心作用，提供组织保障。

"五大战略"的具体实施路径如下。

（1）大力实施转型升级战略。国有经济的转型升级是加快转变经济发展方式的迫切要求，也是做强做优中央企业、培育世界一流企业的关键所在。要推进增长方式由主要依靠要素投入、规模扩张向主要依靠科技进步、劳动者素质提高、管理创新转变；推进国有资本向关系国家安全和国民经济命脉的重要行业和关键领域集中；推进产业布局向产业链高端发展，向战略性新兴产业发展；推进产权结构向股份化、多元化、证券化转变。

（2）大力实施科技创新战略。科技进步和创新是加快转变经济发展方式的重要支撑，也是做强做优中央企业、培育世界一流企业的重要举措。要加大研发投入，建立健全技术创新投入、研发、转化、应用机制，建设以企业为主体、市场为导向、产学研相结合的技术创新体系。推进科技资源优化配置，着力打造一批具有前瞻性的重大、共性技术研发平台，形成基础研究、预先研究、工程技术研究、应用研究相配套的梯次研发结构。力争在一些关键领域有重大技术突破，培育一批高附加值的尖端产品，打造一批国际知名的高端品牌。

（3）大力实施国际化经营战略。提升国际化经营能力和水平是做强做优中央企业、培育世界一流企业的必然要求。加快"走出去"步伐，积极开展海外业务，提升国际市场份额，优化产业链和价值链。培养全球化的战略思维和开放视野，立足全球配置资本、人才、技术、市场等各类资源，逐步实现战略、运营、管理、文化全球化。深化国际经济技术的交流与合作，掌握国际竞争规则，融入世界经济主流。

（4）大力实施人才强企战略。人才是中央企业加快转变发展方式、实现科学发展的第一资源、第一推动力，是做强做优中央企业、培育世界一流企业的重要基础。要创新人才发展机制，优化人才发展环境，积极开发利用国内国际两种人才资源，大力推进人才职业化、市场化、专业化、国际化，大幅提高人才创新能力。坚持高端引领、整体开发，统筹推进出资人代表、经营管理人才、党群工作者、科技人才和技能人才队伍协调发展，不断优化人才结构，提升人才素质。

（5）大力实施和谐发展战略。保障和改善民生是加快转变经济发展方式的根本出发点和落脚点，企业在追求经济利益的同时实现与社会、环境的和谐发展，是做强做优中央企业、培育世界一流企业的客观需要。要建立健全企业社会责任战略、治理、融合、绩效、沟通机制，推进中央企业模范履行社会责任，努力做依法经营、诚实守信的表率，做节约资源、保护环境的表率，做以人为本、构建和谐企业的表率。

提供"三大保障"则要从以下方面入手。

（1）继续深化国有企业改革，增强企业活力。坚持把深化改革作为做强做优中央企业、培育世界一流企业的强大动力，建立健全适应市场经济要求、具有活力的经营机制。加快推进公司制股份制改革，建立比较完善的现代企业制度和科学有效的公司治理结构。建立健全市场化选人用人和激励约束机制。加快解决历史遗留问题，为国有企业改革发展提供良好的环境。

（2）不断完善国资监管体制，增强监管有效性。坚持把完善国资监管体制作为做强做优中央企业、培育世界一流企业的体制保障，建立健全国资监管快速反应、协同有效机制。进一步完善国资监管组织体系、法规体系和责任体系。整合监管资源，加强监管协同，增强监管的前瞻性、及时性、针对性和有效性。围绕做强做优中央企业、培育世界一流企业的目标，加大国有资本经营预算的支持力度，探索完善分类监管和分类考核。

（3）加强和改进企业党建工作，充分发挥党组织的政治核心作用。坚持把发挥国有企业党组织的独特优势作为做强做优中央企业、培育世界一流企业的组织保障，建立健全企业党建创先争优、发挥政治核心作用机制。深入开展创先争优活动，推进学习型党组织建设，不断增强党组织的凝聚力和党员的战斗力。探索现代企业制度条件下党组织参与决策、带头执行、有效监督的有效途径。加强"四好"领导班子建设，推进以惩防体系建设为重点的反腐倡廉建设。加强企业文化建设、工会共青团等群团工作和职工队伍建设。

## 二、要素指引

《中央企业做强做优、培育具有国际竞争力的世界一流企业要素指引》（国资发改革〔2013〕17号）中确定的支撑要素也是企业高质量发展的重要标准。它们分别是公司治理、人才开发与企业文化、业务结构、自主研发、自主品牌、管理与商业模式、集团管控、风险管理、信息化、并购重组、国际化、社会责任、绩效衡量与管理13个要素，如图3-2所示。

第三章 国内外能源企业高质量发展经验借鉴

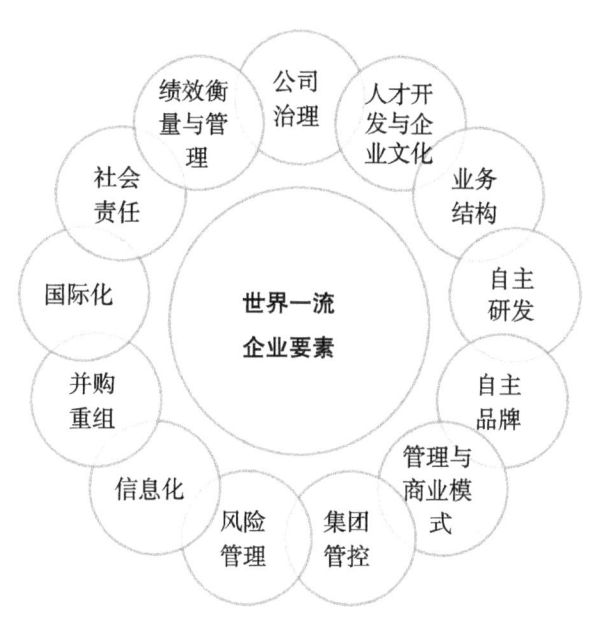

图 3-2 世界一流企业要素

13个要素具体如下。

（1）建立起规范健全的法人治理结构。通过母公司及所属企业股份制改革，建立健全集团各级企业法人治理结构，股东（大）会、董事会、监事会、经理层各司其职、规范运作，形成科学决策、有效制衡的公司治理机制。集团母公司层面建立起外部董事占多数的规范董事会，能够充分发挥董事会对重大问题决策、经理层选聘、重大项目投资、大额资金使用和风险管控等方面的作用。母公司及所属企业董事会之间权责明确、运转协调，形成科学高效的集权分权体制。

（2）主业突出，具有较强的核心竞争力。主业符合国家产业政策，并在国资委核定的主业范围内，通过并购重组、内部整合、精干主业、剥离辅业等优化配置资源，使优势资源向主业集中，产业布局和产业链结构不断完善，能够充分发挥协同效应和整体优势。

（3）自主创新能力强，拥有自主知识产权的核心技术。在具有自主知识产权或发明专利的核心技术上有重要突破，在国际标准的制定上有一定话语权。科研开发成果转化率较高，建立起产、学、研或官、产、学、研一体化的创新体系。科技创新能力与科研投入占销售收入比重在国内同行业中处于领先水平，并接近或达到国际先进水平。通过专利保护、商标注册保护、版权登记等措施加强对自主创新成果的及时有效管理。

（4）发展战略性新兴产业具有明显优势。提出有利于发挥企业潜能、优势的战略性新兴产业发展规划，研究分析切实可行，具有资金、人才、组织体系等方面的保障能力，能够将战略性新兴产业与原有产业优势相结合，明确发展重点及采取的措施，具有通过并购、联盟等方式加快发展的能力。

（5）国际化经营与运作能力较强，跨国指数较高。以全球性战略思维制定企业发展战略，在市场开拓、业务范围、资源占有、收入比重等方面国际化程度较高，本土化经营与管理取得实效，拥有较强的全球资源配置能力和资本运作能力，综合指标及各项关键指标处于国际同行业先进水平，社会形象良好，国际影响力较强。

（6）拥有国际知名品牌。建立起完善的企业形象识别系统（CIS），通过一流的产品设计、质量服务管理、市场营销和商业模式有效实施品牌战略，开拓国际市场，实现与目标市场的高度契合。品牌文化建设成效显著，在国际上拥有知名统一的企业品牌或系列产品品牌，在价格和用户满意度上具有明显优势。

（7）具有合理的经济规模与较强的盈利能力。充分发挥规模效应，进入财富500强的企业排序有明显提升或地位不断巩固，盈利能力达到国际一流水平，给予股东较好的回报。

（8）内部改革适应国际竞争要求，激励约束机制健全。充分引入竞争机制，人事、劳动、分配三项制度不断深化，形成职工能进能出、人员能上能下、收入能增能减的体制机制，保护职工合法权益。薪酬体系和用人制度能够吸引，留住并充分发挥人才特别是核心技术研发人才、高级管理人才以及国际化人才的积极性、创造性。

（9）集中有效的集团管控模式。根据企业经营特点建立起科学有效的管控模式，集团管理层级原则上控制在三级以内。实行集中有效的资金管理、采购管理、投资管理、资本运营等，建立起并不断完善以战略管控、财务管控和关键经营要素管控为核心的经营管控体系，对境外企业和境外资产管控有效，拥有较强的集团控制力。

（10）风险管理体系完善，拥有较强的风险管控能力。有健全的风险管理体系，制定并不断完善《企业风险管理手册》及《企业内部控制手册》。董事会在重大决策的风险管理中能够发挥主导作用，风险管理职能部门健全，落实全员岗位风险管理责任。风险管理信息系统完善，业务流程和管理流程科学高效，有良好的风险预警体系及相应的应急预案。在集团范围内建立起风险管理报告制度，对重大风险管控良好。

（11）管理信息化处于较高水平。充分利用信息化手段实现全集团范围内的管理制度化、制度流程化、流程信息化，建立起管理透明、系统集成、授权受控、安全可靠的管理信息系统，实现管控一体化，借助信息化平台不断增强企业管理创新能力。利用管理信息化手段实现对境外子企业的实时有效管控。管理信息化做到适时、高效、可持续、经济成本合理。

（12）重视领导力建设，建立起学习型组织。重视全员在岗学习和离岗培训，加强以培育具有全球化视野、国际化经营运作能力和管理技术的复合型人才为重点的企业高级管理人员领导力建设，高端人才队伍与国际基本接轨，领导人员素质和高级管理队伍结构不断优化。

（13）具有先进独特的企业文化和较强的社会责任。具有中国特色和本企业特色的企业文化和健康发展的核心价值观，以开放、包容、多元、共赢的文化要素促进国际化经营。符合国际社会责任8000号标准要求，模范履行社会责任，社会形象良好，积极参与国际及行业性企业社会责任标准制定。

## 第二节 国际优秀企业高质量发展标准及成功经验

### 一、波多里奇准则及其延伸

美国的"波多里奇卓越绩效评价准则"一直被作为衡量世界级企业运营水平的标杆。该准则体系由七大系统组成，即领导力系统（120分）、战略规划系统（85分）、顾客和市场系统（85分）、信息与分析系统（90分）、人力资源系统（85分）、流程管理系统（85分）、运营业绩系统（450分），总分为1000分，如图3-3所示。

图3-3 波多里奇卓越绩效评价准则

波多里奇国家质量奖的绩效标准分类模型常被用来评估企业管理系

统，识别主要改进领域。1987年，波多里奇国家质量奖由美国国会设立，并以美国前商务部部长马可姆·波多里奇的名字命名。这一奖项依据7个类别的绩效标准对企业进行判分，旨在促进企业增强质量意识。

波多里奇国家质量奖的绩效标准分类模型与组织管理不断改善提高的哲学理念相吻合。依据波多里奇优秀绩效标准，成功企业属于那些绩效高、整合好且有商业道德的组织。这一标准可以帮助企业应对今天的复杂挑战，同时为明天的持续有效运作做好准备。波多里奇国家质量奖的标准体系会随着时代的前进而改变。2017—2018年版美国波多里奇卓越绩效评价准则的变化重点强化了两个方面：一是组织可持续成功日益重要，二是使从用户角度对标理解更具逻辑性。这两个方面表现为加强网络安全和企业风险管理（ERM）。卓越绩效准则概览，如图3-4所示。

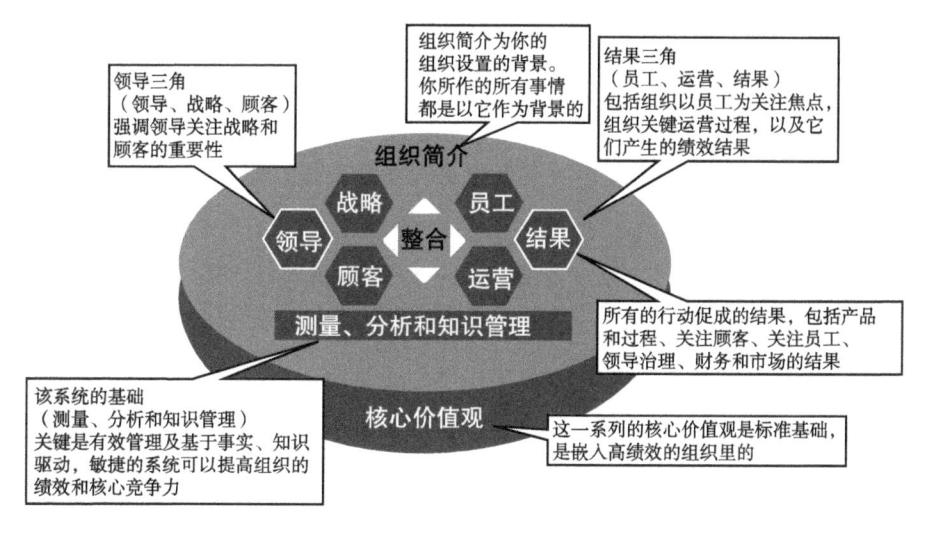

**图3-4　卓越绩效准则概览**

以波多里奇卓越绩效评价准则七大系统为基础，很多经典企业管理模型陆续提出。例如，企业管理界的"自行车模型"，其内涵是世界级企业的运营就像一辆自行车——顾客和市场是"前轮"，领导力、战略规划是"车把"，人力资源是"后轮"，信息与分析是"车架"，流程管理是"行车路线",运营业绩是"行车目标",这个模型由美国著名的摩托罗拉公司首先提出,如图 3-5 所示。

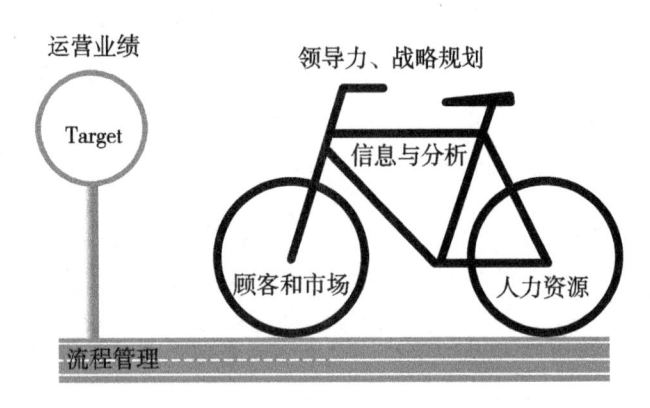

图 3-5 摩托罗拉的"自行车模型"

## 二、世界成功企业的经验

根据文献分析,2020 年《财富》世界 500 强排行榜中排名靠前的世界一流企业具备如下几个共同特征。

(1) 杰出的经营业绩。世界一流企业具有规模经济特点,长期位列《财富》世界 500 强榜单,并且盈利水平在行业中相对较高。如法国电力集团、德国莱茵集团、瑞士 ABB 集团等公司长期位列世界 500 强;苹果公司 2017 年利润为 484 亿美元,占全球智能手机市场总利润的 91%;丰田汽车 2017 年利润为 225 亿美元,而进入世界 500 强的中国 6 家车企的总利润为 114 亿美元,不及丰田汽车一家。

(2) 显著的国际影响力。世界一流企业在市场范围、业务范围、资源占有、收入比重等方面国际化程度较高,拥有较强的全球资源配置能力和资本运作能力,在全球范围内拥有较高的企业知名度和美誉度。如美国通用电气公司在全世界 100 多个国家开展业务,在全球拥有员工超过 31 万人,52% 的收入来自国外;IBM 全球总部在纽约,全球支付中心在上海,全球采购中心在深圳,全球财务中心在吉隆坡,全球人力资源中心在马尼拉,全球客户服务中心在布里斯班,研发中心设在中国、瑞士、日本、印度等国家。

(3) 强大的业务竞争力。世界一流企业具有风险互补的产业结构和较高的产业协同性,企业所提供的产品或服务被消费者认可,占据较大的市场份额。如美国通用电气公司在高端医疗设备领域市场占有率达60%,依托其国际领先的制造业优势,金融服务业务得以成功拓展。丰田汽车公司自2013年成为全球第一家产销量突破千万辆的车企以来,产销量一直位居行业前三位,在整个北美市场占有率一直保持在50%左右。

(4) 卓越的自主创新能力。世界一流企业重视研发和技术创新,拥有与企业发展需要相适应的自主知识产权和核心技术,研发能力为促进业务发展、引领行业提供有效支撑,具备培育和创造市场的能力。如IBM保持7%的高研发投入比例;通过联合著名高校、研究机构,加强与战略合作伙伴的合作创新与技术整合,提升创新效率;通过实施矩阵式管理,推进业务部门、产业集团参与研发,促进技术与市场的对接,创新兼顾战略导向和需求导向。2017年,苹果公司以95亿欧元的研发投入居"2017年全球大型企业研发投入排行榜"第7位,2004—2017年的13年间,研发投入平均增速超过15%,强大的研发投入和公司自主创新能力,使得公司在智能手机以及智能穿戴设备等方面一直引领行业发展趋势。

(5) 优异的经营管理能力。世界一流企业具有完善的公司治理结构和高效的战略执行能力,具有与公司发展水平相适应的体制机制、管控模式、管理制度、风险防控体系以及较高的信息化水平,如荷兰皇家壳牌石油公司实行集团总部——业务单元——运营单元三级管理,总部主要负责股东回报和战略发展,各业务单元和运营单元主要负责业务的发展规划、年度计划、经营策略和绩效考核。在业务流程化、标准化、系统化、数字化的基础上,荷兰皇家壳牌石油公司通过相应的授权、考核和监督机制,最大限度地下放了运营管理权,得以高效管理和控制全球业务。

(6) 优秀的人才队伍。世界一流企业高度重视人力资源管理，具有适应现代企业管理和国际化经营管理需要的数量足够、结构和梯次合理的人才队伍。如法国 Engie 集团建立全球一体化的内部流动机制，通过跨业务、跨职能和跨地区的轮岗为所有员工创造机会，提升了人才队伍的国际化视野、经验和活力；德国意昂公司每年选拔 20 名员工接受国际商业学院课程培训，并分别组队分配到世界各地的项目中进行实地锻炼。世界一流企业的共同特征既有清晰可见的外在表征，又有真正发挥作用、支撑企业发展的内在基因，内外部特征相互作用、相互影响。杰出的经营业绩、显著的国际影响力和强大的可持续发展能力是最终结果和外在表现，卓越的自主创新能力、优异的经营管理能力和优秀的人才队伍是企业发展的关键要素和内在支撑，是企业的核心竞争力所在。

## 第三节  矿业企业的高质量发展特征

根据世界一流企业内涵，对 2018 年《财富》世界 500 强排行榜采矿子榜单中排名靠前的世界一流煤炭企业进行了跟踪研究，总结发现世界一流煤炭企业除具备世界一流企业共同特征外，还具备如下几个行业特性。

(1) 坚持业务相关多元化发展。世界一流煤炭企业并不仅仅进行单一的矿产经营，如国家能源投资集团有限责任公司（以下简称国家能源集团）进行煤、电、路、港、航一体化经营；必和必拓公司在发展矿产开采业务的同时，积极拓展电力和冶金业务；嘉能可斯特拉塔股份有限公司（以下简称嘉能可公司）业务范围覆盖矿产的开采、加工、冶炼、运输、贸易等领域。

(2) 重视矿产资源资产配置。作为资源类企业，世界一流煤炭企业收入和利润来源基本围绕矿产资源，重视资源型资产配置并以此控制市场是企业保持竞争力和抵抗风险的关键举措。如嘉能可公司通过直接或间接投资企业获取矿产资源，在33个国家和地区拥有100余家矿山，目前已成为全球较大的电煤贸易商（市场份额高达30%）、较大的铬铁生产商、较大的锌生产商（全球产量的15%）、第三大铜矿开采商、第四大镍矿开采商；必和必拓公司控制着智利埃斯康迪达铜矿、秘鲁安塔米纳铜钼矿、澳大利亚坎宁顿银铅矿、澳大利亚WMC铀矿等世界级大矿，目前是世界上氧化铝和金属铝的主要供应商、世界第三大铁矿供应商（保有储量45亿吨）、世界第三大铜生产商、世界第五大银铅锌生产商、世界第四大镍生产商、世界第二大铬铁合金生产商、世界第一大炼焦煤和锰矿供应商（锰资源储量4.73亿吨）、世界最大的高质量钻石生产商。

（3）强化煤炭清洁转化与替代。随着环境问题的日益突出，以环保为目的进行煤炭清洁转化与替代的探索成为未来的发展趋势。世界一流煤炭企业为维持企业长足发展，履行环境保护社会责任，不断加大在煤炭清洁高效利用和新能源方面的投入，通过技术研发与推广，致力于成为煤炭高效清洁利用的引领者和新能源领域的先行者。国家能源集团设立神华新能源有限责任公司，专业化运营新能源业务，负责以风电、光伏发电为主的可再生能源发电产业的建设和运营。印度煤炭公司计划未来2~3年内关闭近100座不盈利矿井，同时将2020年生产10亿吨/年煤炭的发展目标推迟到2026年，并计划在未来10年内新增20 GW太阳能发电以促进其电力结构多元化发展。

（4）保持安全管理与投入高水平。矿业企业的安全保障既是矿业企业健康有序发展的需要，也是塑造企业良好形象的必然要求。世界一流煤炭企业从安全管理和安全投入两方面不断夯实安全基础。如国家能源集团构建安全管理体系，在总部层面成立安全生产委员会，分级设立安全监察机构，实行分级垂直管理；持续保持较高安全生产投入，2020—2022年安全生产投入总计达186亿元。陕西煤业化工集团有限责任公司2020—2022年安全生产投入总计超过70亿元，坚持"预防为主、过程控制、严格管理"

的安全工作思路，构建起集团公司安全生产委员会——板块公司安全生产委员会——子（分）公司安全生产委员会——厂（矿）安全生产委员会四级安全生产管理架构，严格执行安全生产在员工薪酬调整和职务晋升等方面的"一票否决"制度。嘉能可公司2020—2022年在安全管理方面的投入占营业收入的比重达到9%~12%，通过在生产现场张贴致命伤害说明、安全培训和加强一线安全监管人员建设等方式，降低公司安全风险。

## 第四节　企业高质量发展的共同特征及借鉴意义

根据国内外"建设世界一流企业"的总体情况，一些共同点（见图3-6）可以总结如下。

图3-6　"世界一流企业"共性特征

第一，突出的业务水平。具体包括主业突出，结构合理；品牌鲜明，具有一定的影响力；以人为本，满足客户需求；等等。

第二，先进的管理理念。具体包括较高的战略定位、长远的发展规划、完善的制度体系、精细的管理方法、全面的安全保障和环保理念等。

第三,坚定的创新引领。具体包括技术创新,信息化建设,加强自主研发,拥有核心自主知识产权,等等。

第四,积淀的文化底蕴。具体包括企业的核心价值观塑造,具有时间跨度的精神体系,具有影响力的品牌价值,等等。

第五,出色的经营业绩。这一点尤为重要,主要包括业务收入、社会口碑、责任承担、资本水平、规模范围等。

河南能源提出的"四位一体"高质量发展管理体系是在上述经验和理论的基础上,充分结合自身实际总结提炼得到的,较为完整和系统地吸收了上述经验中的精髓。

# 第四章 河南能源『四位一体』高质量发展管理体系设计

# 第一节　河南能源"十四五"期间整体战略

## 一、指导思想

以习近平新时代中国特色社会主义思想为指导，全面贯彻党的十九大和十九届历次全会及河南省第十一次党员代表大会精神，立足新发展阶段，完整、准确、全面贯彻新发展理念，融入新发展格局，坚持稳中求进工作总基调，锚定"两个确保"，落实"十大战略"，牢固树立"安全是第一责任，职工是第一牵挂，发展是第一要务，创新是第一动力"理念，按照"保稳、求变、强基、促转"的基本要求，以推进高质量发展为主题，以科技创新为引领，以深化改革为动力，以管理提升为手段，以市场需求为导向，以提质增效为目标，以加强国有企业党建为保障，全面优化产业布局，调整产业结构、组织结构、产权结构，加快产业转型升级，加快绿色低碳发展，加快数字化赋能，加快化解各类风险，持续提升企业内生动力和可持续发展能力，全力向世界一流的能源、化工及新材料供应商和综合服务商迈进，在建设社会主义现代化河南、谱写新时代中原绚丽多彩篇章中做出更大贡献。

## 二、坚持原则

### （一）坚持以党的领导为引领

全面贯彻习近平新时代中国特色社会主义思想，坚持政治建企，始终把党的政治建设作为企业的根本性建设，进一步增强"四个意识"，坚定"四个自信"，做到"两个维护"。持续加强国有企业党的建设，抓实抓细基层党组织建设，深化党支部标准化建设，持续推进"一体化、具体化、实体化"，以党建高质量引领和保障企业发展高质量。坚持全面从严治党，扎实开展巡视整改，深入推进能力作风建设和党风廉政建设。充分发挥各级党组织把方向、管大局、保落实的作用，凝聚起改革重生和高质量发展的强大合力。

### （二）坚持以安全发展为前提

始终牢记"安全是第一责任"，全面贯彻"三不四可"理念，始终坚持"从零开始、向零奋斗"，积极构建覆盖全集团的大安全管理体系。着力强化基层班组和区队（车间）安全基础管理工作，培育本质安全职工，打造本质安全企业，不断提升集团公司整体安全发展水平，为职工健康安全和企业安稳发展提供坚实保障。

### （三）坚持以创新为第一动力

全面落实创新是第一动力，始终将科技创新作为转型升级、结构调整、涅槃重生的重要抓手，以科技创新催生新发展动能，引领和推动企业高质量发展。在产业布局、园区建设、项目开发、体制机制改革等方面，始终坚持以创新为引领，下好先手棋、打好主动仗，构建新发展格局。加快关键核心技术攻关，通过应用新技术、新工艺、新设备、新模式，推动技术创新、管理创新、体制创新、模式创新，实现换道领跑和弯道超车。通过推进科技研发体制机制的系统性重塑，全面激发科研人员和全体职工的创新活力，增强企业发展后劲和内生动力。

### （四）坚持以高质量发展为主题

完整、准确、全面贯彻新发展理念，以新发展理念引领和推动企业高质量发展。牢牢把握供给侧结构性改革这一主线，加快转变发展方式，构建新发展格局，提高经济发展质量和效益，提升企业发展活力、创新动力和竞争能力。在产业转型升级、产业布局优化、产品结构调整、重大项目建设、对标管理提升等方面始终坚持质量第一、效益优先，推动发展质量变革、效率变革、动力变革，提高全要素生产效率，实现更高质量、更有效率、更加公平、更可持续、更为安全的发展，不断增强企业综合实力和产业核心竞争力。

### （五）坚持以绿色低碳发展为条件

牢固树立"绿水青山就是金山银山"的理念，把绿色低碳要求贯穿到集团公司发展全过程、各环节。进一步压实责任，持续加强环境保护、节能减排和生态治理工作，加快构建与集团公司战略定位、产业结构和生产经营活动相适应的绿色低碳发展体系。按照先立后破的原则，积极稳妥推进碳达峰、碳中和工作，推进煤炭、化工产业能源生产和消费模式绿色低碳变革，将集团公司打造成为资源节约型、环境友好型、低碳环保型企业。

### （六）坚持以资源高效利用为基础

对标国际国内同行业、同类型一流企业，统筹企业内部各类资源综合利用，加快构建绿色低碳、循环高效的现代产业体系，积极打造循环经济特征明显的产业园区和产业集群。聚焦煤炭、化工两大主业，对各类资源实现"吃干榨净"，减少尾废排放，延长产品链条，提高产品附加值，提升产业综合竞争力，扩大产品市场占有率。通过招商引资、合资合作、产业协同等方式，推进与周边关联产业和下游企业融合发展，不断发展壮大关联产业集群，形成规模化、集群化、集聚化效应，实现企业双赢、多赢。

## （七）坚持以共享发展成果为目的

积极践行"职工是第一牵挂"，将企业发展成果惠及全体职工作为企业发展的根本目的，做到职工生命健康有保障，工作生活体面有尊严。充分依靠广大职工推进企业改革重生和高质量发展，全面调动全体职工的积极性，参与改革、共谋发展、贡献力量。通过实现更高质量、更有效益的发展，让全体职工有更稳定的工作、更满意的收入、更可靠的社会保障、更高水平的医疗服务、更舒适的居住条件，使所有利益相关者和全体职工在集团公司改革发展中有更多获得感、幸福感。

## （八）坚持以数字化赋能为抓手

深刻认识"数字中国"国家战略的重要性、紧迫性、必然性。以《"十四五"数字经济发展规划》为指引，以数字技术与实体经济深度融合为主线，将数字化赋能实体产业作为集团公司转型升级引领性、战略性工程，用先进适用数字化技术提升改造煤炭、化工、物贸、绿色建材等实体产业，构建新型数字基础设施体系，搭建数智赋能决策支撑平台；依托数字化技术，建设郑州国际大宗商品交易平台，培育新业态、新模式，推动集团公司治理数字化变革，提高运行效率，降低生产经营风险，实现数字化时代的跨越式发展，全方位打造数字河南能源。

# 三、总体定位

## （一）企业愿景

打造世界一流的能源、化工及新材料供应商和综合服务商。

## （二）产业布局

按照"稳住河南、发展西部"和"东引西进"产业布局，聚焦发展煤炭、化工新材料两大主体产业，做实做优物贸产业，创新发展电力、绿色建材产业，积极培育医疗健康产业，优化调整金融、建工、装备制造等产业，逐步构建相互支撑、相互促进的产业发展格局。

## （三）总体目标

规模与效益并重，在主要产业领域有竞争力和管控力，对全省经济发展有影响力和带动力，巩固河南省第一大工业企业地位，跻身国内一流国有特大型能源化工集团行列。

## 四、发展思路

以集团公司"十四五"发展指导思想为指引，按照"以煤为基、煤化并重、瘦身健体、争创一流"的总体发展思路，优化产业布局，调整产业结构，聚焦发展煤炭、化工新材料两大主体产业，做实做强物贸产业，创新调整电力及新能源、金融、绿色建材等辅助产业，积极培育医疗健康新兴产业，构建与发展实际相适应、各产业高效协同的产业体系。进一步筑牢安全生产基础，全面强化科技创新引领，加快数字化、智能化转型，持续推进绿色低碳发展，全面深化体制机制改革，重塑集团公司管控模式，优化人力资源配置，加大资本运营，创建具有鲜明特色的红色企业文化，为各产业板块推进高质量发展提供有力支撑和坚强保障。

## 五、发展目标

通过5年的不懈努力，集团公司经济运行质量显著提高，转型升级迈上新台阶，安全基础更加牢靠，绿色低碳发展水平不断提高，综合竞争力进一步增强，职工收入稳步提高，企业整体步入稳定、健康、协调、可持续的良性发展轨道，将河南能源打造成为国际一流、国内领先、具有持续价值创造能力的综合性企业集团。

"十四五"期间河南能源具体发展目标，如图4-1所示。

**节能减排和资源综合利用目标**：主要污染物排放总量明显减少，环境管理体系、环境监管机制等生态环境保护制度体系得到完善，生态环境大幅改善。煤矿塌陷土地治理率≥80%，露天矿排土场复垦率≥90%；煤矸石、矿井水综合利用率≥80%；绿色矿山创建占比≥60%，绿色工厂创建占比≥50%

**产品结构调整目标**：聚焦发展煤炭、化工新材料两大主体产业，做实做强物贸产业，创新调整电力及新能源、金融、绿色建材等辅助产业，积极培育医疗健康新型产业，倾力实施绿色低碳发展

**产权结构调整目标**：推进国有资本布局优化和结构调整，集团管理层级压缩到三级以内，混合所有制企业比例达到65%以上，发挥非公资本对混合所有制改革的支持和促进作用

**经济目标**：到2025年年末，营业收入达到2200亿元，利润总额达到100亿元以上，资产总额达到3000亿元，资产负债率降到75%以下

**科技创新目标**：科技研发投入占比稳步增长，每年完成重大科研项目不少于10项，建设一支高科技创新型人才队伍，建成完善的"一院四中心"创新体系

**数字化建设目标**：建成经营管理数字化、生产运营智能化、数智赋能决策自动化的国际一流、国内领先的集团型"数智"企业

**人力资源优化目标**：员工总量控制在12万人以内，人均年收入达到10万元以上。人均效率显著提升，高技能人才占比达到5.96%，大专及以上学历人员占比达到50%以上

**企业文化建设目标**：企业文化建设目标以系统性重塑河南能源文化理念体系为重点，构建与党和国家要求相适应、与我国经济社会发展相匹配、与现代化企业制度要求和集团发展战略相契合、与企业和员工共同需求相一致、与企业改革发展相适应的价值理念体系

**国际一流、国内领先、具有持续价值创造能力的综合性企业集团**

图4-1 "十四五"期间河南能源具体发展目标

第四章 河南能源"四位一体"高质量发展管理体系设计

# 第二节 "四个第一"战略思想的提出

在集团公司改革重生的重要战略转折期,集团公司党委结合企业实践和高质量发展要求,适时提出了"安全是第一责任,职工是第一牵挂,发展是第一要务,创新是第一动力"的理念。新理念的提出为企业发展提供了遵循,指明了方向。

"四个第一"战略思想(见图4-2)是河南能源以习近平总书记关于国有企业改革发展的重要论述为指导,结合自身的发展现状提出的。这一战略思想明确了企业发展的根基,指明了企业前进的方向,体现了企业的责任担当,凸显了创新在企业未来的地位。

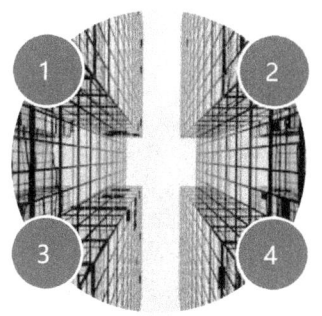

安全是第一责任　①　　②　职工是第一牵挂

发展是第一要务　③　　④　创新是第一动力

图4-2 "四个第一"战略思想

在"四个第一"的基础上,本研究凝结提炼了"四位一体"高质量发展体系,在后续章节中,将对该体系的内涵、价值、做法和成果进行探讨。

## 第三节 "四位一体"高质量发展管理体系设计

"四位一体"高质量发展管理体系的总体指导思想是习近平总书记关于国有企业改革发展的重要论述。习近平总书记站在党和国家事业发展全局的战略高度，对国有企业高质量发展发表了一系列重要讲话，做出了一系列重要指示批示，强调"国有企业是壮大国家综合实力、保障人民共同利益的重要力量，必须理直气壮做强做优做大""要坚定不移深化国有企业改革"，为推动国有企业改革发展指明了方向。从学术理论角度，"四位一体"改革创新体系主要依据是企业生命周期理论和企业流程再造理论。

基于此，河南能源以转型重生为契机，以长期高质量发展为目标，结合自身发展战略与实践，整合原有管理体系和制度流程，逐步探索建立了"四位一体"高质量发展管理体系。"四位一体"高质量发展管理体系以安全为第一责任，以职工为第一牵挂，以发展为第一要务，以创新为第一动力，四者相互支撑，构成转型重生的"核心环"。同时以党建统领，赓续红色基因；以制度保障，稳中求变，逆境重生；以文化滋养，踔厉奋发，勇于变革；以社会责任为己任，体现国有企业担当。这四方面相互融合，构成转型重生的"保障环"。"核心环"与"保障环"环环相扣，共同凝聚成河南能源改革重生与高质量发展的同心圆，具体如图4-3所示。

第四章 河南能源"四位一体"高质量发展管理体系设计

## 缘起:"四位一体"高质量发展管理体系的构建基础

**思想引领**
- 党的二十大报告对能源行业发展的指引
- 习近平总书记对国有企业高质量发展的系列论断
- 国有企业改革三年行动方案

**理论指导**
- 企业生命周期理论
- 企业流程再造理论

**现实依据**
- 河南能源的发展基础
- 企业发展面临的外部环境
- 企业发展的机遇挑战

**他山之石**
- 高质量发展的指标体系
- 先进企业的实践经验

## 创新:"四位一体"高质量发展管理体系的内涵框架

同心圆结构:
- 党建统领,指引总体方向
- 制度保障,建设现代化企业
- 文化滋养,赓续红色基因
- 社会责任,体现国企担当

核心:以高质量发展为中心
- 以安全为第一责任,底线意识筑牢转型根基
- 以职工为第一牵挂,人本关怀营造国企温度
- 以创新为第一动力,科学技术引领改革方向
- 以发展为第一要务,核心实力重塑可持续竞争力

## 支撑:"四位一体"高质量发展管理体系的实现路径

**以安全为第一责任**
1. 全面提高思想认识
2. 落实安全生产责任
3. 重点关注关键领域
4. 着眼安全基层治理
5. 推进标准化、体系化建设
6. 常态化打造安全制度

**以职工为第一牵挂**
1. 铺就纵横畅通的发展通道
2. 打通自下而上的反馈渠道
3. 建立自上而下的解决机制

**以发展为第一要务**
1. 坚持"产业升级"稳生产
2. 坚持"成本效益"稳经营
3. 坚持"以改代转"稳方向
4. 坚持"以控提效"稳运行

**以创新为第一动力**
1. 重塑重建科技引领顶层设计
2. 坚持完善科研研发组织模式
3. 着力打造高层次的人才队伍
4. 加快实施科技创新重点突破
5. "智慧能化"推动数字化转型

## 保障:"四位一体"高质量发展管理体系的保障措施

**党建统领**
1. 党的全面领导
2. 党的高质量建设
3. 基层党支部打造

**制度保障**
1. 夯实现代企业指导建设基础
2. 建立企业经理人制度

**社会责任**
1. 社区责任
2. 生态环境责任
3. 税收贡献
4. 员工关怀

**文化滋养**
1. "特别能战斗"精神
2. "八一采煤队"精神
3. "感恩文化"精神
4. 业务与文化融合

图 4-3 河南能源"四位一体"同心圆创新体系示意图

# 第五章 河南能源『四位一体』高质量发展管理体系构建与实践

第五章 河南能源"四位一体"高质量发展管理体系构建与实践

企业的高质量发展是一项复杂的系统性工程。在理论框架下，切实可行的实践路径是"四位一体"高质量发展管理体系得以实现的具体支撑。河南能源在建设"四位一体"管理体系，追求高质量发展的过程中，既提炼了完整的理论内涵，又明确了丰富的实践路径，让这一体系真正做实做优[①]。

# 第一节 以安全为第一责任，底线意识筑牢转型根基

安全是能源企业的发展基础。河南能源以习近平新时代中国特色社会主义思想为指导，全面贯彻党的十九大、二十大精神，深入贯彻习近平总书记关于安全生产重要论述，认真落实省委、省政府和集团公司安全生产工作决策部署，树牢安全发展理念，强化底线思维和红线意识，把安全生产摆到高于一切、重于一切、先于一切、严于一切的位置，切实解决思想认知不足、安全发展理念不牢以及抓落实存在很大差距等突出问题；完善和落实安全生产责任和管理制度，健全落实党政同责、一岗双责、齐抓共管、失职追责的安全生产责任制，强化"集团监督、板块监管、基层主体"的安全管控模式；建立双重预防体系，推进安全生产向主动加强管理转变、安全风险管控向自主开展转变、隐患排查治理向日常自查自纠转变；完善安全生产体制机制，大力推动科技创新，持续加强基础建设，全

---

① 详见附件1。

面提升本质安全水平。坚持问题导向、目标导向和结果导向，深化源头治理、系统治理和综合治理，切实在转变理念、狠抓治本上下功夫，完善和落实重在"从根本上消除事故隐患"的责任链条、制度成果、管理办法、重点工程和工作机制，以实现安全"零事故"、环保"零事件"为总目标，全面推进风险管控和隐患排查治理动态化、常态化，全面推进装备机械信息化、智能化，全面提升作业现场标准化、精细化，全面提升职工队伍素质技能化、专业化，努力实现全生产治理体系和治理能力现代化，推动集团公司安全生产整体水平明显提高，为维护职工群众生命财产安全以及实现集团公司安全、高质量发展提供有力保障。

河南能源构建了结构化、常态化、重点化的安全管理体系。以安全为第一责任的框架体系，如图 5-1 所示。

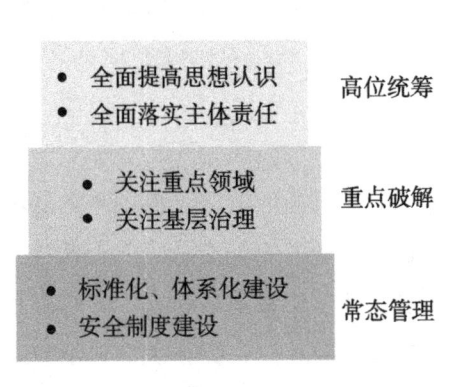

```
● 全面提高思想认识              高位统筹
● 全面落实主体责任

● 关注重点领域                  重点破解
● 关注基层治理

● 标准化、体系化建设            常态管理
● 安全制度建设
```

图 5-1　河南能源安全管理体系建设思路

## 一、全面提高思想认识

为全面提高思想认识，集团公司做了如下工作。

（1）公司组织学习宣传贯彻习近平总书记关于安全生产重要论述。

一是集中开展学习教育。集中组织观看学习《生命重于泰山——学习习近平总书记关于安全生产重要论述》电视专题片；各级党委（党组）理论学习中心组安排专题学习，结合实际研究贯彻落实措施，将习近平总书记关于安全生产重要论述纳入全员安全培训内容,推进学习教育全覆盖。二是深入系统宣传贯彻。各级党委将宣传贯彻习近平总书记关于安全生产重要论述纳入党委宣传工作重点,精心制定宣传方案,部署开展经常性、系统性宣传贯彻和主题宣讲活动。三是组织开展事故警示教育。深刻汲取"7·19"等典型事故教训,以案说法、以案警示、以案促改,组织开展事故警示教育。四是组织开展对话谈心活动。各层级每年组织开展一次安全生产对话谈心,学习习近平总书记关于安全生产重要论述及安全生产相关法律、法规、政策,强化安全生产责任措施落实。五是有效防范安全风险。围绕建立安全隐患排查和安全预防控制体系,坚持从源头上加强治理,完善安全风险评估制度。坚持创新方式加强监管,综合运用信息化、大数据等现代化手段和"四不两直"明察暗访等传统手段,分行业、分领域全面排查整治安全隐患。突出危险化学品、煤矿与非煤矿山、建筑施工、消防等重点行业领域开展专项整治,标本兼治消除事故隐患。特别重视加强化工、煤矿等设施安全风险防控和各环节的安全责任措施落实,确保万无一失。

(2)建立安全环保"零"目标体系。

在组织机构上,集团公司成立二级单位安全环保"零"目标考核领导小组。组长由党委书记、董事长、总经理担任,副组长由集团公司其他领导班子成员担任,成员包括公司总经理助理、副总工程师,集团公司机关各部室、事业部、共享中心等部室负责人。考核领导小组下设考核办公室,办公室设在集团公司安全健康环保监察局,安全健康环保监察局局长兼任考核办公室主任,办公室具体负责二级单位安全环保"零"目标考核工作。

在执行制度设计上,对二级单位安全环保"零"目标考核实行月考核、月兑现(煤矿重大灾害治理实行季考核、季兑现),重点对二级单位安全环保管理效果进行考核,考核结果与二级单位领导班子安全绩效工资和本单位安全结构工资挂钩。安全结构工资挂钩比例:煤业公司、化工企业30%，其他地面企业20%。因同一生产安全事故有关责任人员受到地方政府安全监察监管执法机构经济处罚，或受到集团公司责任追究扣减薪酬与本办法处理重复的，按"就高补差处理"原则实施。考核结果每月末至次月10日（煤矿重大灾害治理考核由能源管理公司每季末至次季8日）报送集团公司考核办公室，考核办公室按照考核结果，制定具体奖罚方案，经集团公司分管领导审批后，由集团公司人力资源部负责兑现。

在激励机制上，对二级单位班子成员所奖励薪酬，不受个人年薪统算封顶限制（实行契约化管理的班子成员，奖励薪酬按个人年度安全绩效薪酬的50%封顶）。煤炭企业当月实现安全环保"零"目标的，当月奖励班子成员月度安全薪酬的25%，另25%由能源管理公司按照煤矿重大灾害治理考核办法季度考核兑现（季度未实现安全"零"目标的，不予兑现）。其他企业当月实现安全环保"零"目标的，班子成员月度奖励薪酬的50%当月兑现；实现全年安全环保"零"目标的，剩余50%在年底统一兑现。具体考核标准如表5-1所示。

表5-1 二级单位安全环保"零"目标考核标准

| 单位 | 考核对象 | 扣减薪酬 ||| 奖励薪酬 |
|---|---|---|---|---|---|
| | | 人身伤亡事故 | 非伤亡事故 | 环保事件 | |
| 煤炭企业 | 班子成员 | 发生一次死亡1人事故，扣除本人月度安全绩效薪酬的3倍；发生一次死亡2人事故，扣除本人月度安全绩效薪酬的6倍；累计死亡3人或一次死亡3人及以上事故，扣除本人月度安全绩效薪酬的12倍 | 发生1起一级非伤亡事故，扣减本人月度安全绩效薪酬的50%~100% | 发生一般及以上突发环境事件，扣除本人月度安全绩效薪酬 | 月度消灭人身死亡和一级非伤亡事故、杜绝一般及以上突发环境事件的，兑现本人月度安全绩效薪酬，并给予月度安全绩效薪酬的25%奖励；全年消灭人身死亡和一级非伤亡事故、杜绝一般及以上突发环境事件，完成重大灾害治理指标的，给予本人月度安全绩效薪酬的2倍奖励 |

续表

| 单位 | 考核对象 | 扣减薪酬 人身伤亡事故 | 扣减薪酬 非伤亡事故 | 扣减薪酬 环保事件 | 奖励薪酬 |
|---|---|---|---|---|---|
| 煤炭企业 | 单位安全结构工资 | 发生一次死亡1人事故，扣减单位当月安全结构工资的20%；发生一次死亡2人事故，扣减单位当月安全结构工资的50%；累计死亡3人或一次死亡3人及以上事故，扣除单位当月全部安全结构工资 | 发生1起一级非伤亡事故，扣减单位当月安全结构工资的5% | 发生一般及以上突发环境事件，扣减单位当月安全结构工资的20% | 月度消灭人身死亡和一级非伤亡事故、杜绝一般及以上突发环境事件的，兑现单位月度安全结构工资，并给予月度安全结构工资的5%奖励；全年消灭人身死亡和一级非伤亡事故、杜绝一般及以上突发环境事件，完成重大灾害治理指标的，给予单位月度安全结构工资的20%奖励 |
| 危险化学品企业（园区）、建设公司、煤层气公司 | 班子成员 | 发生1人次重伤事故，扣减本人月度安全绩效薪酬的50%；发生一次死亡1人事故，扣除本人月度安全绩效薪酬的6倍；累计死亡2人或一次死亡2人及以上事故，扣除本人月度安全绩效薪酬的12倍 | 发生1起二级非伤亡事故，扣减本人月度安全绩效薪酬的50%；发生1起一级非伤亡事故，扣除本人月度安全绩效薪酬 | 发生一般及以上突发环境事件，扣除本人月度安全绩效薪酬 | 月度消灭重伤或二级及以上非伤亡事故、杜绝一般及以上突发环境事件的，兑现本人月度安全绩效薪酬，并给予月度安全绩效薪酬的50%奖励；全年消灭重伤或二级及以上非伤亡事故、杜绝一般及以上突发环境事件的，给予本人月度安全绩效薪酬的2倍奖励 |
| | 单位安全结构工资 | 发生一次死亡1人事故，扣减单位当月安全结构工资的50%；累计死亡2人或一次死亡2人及以上事故，扣除单位当月全部安全结构工资 | 发生1起二级非伤亡事故，扣减单位当月安全结构工资的5%；发生1起一级非伤亡事故，扣减单位当月安全结构工资的10% | 发生一般及以上突发环境事件，扣减单位当月安全结构工资的20% | 月度消灭重伤或二级及以上非伤亡事故、杜绝一般及以上突发环境事件的，兑现单位月度安全结构工资，并给予月度安全结构工资的5%奖励；全年消灭重伤或二级及以上非伤亡事故、杜绝一般及以上突发环境事件的，给予单位月度安全结构工资的20%奖励 |

续表

| 单位 | 考核对象 | 扣减薪酬 |||奖励薪酬 |
| --- | --- | --- | --- | --- | --- |
| | | 人身伤亡事故 | 非伤亡事故 | 环保事件 | |
| 其他地面企业 | 班子成员 | 发生1人次重伤事故，扣除本人月度安全绩效薪酬；发生一次死亡1人及以上事故，扣除本人月度安全绩效薪酬的12倍 | 发生1起二级非伤亡事故，扣减本人月度安全绩效薪酬的50%；发生1起一级非伤亡事故，扣除本人月度安全绩效薪酬 | 发生一般及以上突发环境事件，扣除本人月度安全绩效薪酬 | 月度消灭重伤或二级及以上非伤亡事故、杜绝一般及以上突发环境事件的，兑现本人月度安全绩效薪酬，并给予月度安全绩效薪酬的50%奖励；全年消灭重伤或二级及以上非伤亡事故、杜绝一般及以上突发环境事件的，给予本人月度安全绩效薪酬的2倍奖励 |
| | 单位安全结构工资 | 发生一次死亡1人及以上事故，扣除单位当月全部安全结构工资 | 发生1起二级非伤亡事故，扣减单位当月安全结构工资的5%；发生1起一级非伤亡事故，扣减单位当月安全结构工资的10% | 发生一般及以上突发环境事件，扣减单位当月安全结构工资的20% | 月度消灭重伤或二级及以上非伤亡事故、杜绝一般及以上突发环境事件的，兑现单位月度安全结构工资，并给予月度安全结构工资的5%奖励；全年消灭重伤或二级及以上非伤亡事故、杜绝一般及以上突发环境事件的，给予单位月度安全结构工资的20%奖励 |

## 二、落实安全生产责任

按照"党政同责、一岗双责、齐抓共管、失职追责"的要求，建立健全覆盖企业各层级、各部门、各岗位的安全生产责任制，形成人人有责、各负其责、权责清晰的安全生产"零"目标责任体系。制定安全"零"目标责任考核办法和标准，对照安全生产"零"目标责任清单，开展安全目标考核，并将考核结果纳入相关人员绩效管理。通过压实安全"零"目标责任，确保安全"零"目标实现。

（1）健全完善安全生产责任体系。建立健全以主要负责人为核心的覆盖各层级、各岗位人员的安全生产责任制，明确各岗位责任人员、责任清单，建立并落实全员安全生产责任监督考核机制，推动各个岗位安全生产责任落实到位。

（2）健全完善安全生产管理制度。依法建立健全安全生产管理机构，配齐安全生产管理人员；严格安全生产费用提取管理使用制度，确保足额提取、使用到位；强化从业人员进行安全生产教育和培训，保证从业人员具备必要的安全生产知识；持续推进安全生产标准化建设，实现生产现场管理、操作行为、设备设施和作业环境规范化。

（3）完善安全生产风险管控与隐患治理双重预防体系。科学制定安全风险辨识程序，定期组织开展安全风险辨识评估；合理确定风险管控层级和措施，确保安全风险始终处于受控状态；推动全员参与自主排查隐患，制定实施严格的隐患治理方案，做到责任、措施、资金、时限和预案"五落实"，实现闭环管理。

（4）加快推进安全风险隐患信息化管理。2020年年底，基本实现企业信息管理平台与政府监管平台对接。2022年年底前实现与政府监管平台互联互通、安全风险自动预测预警。

（5）加强安全诚信体系建设。完善和落实企业安全生产诚信、承诺公告、举报奖励和教育培训等制度，建立健全企业风险管控和隐患排查治理情况向负有安全生产监督管理职责的部门和企业职工代表大会"双报告"制度，自觉接受监督。

## 三、重点关注关键领域

生产安全管理是一个点面结合的过程，既要重视全面的安全建设，更要关注重点领域的防守。目前，河南能源应在以下几个方面重点防范。

（1）危险化学品安全整治。集团公司根据地方政府制定的危险化学品"禁限控"目录，严格高风险化工项目准入条件，合理规划建设项目，淘汰落后产能；同时按照《危险化学品企业安全风险隐患排查治理导则》，深入开展企业安全风险隐患排查治理，涉及重大危险源企业安全预防控制体系建设率达到100%，并进一步完善提高。此外，涉及外部安全防护距离不足及城镇人口密集区的企业搬迁改造任务如期完成。在此基础上进一步提升危险化学品企业自动化控制水平，涉及"两重点一重大"生产装置和储存设施的自动化系统装备投用率达到100%。提升从业人员专业素质能力，化工企业主要负责人和安全管理人员等考核达标率为100%。

（2）煤矿安全整治。一是加大煤与瓦斯突出、水害、冲击地压及煤层自燃等重大灾害精准治理力度。二是矿井采掘接替平衡，并实现良性循环，杜绝采掘接替失调。三是2020年年底前，全面淘汰悬移支架放顶煤炮采工艺，确保采煤机械化率达到100%。四是装备水平和系统安全可靠性大幅提升。2020年，选取试点矿井，推进主井提升系统实施全参数可视、全工况可控的智能化无人化建设，配齐提升系统传感器，做到系统监测无盲区，实现提升系统动态预警、预知，保障提升系统安全。强制淘汰运行超过10年的电控系统，2021年年底前完成主提升机电控系统的升级换代工作；2022年，凡新设计的采区辅助运输系统要推广应用重型单轨吊车，实现连续无转载的新型运输模式。五是推进"三优、三减、三提升"，到2022年年底，建成3~5个省级智能化示范煤矿，力争创建1~2个国家级智能化示范煤矿，初步形成煤矿开拓设计、地质保障、生产、安全等主要环节的信息化传输、自动化运行技术体系，基本实现综采工作面内少人或无人操作、掘进工作面减人提效、井下固定岗位的无人值守与远程监控。冲击地压、采深超千米的煤与瓦斯突出矿井基本实现采掘智能化；2020年规划减少生产水平2个、生产采区8个，2021年规划减少生产水平2个、生产采区15个；2020年，新建车集矿架空乘人装置、榆树岭矿中央变电所等远程监控自动化子系统100个，实现减人提效；2020年所有矿井单班入井作业人数符合国家规定，具备条件的矿井在不影响产量的前提下，适时取消夜班生产作业。六是强化重大灾害治理，力争实现重大灾害防治"零超限""零冲击""零水害""零溃冒""零自燃"的"五零"目标。七是大力推进煤矿重大灾害防治智能化建设，实现集团公司煤矿安全监控、水文监测、瓦斯抽采、冲击地压监测预警安全智慧管控大数据联网。

（3）非煤矿山安全整治。一是严格落实非煤矿山法律法规标准，健全完善安全规章制度，推动企业建立安全生产技术和管理团队，提升安全生产管理专业化水平。二是建立完善的安全风险管控隐患治理的安全预防控制体系，严防露天矿山坍塌、爆炸、边坡失稳，尾矿库漫坝、溃坝等事故，依规整治外包工程以包代管、包而不管等违法违规行为。三是持续开展尾矿库安全风险隐患综合治理，落实尾矿库库长安全包保责任制，运行尾矿库全面建成并实现在线监测预警系统。四是统筹推进非煤矿山智能化建设，推广先进技术智能装备，逐步构建生产系统远程集中控制、智能无人值守的安全高效集约化智慧生产格局，提高企业本质安全水平。

（4）装备制造安全整治。一是加强安全生产监管，强化企业主体责任落实，牢牢守住安全生产底线，切实维护人民群众生命财产安全。二是加快建立健全安全生产责任和管理制度体系、隐患排查治理和风险防控体系，加强监管执法和安全服务，坚决遏制安全事故的发生。三是加强高危环节、特种作业、特殊岗位等作业人员安全技能培训和考试，全面提升员工劳动技能及专业素养，着力打造标准化、技能化、安全化的职工队伍。四是强化职业病预防和管理，从生产过程、劳动过程、生产环境等方面控制和消除职业病危害，保护劳动者健康及相关权益。五是全面推进智能制造，对危险岗位、重要岗位、劳动强度大的岗位进行机械化、自动化、智能化改造，促进企业安全生产形势持续稳定。

（5）消防安全整治。一是坚持全面打通消防生命通道，集中整治商场、宾馆、医院、学校、幼儿园、养老院、生活区、职工宿舍等人员密集场所和化工企业的消防安全突出风险隐患。二是全面推行企业消防安全标准化、规范化管理建设,各单位自主评估风险、自主检查消防安全隐患、自主整改隐患的意识和能力明显增强。三是建立健全消防安全风险研判、精准治理、源头管控的火灾风险防范化解机制,企业火灾风险防控体系得到明显优化。四是职工消防安全素质提升工程全面实施,将消防安全纳入职业培训内容,推动企业单位全员消防培训制度常态化,重点人员分级分类培训全面落实,职工消防安全意识和自防自救能力明显提升。五是企业消防安全环境得到明显改善,消防安全形势持续稳定,消防安全工作的满意度明显提升,职工的安全感显著增强。

(6)危险废物等安全整治。针对废弃危险化学品等危险废物,全面开展危险废物排查,对属性不明的固体废物进行鉴别鉴定,化工园区、化工企业、危险化学品单位等重点企业开展违规堆存、随意倾倒、私自填埋危险废物等问题专项整治,确保危险废物贮存、运输、处置安全。建立完善危险废物由产生到处置各环节联单制度,形成覆盖危险废物产生、收集、贮存、转移、运输、利用、处置等全过程的监管体系,严禁故意隐瞒、偷放偷排或违法违规处置危险废物违法犯罪行为。各企业认真开展重点环保设施和项目安全风险评估论证及隐患排查治理。针对"煤改气"、洁净型煤、垃圾、污水和涉爆粉尘等,加强"煤改气"、洁净型煤燃用以及渣土、生活垃圾、污水和涉爆粉尘的贮存、处置等过程中的安全风险评估管控及隐患排查治理,强化落实相应的安全责任措施,确保人身安全。

## 四、着眼安全基层治理

生产班组是生产安全的基础"细胞",河南能源不断加强"安全型"班组建设,从基层治理的层面提升整体安全水平。

(1)提升班组安全意识,打造整体安全氛围。认真落实习近平总书记有关安全环保生产的重要指示精神,通过对上级文件精神、工作要求的学习以及对典型事故案例的分析,不断提高员工的安全意识,提高政治站位，保持警钟长鸣，坚决守住安全环保底线，不越红线，营造人人懂安全、人人讲安全、人人会安全的良好氛围。

（2）加强安全培训，提高防范能力。认真贯彻"安全第一，预防为主，综合治理"的工作方针，认真落实安全生产责任制，严格持证上岗和培训制度，积极实践"0123456"安全管理模式。围绕安全环保生产，充分发挥群监员、协管员的作用，持续深化"安康杯"竞赛活动，采取形式多样的班组安全教育培训，经常性地组织安全技能学习，定期开展安全应急演练，切实提高员工的应急处置能力和自救能力。

（3）加强隐患排查，强化过程控制。严格执行安全各项规章制度、操作规程，做好交接班、安全活动等记录，执行标准化作业规程，认真开展危险源（点）分析，实施对安全隐患的全员、全方位、全过程的辨识和防范，从源头上控制安全事故发生，切实把好安全生产第一道防线，打造本质安全型班组，确保现场安全监控到位、安全管理万无一失，实现生产全过程的受控管理以及"从零开始、向零奋斗"的安全目标。

## 五、推进标准化、体系化建设

河南能源建立了以岗位达标为基础、以专业达标为支撑、以现场达标为重点、以管理达标为保障、以动态达标为关键的安全生产标准化管理体系。按照"常态化建设、动态化考核、专业化保障、精细化要求、责任化落实"的原则，以点带面、点面结合，大力开展了"示范岗位、精品区域、亮点工程、本安线路"等示范工程建设。先后开展上、下半年安全生产标准化达标验收，进行对标排序，通过抓住正、反两方面典型，激励先进、鞭策落后，进一步完善矿井安全生产标准化管理体系，不断夯实安全管理基础。按照双重预防体系建设提质提效推进方案部署，以安全生产双重预防体系全过程的信息化管理为抓手，通过工艺严防、设备严控、人员严管、过程严治，集团所属各单位已全部建立规范、管用、智能、可持续、全覆盖的安全生产风险隐患双重预防体系。国家应急管理部在永城园区组织召开的全国双重预防体系建设试点企业经验交流会，成为行业的建设典型。

同时，河南能源建立了奖惩标准，对22种行为建立了负面清单，凡在安全督导期间，发现存在以下违反规定行为和现象的，对负有相应责任的领导干部和职工先行免职并停止工作，并按有关程序从严、从重、从快处理。

（1）煤业公司领导干部未执行下井规定，煤矿领导干部未执行下井跟班制度的。

（2）煤业公司未按规定审核审批技术设计、评价（检测、检验）报告、安全措施，且未落实的。

（3）煤业公司超过煤矿核定（设计）生产能力下达生产计划或者经营指标的。

（4）煤矿超能力、超强度组织生产或采掘工作面瓦斯抽采不达标组织生产的。

（5）煤矿井下瓦斯超限、防突验证指标超标后未认真分析原因、不按规定采取措施继续作业的。

（6）工作面采掘作业及防突验证时，出现喷孔、顶钻等明显突出预兆未采取区域综合防突措施的。

（7）突出矿井瓦斯压力、瓦斯含量、透气性系数、瓦斯放散初速度、坚固性系数、有效抽采半径及工作面防突预测（效果检验）的突出敏感指标等参数不齐全或造假的。

（8）突出矿井预抽煤层瓦斯钻孔设计不符合要求，钻孔未按设计组织施工或钻孔深度未达到规定要求弄虚作假的。

（9）突出矿井抽采钻孔瓦斯抽出量计量失真，冲孔煤量计量不准确，抽采达标评判报告不属实，防突措施效果检验不符合有关规定的；对瓦斯抽采空白带、应力集中区未及时补打钻孔采取有效措施的。

（10）煤矿未按规定安设、调校甲烷传感器，人为造成甲烷传感器失效的，瓦斯超限后不能断电或者断电范围不符合规定的。

（11）煤矿未查明矿井水文地质条件和井田范围内采空区、废弃老窑积水等情况而组织生产建设的，在突水威胁区域进行采掘作业未按规定进行探放水的。

（12）煤矿未进行冲击地压预测预报，或者采取的防治措施没有消除冲击地压危险仍组织生产建设的。

（13）煤矿开采容易自燃和自燃的煤层时，未编制防止自燃发火设计或者未按设计组织生产建设的；有自燃发火征兆没有采取相应的安全防范措施并继续生产建设的。

（14）煤矿电气设备存在失爆的，机电运输设备未按规定定期检测检验的，电气保护、电气防爆安全评价不真实的，输送带防打滑、跑偏、堆煤等保护装置或者温度、烟雾监测装置失效的。

（15）煤矿开拓、准备、回采煤量可采期小于国家规定，"抽、掘、采"失调，未调整采掘作业计划、未主动采取限产措施的。

（16）煤矿安全监控系统出现故障没有及时采取措施予以恢复的，或者对系统记录的相关数据、信息进行篡改、隐瞒、删除、销毁的。

（17）煤矿井下安全防护设施未按规定安设或保护装置失效的，采掘工作面未按照国家规定安设压风、供水、通信线路及装置或不能正常使用的。

（18）煤矿遇极端天气或井下有瓦斯超限以及煤与瓦斯突出、透水、冲击地压、火灾征兆未及时撤出井下作业人员的。

（19）煤矿未按矿井瓦斯等级选用相应的煤矿许用炸药和雷管、未使用专用发爆器的，放炮撤人距离不够或者裸露放炮的。

（20）煤矿井下受重大灾害威胁采掘头面违规平行交叉作业的；未严格执行井下劳动定员制度，或者采掘作业地点单班作业人数超过国家有关规定的。

（21）煤矿入井作业人员未随身携带人员定位卡或人卡分离的。

（22）其他违反上级规定和集团公司认为比较严重的情形。

## 六、常态化打造安全制度

制度建设是安全常态化、规范化的基础，河南能源开展制度建设的举措主要有以下几个方面。

（1）从思想指导上提出了"三不四可"安全理念，即在安全态势判断上不轻言好转，在安全工作评价上不轻言成绩，在安全责任落实上不轻言到位；必须把安全放在首位，产量可以降、效益可以低、成本可以增、矿井可以关，坚决做到不安全不生产。为配合这一理念，公司下调全年煤炭产量指标、利润总额指标，出台"煤矿22条""化工14条"等安全生产规定，着重加强一线班组建设和员工遵章守制管理，定期组织包保服务工作组督导基层一线的重大灾害治理和隐患排查整改。

（2）从责任体系上建立了全面责任制。结合《中华人民共和国安全生产法》《河南省安全生产条例》修订完善集团公司从上到下的安全生产责任制，覆盖各层级、各部门、各岗位，明确了党政主要负责人、分管负责人，安全、生产、技术、经营、规划、财务、人事、工会等各部门的安全生产职责，形成了人人有责、各负其责、权责清晰的安全生产责任体系。

（3）在考核方面设立了目标管理制度。根据集团公司改革重生工作需要，修订了《河南能源化工集团二级单位安全环保"零"目标考核管理办法（试行）》，通过坚持目标导向、结果导向，切实压实二级单位安全环保主体责任，做到月考核、月兑现，及时有效调动基层单位安全工作积极性，确保企业安全生产主体责任落实到位。配合考核制度，公司严格安全问责。对安全生产领域责任不落实、隐患排查不彻底、督查检查考核不严格以及在安全管理上不担当、不作为、慢作为等突出问题，严格监督执纪问责。

## 第二节　以职工为第一牵挂，人本关怀营造国企温度

作为省内第一大国有工业企业，河南能源坚持以人民为中心，为人民谋幸福，把"职工是第一牵挂"的发展理念贯穿改革重生的全方面、全过程；坚持一切为了职工、一切依靠职工，以职工为中心、为职工办实事，努力实现职工与企业共成长，画出最大同心圆，如图5-2所示。

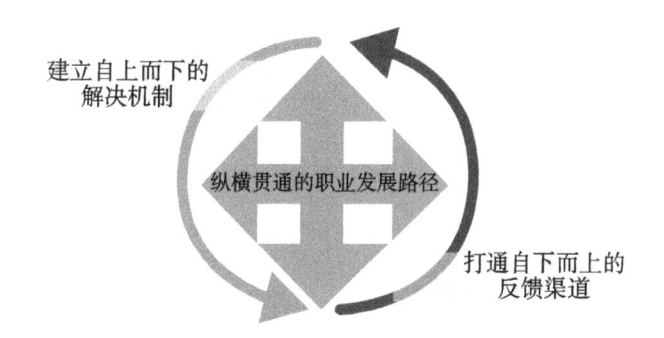

图5-2　河南能源"以职工为第一牵挂"的建设思路

### 一、纵横畅通，铺就技术技能人才职业发展通道

职工兴则企业兴，职工强则企业强。为了进一步提高公司员工的个人素质和能力，充分调动公司全体员工工作的主动性和积极性，并在公司内部营造公平、公正、公开的竞争机制，加快实施人才强企战略，建立以管理、技术、技能为主线的员工职业发展通道，进一步拓展技术、技能人才的职业晋升空间，河南能源参照《人力资源社会保障部办公厅关于印发〈技能人才薪酬分配指引〉的通知》（人社厅发〔2021〕7号）精神，结合

企业实际，创造性地提出了"W"型职业成长通道，如图 5-3 所示。

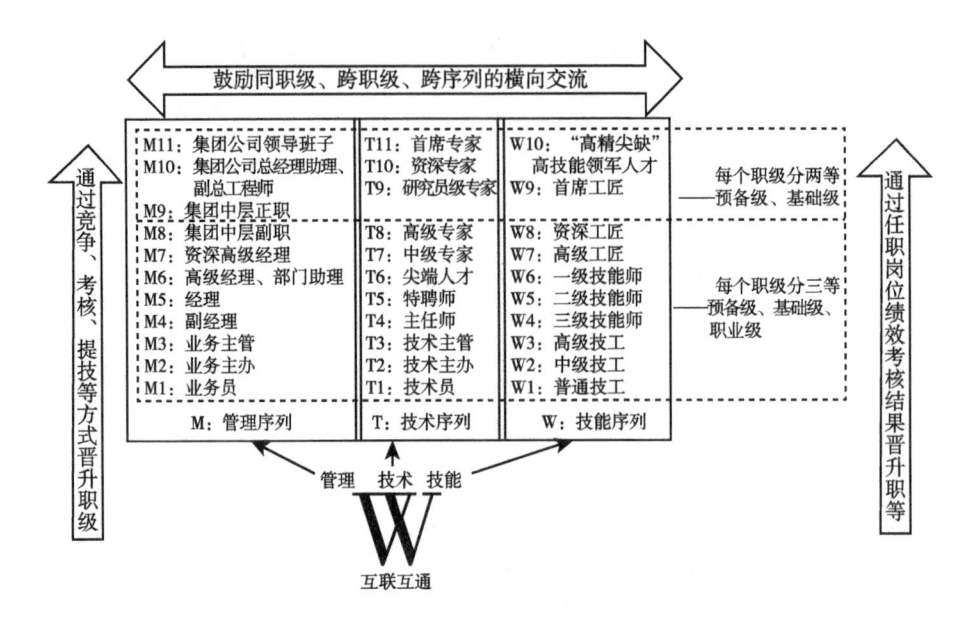

```
←——— 鼓励同职级、跨职级、跨序列的横向交流 ———→

通过竞争、考核、提技等方式晋升职级 ↑

┌─────────────────────┬─────────────────┬─────────────────┐
│ M11: 集团公司领导班子│ T11: 首席专家   │ W10: "高精尖缺" │ 每个职级分两等
│ M10: 集团公司总经理助理、│ T10: 资深专家│     高技能领军人才│ ——预备级、基础级
│      副总工程师     │ T9:  研究员级专家│ W9:  首席工匠   │
│ M9:  集团中层正职   │                 │                 │
├─────────────────────┼─────────────────┼─────────────────┤
│ M8:  集团中层副职   │ T8:  高级专家   │ W8:  资深工匠   │
│ M7:  资深高级经理   │ T7:  中级专家   │ W7:  高级工匠   │
│ M6:  高级经理、部门助理│ T6: 尖端人才 │ W6:  一级技能师 │ 每个职级分三等
│ M5:  经理           │ T5:  特聘师     │ W5:  二级技能师 │ ——预备级、基础级、
│ M4:  副经理         │ T4:  主任师     │ W4:  三级技能师 │   职业级
│ M3:  业务主管       │ T3:  技术主管   │ W3:  高级技工   │
│ M2:  业务主办       │ T2:  技术主办   │ W2:  中级技工   │
│ M1:  业务员         │ T1:  技术员     │ W1:  普通技工   │
├─────────────────────┼─────────────────┼─────────────────┤
│   M: 管理序列       │  T: 技术序列    │  W: 技能序列    │
└─────────────────────┴─────────────────┴─────────────────┘
              ↖         ↑          ↗
              管理    技术      技能
                      W
                   互联互通
```

通过任职岗位绩效考核结果晋升职等 ↑

图 5-3 "W"型职业成长通道

这一设计坚持四项基本原则：一是坚持战略引领。聚焦发展战略和产业规划，优化匹配组织架构，健全完善职级体系，打造培育人才队伍，支撑战略落地实施，助力集团公司改革重生。二是坚持市场导向。聚焦业务发展和市场对标，加速去机关化、去行政化改革，以岗位管理为核心，以岗位价值为基础，科学构建岗位（职务）职级体系。三是坚持多元发展。聚焦构建纵向可晋升、横向可转换的职业通道，打破管理、技术、技能人才职业发展的"天花板"和"隔离带"，变职业晋升的"独木桥"为人才成长的"立交桥"。四是坚持"四制"管理。聚焦激励、硬约束和真考核、硬淘汰，推行"四制"（任期制、竞聘制、岗薪制、淘汰制）管理，构建"凭贡献定职级岗位、凭绩效定薪酬待遇"的动态机制。

岗位职级体系及员工职业发展管理，按照现行部门职能划分情况，实行分类归口管理；各级党委组织部门或编制管理部门是管理序列的归口职能部门，主要负责集团公司企业层级划分，以及各层级管理序列的岗位职级确定、岗位职数设置等；各级人力资源部门是技术、技能序列的归口职能部门，主要负责集团公司各级技术、技能序列的岗位职级确定、岗位职数设置等。

1. 职级的构成要求

"W"型成长通道的核心在于完善的职级体系，它由企业层级、专业序列、职级、职等（任职资格等级）、职位5个要素构成。

（1）企业层级。企业层级是由集团公司根据企业规模、管理难度、价值贡献、管控模式、成长空间等评价要素，分别赋予其不同权重而对各单位（包括矿、厂）进行的综合评价与分类定级。具体评价指标主要包括资产规模、利润总额、营业收入、资产负债率、定员人数、直管单位数量、行业性质、地域分布、市场化程度等。

（2）专业序列。专业序列是指根据业务活动特点及工作对象不同，按照类别相近原则而划分的职位族群。公司员工职业发展的专业序列包括三类，即管理序列、技术序列和技能序列。管理序列以 M 表示，技术序列以 T 表示，技能序列以 W 表示。

（3）职级。职级（职位层级）是指依据岗位价值对各类岗位进行的层次归级，是员工职级晋升和岗位交流的通道。每个专业序列包括10~11个职级，管理序列为 M1~M11、技术序列为 T1~T11、技能序列为 W1~W10。

（4）职等。职等（任职资格等级）是指依据岗位的工作责任、难易程度和资历条件、能力水平等任职资格要素，在职级内部划分的职位层级（等级）。共设置30个职等。第1~3职级，每个职级分两等，分别按照预备级、基础级确定相应的任职资格等级；第4~11职级，每个职级分三等级，分别按照预备级、基础级、职业级确定相应的任职资格等级。

（5）职位。职位是一系列工作或任务的岗位集合，是指为某一序列的某一职级所赋予的特定称谓。每位员工原则上对应唯一的职级、职等和职位。根据职位的主要职责，职位名称的命名规则为"工作领域+不同序列职位职级名称"；职位编号由"专业序列对应的大写字母+职级的数字+职等数字"表示。

2. 管理序列及职数设置

（1）管理序列。管理序列是指在集团公司各职能部室、经营单位有管理（或政工）职务并且有直接汇报关系的下属，对所在公司、部门、团队工作结果负责的管理（或政工）类工作岗位，以及辅助上述岗位开展管理工作的相关岗位集合。

（2）职级划分。管理序列岗位体系划分为11个职级（M1~M11），从高到低分别为：集团公司领导班子M11（十一级），集团公司总经理助理、副总工程师M10（十级），集团中层正职M9（九级），集团中层副职M8（八级），资深高级经理M7（七级），高级经理、部门助理M6（六级），经理M5（五级），副经理M4（四级），业务主管M3（三级），业务主办M2（二级），业务员M1（一级）。

（3）职数设置。根据现行管理体制和职能划分情况，集团公司企业层级划分及各层级管理岗位职数的设置，由各级党委组织部门或编制管理部门参照《人力资源社会保障部办公厅关于印发〈技能人才薪酬分配指引〉的通知》，另行制定具体的实施细则。

3. 技术序列及职数设置

（1）技术序列。技术序列是指在集团公司各职能部室、经营单位没有管理（或政工）职务，仅从事专业技术（或业务工作），并对专业技术业务成果负责的岗位集合。技术序列可分为经营专业技术序列和职能专业技术序列。经营专业技术序列是指从事安全生产、工程技术、研发设计、设备管理、资本运营、市场营销等专业技术的岗位集合；职能专业技术序列是指从事政工、财务、人资、审计、风险、法律等专业特点突出的职能管理工作，为企业运营管理或生产经营提供相应支持、保障作用的岗位集合。

（2）职级划分。技术序列岗位体系划分为11个职级（T1~T11）。从高到低分别为：首席专家 T11（十一级）、资深专家 T10（十级）、研究员级专家 T9（十级）、高级专家 T8（八级）、中级专家 T7（七级）、尖端人才 T6（六级）、特聘师 T5（五级）、主任师 T4（四级）、技术主管 T3（三级）、技术主办 T2（二级）、技术员 T1（一级）。

（3）职数设置。

T11：首席专家，根据需要设立。

T10：资深专家，根据需要设立。

T9：研究员级专家，根据需要设立。

T8：高级专家，在集团公司少于等于持有正高级职称证书人数的10%，在权属企业少于等于持有正高级职称证书人数的10%。

T7：中级专家，在集团公司少于等于持有副高级职称证书人数的10%，在权属企业少于等于持有副高级职称证书人数的5%。

T6：尖端人才，在集团公司少于等于持有副高级职称证书人数的15%，在权属企业少于等于持有副高级职称证书人数的10%。

T5：特聘师，在集团公司少于等于持有中级职称证书人数的15%，在权属企业少于等于持有中级职称证书人数的10%。

T4：主任师，在集团公司少于等于持有中级职称证书人数的30%，在权属企业少于等于持有中级职称证书人数的20%。

T3：技术主管，在集团公司少于等于持有中级职称证书人数的40%，在权属企业少于等于持有中级职称证书人数的40%。

T2：技术主办，在权属企业少于等于持有初级职称证书人数的30%。

T1：技术员，数量不控制。

4. 技能序列及职数设置

（1）技能序列。技能序列是指具备相应的操作技能和经验，在生产或生产服务一线从事操作性、事务性、重复性任务，按照既定程序完成工作任务的岗位集合（包括但不限于从事一线操作、加工、控制、检修、维护、质检、运输类等）。

（2）职级划分。技能序列岗位体系划分为10个职级（W1~W10）。从高到低分别为："高精尖缺"高技能领军人才W10（十级）、首席工匠W9（九级）、资深工匠W8（八级）、高级工匠W7（七级）、一级技能师W6（六级）、二级技能师W5（五级）、三级技能师W4（四级）、高级技工W3（三级）、中级技工W2（二级）、普通技工W1（一级）。

（3）职数设置。

W10："高精尖缺"高技能领军人才，根据需要设立。

W9：首席工匠，在权属企业少于等于持有高级技师职业资格证书人数的1%。

W8：资深工匠，在权属企业少于等于持有高级技师职业资格证书人数的2%。

W7：高级工匠，在权属企业少于等于持有高级技师职业资格证书人数的5%。

W6：一级技能师，在权属企业少于等于持有高级技师职业资格证书人数的10%。

W5：二级技能师，在权属企业少于等于持有技师职业资格证书人数的5%。

W4：三级技能师，在权属企业少于等于持有技师职业资格证书人数的10%。

W3：高级技工，在权属企业少于等于持有高级工职业资格证书人数的100%。

W2：中级技工，在权属企业少于等于持有中级工职业资格证书人数的100%。

W1：普通技工，数量不控制。

5. 高技能领军人才

"高精尖缺"高技能领军人才，是指对集团公司安全生产、经营管理、重大战略实施做出突出贡献，在技术革新、设备改造、工法改进、导师带徒、产业发展等方面具有高超技艺技能和一流业绩，并长期坚守在生产一线岗位工作的高技能领军人才。具备下列条件之一者，可以认定为"高精尖缺"高技能领军人才。

（1）世界技能大赛金、银、铜牌获得者，中华技能大奖获得者。

（2）国家级技能大师工作室主要负责人。

（3）享受省级（含）以上政府特殊津贴的高技能人才。

（4）技术创新成果获得国家级奖项。

（5）省级政府选拔的最高层次技能领军人才或经省级政府认定的"高精尖缺"高技能人才。

（6）其他具备绝技绝活的特殊技能人才或经集团公司认定的急需紧缺高技能人才。

"高精尖缺"高技能领军人才，不受技能职务、职数限制，由集团公司技能职务评聘工作领导小组根据工作需要研究确定。

6. 职级晋升

职级晋升可通过考核晋升、组织提拔和竞争性选拔等形式进行；各序列新晋升职级时，原则上核定为新晋职级的最低职等；晋升到新的职级或职等，可以享受相应的薪酬待遇或福利、荣誉。

（1）管理序列的晋升。原则上采用竞争性选拔或组织提拔的方式，按照管理层级由低向高依次晋升；具体晋升资格和程序按照集团干部管理的有关规定执行。

（2）技术和技能序列的晋升。三级（技术主管/高级技工）及以下岗位，满足晋升基本条件者，采取考核的方式自然晋升；四级（主任师/三级技能师）及以上岗位，原则上采取竞争性选拔方式竞聘晋升；按照管理层级由低向高依次晋升，具体晋升程序按照拟晋升岗位任职资格和管理层级，实行分级管理、分类实施。

（3）技术和技能序列的晋升资格。

①职数员额。各单位技术、技能序列的四级（主任师/三级技能师）

及以上岗位，必须在上级公司核定的职数员额内晋升。

②岗位年限。各单位技术、技能序列的四级（主任师/三级技能师）及以上岗位晋升，原则上要求在拟晋升岗位的下一职级岗位工作满两年。

③绩效情况。近两年年度考核结果在胜任及以上方可晋升。

④资格证书。从事技术、技能序列岗位须持有相关专业的技术职称证书或技能等级（职业资格）证书。

⑤破格晋升。符合《河南能源化工集团有限公司员工奖惩规定（试行）》规定的"特别贡献奖励"情形者，履行相应决策程序并报上级单位批准后，可以破格晋升一个职级。

7. 职等晋升

职等晋升主要通过任职岗位绩效考核结果的运用来实现。

（1）晋升依据。依据任职岗位的年度绩效考核结果。在本职级岗位实际工作满一年，年度绩效考核结果为"优秀"者，第一年可在本职级内晋升一个职等；连续两年绩效考核结果为"胜任"者，第二年可在本职级内晋升一个职等；依次晋升到本职级的最高职等，跨职级往上晋升时，需有富余的职数员额，并根据分级管理权限，履行相关决策程序。

（2）破格晋升。符合《河南能源化工集团有限公司员工奖惩规定（试行）》规定的"授予荣誉称号"情形者，履行内部决策程序并报上级单位批准后，可以破格晋升一个职等。

8. 职位降级

职位降级包括降低职级和降低职等两种形式，与员工履职绩效紧密挂钩，通过岗位绩效考核或组织综合评价后予以确定。

（1）职级降级。年度绩效考核结果为"不胜任"者，逐级下降，直接解聘（恢复到聘任前岗位）；解聘后不再享受相应岗位待遇，仅享受相应的职称或技能津贴。

（2）职等降级。年度绩效考核结果连续两年为"基本胜任"者，降低一个职等。

按照《河南能源化工集团有限公司员工奖惩规定（试行）》相关规定执行。受到处分、处理的员工，在处分、处理期间，不得晋升职级、职等。

9. 新员工的职级确定

（1）社会招聘员工。由所在单位按照管理权限，根据岗位职责、任职资格要求及员工工作经验、能力等因素，参照本企业同等能力、资历的员工核定岗位职级和职等。

（2）校园招聘员工。见习期满后，考核结果为合格者，博士生按五级岗位、硕士生按四级岗位、本科生按三级岗位、大专生按二级岗位，分别按对应职级的第一职等核定岗位职级；考核结果为良好及以上者，分别按相应职级的第二职等核定等级；考核结果为不合格者，延长见习期一年，期满参加考核后，再根据考核情况核定岗位职级。双一流全日制高校毕业生，见习期满考核优秀者，可在《人力资源社会保障部办公厅关于印发〈技能人才薪酬分配指引〉的通知》核定职级的基础上，再上浮一个职级。出站博士后，直接按照六级核定岗位职级。

见习期满考核定级时，自愿申请到一线岗位（煤矿井下一线生产岗位和地面单位一线核心生产岗位）工作，并承诺在相应岗位工作不少于三年者，可在《人力资源社会保障部办公厅关于印发〈技能人才薪酬分配指引〉的通知》核定职级的基础上，上浮一个职级执行待遇，并且考核定级不受职数员额限制。

10. 横向交流体系

同职级间的横向交流以岗位职级为依据，不同序列在同职级间的发展属于横向交流，无须履行组织提拔程序，原则上按原职级套改不同序列的新职级。跨职级的横向晋升必须按照职位管理权限履行晋升程序，应履行相应序列的竞聘或组织提拔程序。同事公司鼓励跨序列交流。当管理、技术、技能序列四级（副经理/主任师/三级技能师）及以上岗位出现职位空缺或产生新的岗位（职位）需求时，鼓励员工通过竞争性选择、轮岗交流、挂职锻炼等形式，参与跨序列、跨板块、跨薪酬体系的晋升交流，支持优秀员工进行横向职业发展。

11. 搭建人才发展体系

加强员工职业发展管理，在集团岗位职级体系框架内，建立与本企业生产经营相匹配的职级管理体系；要围绕企业改革重生和转型升级的战略规划，做好人力资源盘点，制定人才发展规划，分层分类、分别优化管理、技术、技能人才库，并建立优胜劣汰的动态管理机制；要对标一流企业，围绕人才的选、用、育、留，创新机制、优化管控，搭建以职级体系建设与薪酬分配改革、内部培养晋升与外部招聘引进为主线的人才制度体系。

（1）加强任职资格管理。

各单位要围绕员工赋能和人岗匹配，尽快建立"3+4+5"任职资格管理体系。"3"就是建立"三个体系"，即职业发展通道体系、任职资格标准体系、任职资格认证体系；"4"就是完善"四个标准"，即职位标准、能力标准、认证标准、知识标准；"5"就是做到"五个公开"，即职位标准公开、职位等级公开、能力标准公开、认证程序公开、认证结果公开。

（2）重视员工职业发展。

各单位要围绕激励核心员工、留住关键人才的目标，在对影响员工职业生涯的个人因素及环境因素分析研判的基础上，引导员工的职业发展方向，制定明确的晋升、交流标准和培养、使用规划；通过培训提升、岗位历练、竞争性选拔等多种形式为员工赋能，不断改善人才发展环境，形成尊重人才、重视人才的良好氛围，促进员工与企业共同成长。

（3）完善薪酬激励体系。

各单位要以科学的岗位设置为基础，以绩效考核为导向，完善以岗位绩效工资为主的基本工资制度；岗位工资应体现岗位责任、岗位技能、岗位强度、岗位环境等因素，绩效工资应体现个人业绩和所做贡献，与企业经济效益、劳动效率、个人考核结果紧密挂钩；建立健全业绩贡献决定薪酬分配的机制,坚持"业绩升、薪酬升""业绩降、薪酬降",做到职级岗位能上能下、薪酬水平能升能降。

(4)加强组织领导。

各单位要高度重视岗位职级体系建设和员工职业发展管理,切实加强组织领导,尽快成立专项领导小组,建立工作制度和协调联动机制;各单位主要负责人为第一责任人,要明确分工,落实责任,以上率下,扎实推进。

(5)新旧职级套改。

现有管理序列岗位,对应套改至管理序列(M)的1~11级岗位;现有技术序列岗位,对应套改至技术序列(T)的1~11级岗位;现有技能序列岗位,对应套改至技能序列(W)的1~10级岗位。

套入岗位职级高于原岗位职级的,须履行提拔或竞争性选拔程序;套入岗位职级低于原岗位职级的,按照"老人老办法、新人新办法"的原则,给予2年的过渡期(仅限于集团或权属企业原副经理及以上管理人员和主任师及以上的专业技术人员)。

原则上,自2021年7月1日起,新聘(任)用人员全部按照新的岗位职级体系进行管理。

## 二、细水长流,常态化建立民意反馈渠道

把呼声听进耳中,把冷暖挂在心上。打通交流的渠道,掌握职工的需求,是河南能源的基本关切。公司将"深入基层、体察民意"作为切入点,扎实开展"我为职工办实事"实践活动。在开门问策征求意见阶段,集团公司将解决职工群众"急难愁盼"问题作为稳人心、促发展的重要工作来抓,把察民情、访民意作为"我为职工办实事"实践活动的第一步,深入下属单位、深入基层群众、深入生产一线、深入工作服务对象,开通电子邮箱和电话,采取集中报送和随时报送两种方式,畅通职工诉求"直

通车"。聚焦工资发放、社保、住房、医疗等民生问题，重点关注困难企业、困难职工等特定领域和群体，以"到实地、访实情、办实事、出实效、得实惠""五实"为基本要求，采取实地走访、集体座谈、现场访谈等方式，深入二、三级单位开展调研，面向基层开展意见建议征集征询活动，共征集职工民生、改革发展等三类意见建议 645 条。在梳理解决问题方面，突出"三最"，即从最困难的群众入手，从最突出的问题抓起，从最现实的利益出发，研究制定了集团公司"我为职工办实事"实践活动方案和责任分工清单，明确了集团公司总部为二级单位办 10 件实事事项、各二级单位办 251 项实事事项，在保障职工权益、履行社会责任上办实事、求实效、做表率，既办好"顶天立地"的发展大事、要事、实事，又办好"铺天盖地"的民生小事、难事、暖心事。同时，分解具体实事事项工作任务，制定工作进展台账，建立集团公司层面横向、二级单位纵向的微信工作联络群，跟踪工作进度，建立周报告机制，重点解决一批职工"急难愁盼"的实际问题，全面掀起了"我为职工办实事"热潮，助力集团公司党史学习教育有序推进。

## 三、事无巨细，全方位满足职工需求

河南能源将"职工拥护、群众满意"作为新的落脚点，用心用情为职工群众解难题、办实事。目前，公司职工队伍稳定，工资全部补齐，凝聚力空前提高。

（1）在组织机制设计上，集团公司党委领导班子成员与分管领导两人一组包保集团公司 10 件实事事项，每周党史办公室跟踪落实办理进度，月度听取工作进展并协调解决工作难题。集团公司成立 10 个综合服务指导组对包保单位党史学习教育"我为职工办实事"实践活动进行督导指导，强力推进工作进度。

（2）在重点问题突破上，职工最迫切的是工资发放问题。集团公司想方设法筹措资金，工资发放机制灵活，为职工补齐欠发工资40亿元，稳住了职工群众的生活质量，保障了职工群众的生活水平，用实际行动践行了"职工是第一牵挂"的承诺。在改革重生期间，集团公司出台了薪酬管理特别措施，突出强调了关键岗位薪酬，力保生产一线职工收入稳定不降，力争关键岗位职工收入稳中有增。

（3）在常态化环境营造上，集团公司积极改善职工工作、生活环境，对177个职工食堂、260余座澡堂、300余辆通勤车、24 206间职工宿舍等公共福利设施安全使用情况进行隐患排查和整改落实，解决了一批长期得不到解决的遗留问题，确保让职工工作期间吃得好、洗得好、住得好。

（4）在职业生涯发展通道上，集团公司深入推进产业工人队伍建设改革，坚持纵向贯通、横向融合和提质培优、增值赋能的人才理念，加大技术人才和技能工人培养、评聘力度，先后出台了《员工岗位职级体系管理指引》《技能职务评聘管理指引》《技术职务评聘管理指引》三项人才管理制度，完善了管理、技术、技能人才职业发展"三通道"，实施全周期的职业生涯管理，逐步形成纵向可晋级、横向可转换、跨道可交流的多元发展通道，并建立与之相配套的薪酬分配制度，形成各类人才竞相奋发的良好环境。

（5）在职工素质整体提升上，实施在职员工素质提升工程。该工程以集团公司战略规划为方向，通过加大对人才的培养和开发力度，形成员工自主自发提高能力素质的竞争与激励机制，赋能员工增值增效，实现人才发展环境全面优化、人才素质显著改善、人才规模逐步增长，全面提升员工队伍整体素质，打造出一支数量充足、结构优化、素质优良、富有竞争优势的人才队伍，增强企业的核心竞争能力。集团公司2022—2027年在职员工素质提升工作目标具体如下。

①集团公司权属企业领导班子成员、总经理助理、副总工程师。权属企业领导班子成员、总经理助理、副总工程师2025年具备相关专业本科及以上学历人数达到80%以上，2027年全部具备相关专业本科及以上学历。

②其他安全生产管理人员。所属单位其他安全生产管理人员（指煤炭、化工、智能制造等行业副总工程师以下安全生产管理人员，下同）2025年具备煤炭、化工、智能制造等相关专业大专及以上学历人数达到90%以上，2027年全部具备相关专业大专及以上学历，具备相关专业本科及以上学历人数达到60%以上。

③特种设备作业人员、行业特有工种从业人员和班组长。特种设备作业人员、行业特有工种从业人员和班组长（含煤炭、化工、智能制造等行业，下同）2025年具备相关专业大专及以上学历人数达到20%以上，2027年具备相关专业大专及以上学历人数达到60%以上。

④其他专业口管理技术技能人员。其他专业口管理技术技能人员2025年具备相关专业大专及以上学历人数达到100%，2027年具备相关本科以上学历人数达到80%以上。

为实现这些目标，企业推出了一系列工作措施。全面实施员工素质提升工程，提高员工队伍的整体素质，已经成为保障企业高质量发展的一项重要而紧迫的任务，为保证规划目标实现，主要工作措施如下。

①明确激励标准。员工参加素质提升教育所需费用由员工自行支付，待学习结束取得相应证书并与公司签订《河南能源在职员工素质提升教育服务协议书》后，按以下规定予以激励：参加专科学习考试，取得专科学历证书的，给予一次性激励3000元；参加本科学习考试，取得本科学历证书的，给予一次性激励5000元；参加同一层次两个院校或两种以上专业学历教育的，按规定只享受一次激励政策；在职员工素质提升激励费用从所在单位企业职工教育经费——职工岗位自学成才奖励费用中列支。激励申请流程：自《河南能源集团在职职工素质提升工程实施方案（试行）》方案（以下简称《方案》）下发之日起，员工提交"河南能源在职员工素质提升教育申请表"，经所在单位人力资源部门审核和单位领导审批后，方可参加学习考试；在职员工素质提升教育结束并取得证书后，向所在单位人力资源部门提交毕业证书复印件、学信网（学位网）查询学历（学

位）报告、"河南能源在职员工素质提升教育激励申请表"和《河南能源在职员工素质提升教育服务协议书》等资料，经所在单位人力资源部门审核和单位领导审批后，可享受相关激励。

②服务协议。在职员工素质提升教育结束并取得证书后，须与劳动合同所在单位签订《河南能源在职员工素质提升教育服务协议书》，服务期限不低于3年（含集团公司内部调动累计服务年限，各单位可根据实际情况确定服务年限）。员工在协议约定服务期限内提出解除劳动合同的，应主动向所在单位退还未服务年限比例的费用（退还费用＝已享受激励总额×（1-已服务年限/应服务年限），未签订服务协议的，不得享受相关激励政策。

③明确职责分工。一是集团公司人力资源部。负责制定在职员工素质提升工程实施方案；监督本《方案》在各权属企业的落地效果，确保在职员工素质提升工作高质量推行；根据实际运营效果反馈，保障工作方案持续优化改进。二是河南能源人力集团。负责在职员工素质提升教育具体实施工作，包括招生宣传、考试报名、辅导培训、学费收缴、教务管理等；与集团公司各权属企业做好协同配合，共同推动项目进展。三是各权属企业人力资源部门。负责在公司内部贯彻落实本《方案》，确保《方案》落地见成效；负责宣传、督促和引导企业员工积极参加素质提升教育，做好人才筹划与梯队建设工作；负责审核在职员工素质提升报名工作；负责与符合条件的员工签订《河南能源在职员工素质提升教育服务协议书》；负责员工素质提升教育相关激励落地工作；等等。

# 第三节 以发展为第一要务，重塑稳定的核心竞争力

高质量发展，"稳"字当头。在坚持发展是第一要务的理念中，"四稳"是夯实改革基本面、促进企业高质量发展的根基，也是企业核心的竞争力。

河南能源"以发展为第一要务"的建设思路，如图 5-4 所示。

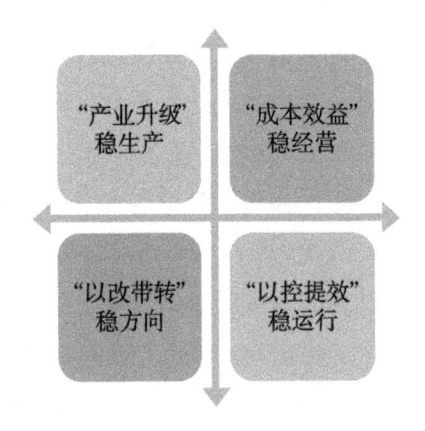

图 5-4　河南能源"以发展为第一要务"的建设思路

## 一、坚持"产业升级"稳生产

聚焦发展煤炭、化工两大具备竞争优势与市场前景的核心支柱产业。煤炭产业优化现有矿井安全生产管理，扩大省外优质煤炭资源获取，实现产业做优做精；化工产业做优做强化工新材料产品，建成全国最优的生物降解材料和高端新材料产业集群，全力打造煤炭、化工两大核心支柱产

业。创新发展现代物贸、金融、电力及新能源、绿色建材四大具有一定发展基础和经济发展支撑能力的辅助产业。着力培育发展的医疗健康服务产业，使之逐步形成河南能源产业转型发展的新动能，助力河南能源改革重生和高质量发展。优化调整其他产业，包括装备制造、有色金属、建设工程、房地产等产业。进一步明确企业产业发展战略定位，实现战略突围，提升经济效益，培育新的利润增长点，增强企业发展后劲。

1. 聚焦发展两大主业

煤炭产业，包括煤炭开采、煤炭洗选加工；化工产业，包括现代煤化工、化工新材料。煤炭产业坚持进退并举、内压外扩。省外依托权属企业，加快新疆、内蒙古、陕西、青海等煤炭资源富集地区布局，实现内蒙古马泰壕、陕西党家河等新建矿井投产。煤炭产业产品结构调整紧紧围绕市场需求，调整煤炭洗选产品品种，做到能洗尽洗、配洗结合，进一步提高高附加值煤炭产率，使高附加值商品煤销售占比提高到24.8%。化工产业发展以现代煤化工为主线，重点发展高端新材料、精细化工产品，调整氮肥、烧碱、电石等传统产能，形成六条煤基化工产业链：一是煤炭→乙二醇→PET→瓶级聚酯、纺丝级聚酯、薄膜级聚酯→PETG、PCTG、PCTA，主要布局于安阳园区；二是煤炭→甲醇→BDO→PBT、PTMEG→聚氨酯（PU）弹性体、酯醚共聚弹性体，重点布局在义马园区和鹤壁园区；三是煤炭→甲醇→醇醚燃料、聚甲醛、醋酸→醋酸乙烯及下游产品，重点布局在义马园区和永城园区；四是煤炭→甲醇→甲醇蛋白、酶生化制剂→精甲醇蛋白及蛋白纤维→多糖、多肽，重点布局在义马园区；五是煤炭/天然气→合成氨→尿素→三胺→三胺泡棉，重点布局在濮阳园区；六是煤炭→半焦、焦油、芳香烃→焦油深加工产品、对二甲苯等，重点布局在省外新建地区。化工产业链示意图，如图5-5所示。

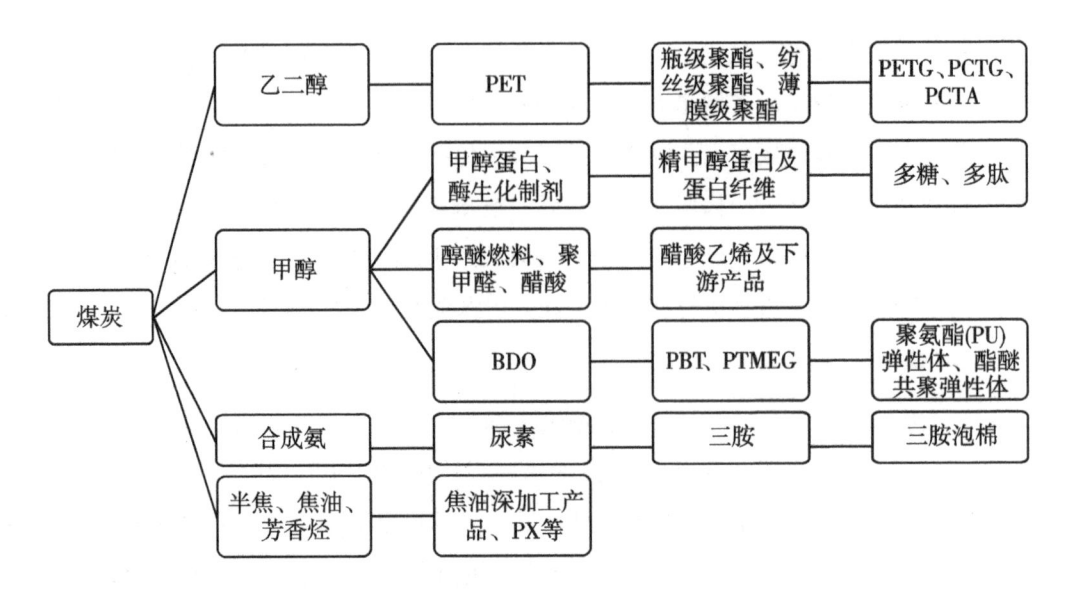

图 5-5 化工产业链示意图

2. 创新发展协同辅业

现代物贸产业，包括物流、贸易；电力及新能源产业，包括火电、电网、新能源；绿色建材产业，包括水泥、砂石骨料、氧化钙、装配式构件等；金融产业，包括信贷、担保、融资租赁等。

3. 着力培育新兴产业

医疗健康服务产业，包括医疗服务、养老服务、健康物流、智慧医疗、健康置业。

4. 优化调整其他产业

建设工程进一步优化提升，房地产业转型发展物业服务业，装备制造产业分类处理，有色金属产业有序退出。

## 二、坚持"成本效益"稳经营

河南能源始终坚持成本效益理念，强化精细化管理，在制度体系建设、措施手段创新、管理过程跟踪以及管理效果后评价等方面开展了一系列工作，精细化管理意识和管理水平进一步提升，挖潜增效，持续改善经营效果进一步显现。

（1）持续优化完善管理制度。在转型重生期间，河南能源相继印发了《关于进一步加强成本管理的指导意见》《2018 年度成本管理主题活动实施方案》《关于开展成本管理基本情况摸底的通知》《关于做好成本管理对标的通知》《关于加强非生产性支出管理的通知》《开展增强忧患意识，树立过紧日子，推动全员降本增效活动的通知》等多项管理制度，成本管理制度体系日趋完善。通过制度约束，积极引导所属各单位结合自身情况，进一步优化成本管理工作机制，持续增强成本效益理念，不断强化精细化成本管理，实现降本增效。

（2）大力实施全面预算管理。为推动河南能源实现战略发展目标，强化绩效管理，协调经营行为，优化整合资源配置，充分发挥预算的导向和控制作用，2018 年开始，河南能源在集团范围内开始实施全面预算管理，坚持"全面、科学、先进、合理"原则，注重经营预算、资本预算和财务预算管理，突出全价值链效益管理，通过过程监督和后评价机制，及时执行差异分析，确保日常生产经营活动在预算范围内有序开展，确保预算执行的效率和效果。

（3）突出经营指标考核。按照考核管理办法有关规定，按月对各单位主要经营指标完成情况进行统计，并对计划执行差异情况进行分析，形成专题考核报告，通过奖惩机制，促使各单位不断完善经营管理行为，促进经营效果提升。

（4）强化对标管理，持续提升经济运行质量。围绕各板块利润贡献、经营效率、发展质量、成本管理等方面，按季度发布对标结果。促使各单位不断加强管理降本增效，精准发力增产增效，对标先进找差距，对标差距促落实，不断提升经营效率效果。

## 三、坚持"以改带转"稳方向

河南能源以国有资本投资公司改革为主线，围绕重点任务，聚焦突出问题，持续推进体制机制改革，以改革创新带动企业转型重生。

（1）化解煤炭过剩产能。企业在 2020 年面临危机以来关闭矿井 96 对、核减产能矿井 3 对，退出产能 2789 万吨，分流安置 60 499 人，单井平均产能较改革前增加 52.34 万吨/年，增幅达 68.38%；原煤全员效率达到 660 吨/（人·年），较改革前提高了 13%。

（2）剥离企业办社会职能。全面完成了"三供一业"移交和退休人员社会化管理，其中"三供一业"移交总户数为 514 183 户，占省属企业任务总量的近 50%，每年可减少费用支出 3.4 亿元；移交退休职工 115 961 人，人数总量接近省属企业退休人员总量的 40%。

（3）处置"僵尸企业"。处置"僵尸企业"60 户，清理无效投资和不良产权 63.85 亿元，重组或盘活闲置资产 41.31 亿元，化解债权兑付风险 45.43 亿元，清理内部债权债务 7.83 亿元。2019 年，托管煤层气公司探索出的"破产重整+和解"模式成为全国预重整成功首例。

（4）企业治理体系不断完善。一是不断完善法人治理机制。严格按照《中华人民共和国公司法》、公司章程，健全完善了各治理主体议事规则，规范了"三会"运行管理，坚持把党委常委会研究审议"三重一大"事项作为董事会决策的前置程序。按照企业规模、性质对权属企业实施分类管理，明确"三会一层"职数设置，及时健全机构，调整充实人员。二是完善内部监督体系。构建了"审计直管、纪检专设、总会计师委派、董（监）事专职"的大监督体系。成立法律咨询公司、审计中心，全方位加强企业经营管理日常监督，全面防控经营风险。郑州区域（40 家单位）财务共享、审计、项目管理等系统开始上线运行，实现了信息化与监管业务有机融合，进一步提升了监督效率和效果。三是压减管理层级。压减法人户数181户，截至目前，法人户数为389户，管理层级由最高时的7级已控制在3级以内，大大提高了管控效率。

## 四、坚持"以控提效"稳运行

科学合理的管控是企业正常运行的基础，是企业转型重生这一列车的轨道。企业不断推进以控提效，以常态化的管控提高企业运行效率。河南能源基于自身实际，深入推进授权管控，有效地提升了企业效能，为企业的转型重生提供了管理角度的支撑。具体做法如下。

（1）全面开展授权放权。一是加大授放权力度。按照"应放尽放、依法下放、权责一致"的原则，在厘清总部和各基层单位间职能关系的基础上，进一步拓宽领域，扩大范围，最大限度地向基层单位授权放权。聚焦煤炭、化工两大主业，制定印发了《河南能源化工集团有限公司关于深化煤炭板块改革的若干举措（第一批）》（豫能办〔2020〕342号）（以下简称"煤炭十条"）和《河南能源关于托管化工企业改革脱困的若干举措（试行）》（豫能办〔2020〕361号）（以下简称"化工十六条"）及配套实施细则。完善授权放权清单，层层授权放权，全面下放资金管理、产品销售、干部及用工管理等权力，彻底打破高度集中管控模式，真正为基层单位"松绑减负"。二是坚持"赋权、赋能、赋责"相统一，进一步压实各项管理责任。紧紧围绕构建"集团总部战略管控中心、二级公司利润形成中心、三级公司经营管理中心"的母子公司管理体制，优化管控模式，扎实推进授权管控体系建设，确保权力放得下、接得住、管得好。三是优选试点单位先行先试、单独授放权。根据试点单位特殊需求，一企一策，合理增加特别授放权事项，确保全面释放基层单位活力。对三门峡戴卡轮毂制造有限公司（以下简称三门峡戴卡轮毂）、供应链公司等6家二、三级单位进行授权放权，在选人用人、薪酬绩效、采购销售、投资融资、资金支配等方面给予基层更充分的经营自主权；对新疆公司等8家企业面向社会公开选聘经理层成员，同时对新任命的干部实行为期3年的任期制和契约化管理等，为扎实推进授权管控体系建设开头布局。

（2）重塑总部功能定位。通过深入开展"总部机关化、职级行政化"专项治理和总部机关机构改革，对总部机关实行"小总部、大机关"体制改制等，全面重塑总部功能定位，理顺了管理组织，明确了职能定位和业务范围。以战略管控和财务管控为主，履行战略规划、资本运营、风险管控、绩效评价、党的建设等职能。按照国有资本投资公司总部职能定位，优化组织机构，重塑管理职能，科学设置岗位，合理配置人员，开展制度梳理，实施流程再造。开展总部机关去行政化改革，取消部长、处长、科长等带有行政管理色彩的职务，实行部门经理制，打破"一岗定终身""能上不能下"的行政管理机制，实施岗位管理。

（3）构建明晰权责体系。一是厘清总部与基层的权责边界，明确权责清单、管控事项、行权范围、工作流程，确立"管什么、怎么管、谁来管"的权责体系，在有效解决权力归属问题的同时，避免出现权力行使的重复交叉和责任落实的真空地带，减少审批环节，缩短决策流程，打造高效总部。二是制定权责清单。制定相应的权责清单和负面清单以及业务管控界面，明确"集团总部——专业化平台管理公司——区域公司"管理职能，分层开展授权放权；同时，在综合评估二级公司行权能力的基础上，建立差异化分类授权管理体系，对二级公司实施差异化授权放权，确保权力放得下、接得住、行得稳。

（4）持续优化组织机构。按照"扁平化""大部门制"要求，整合优化现有部室和机构，建设机构科学合理、人员精干高效的总部机关，提高整体运行效率。为全面构建"总部管资本，二级单位管资产，三级单位管运营"的三级管控架构，组建了河南能源化工集团能源管理公司（以下简称能源管理公司），理顺了河南能源化工集团化工新材料公司（以下简称化工新材料公司），成立了实业公司筹备组，明确了3个二级单位的职能定位和业务范围，在落实总部管资本、二级单位管资产的基础上，逐步构建煤炭、化工等业务板块的授权管控体系。

（5）不断完善工作机制。一是完善考核评价机制。集团公司每年进行授权放权事项及负面清单执行情况开展后评价，依据评价结果对管理基础好、行权能力强的二级公司适当扩大授权放权范围，对管理基础弱、行权能力差或违反负面清单的二级公司采取缩小或收回等措施，实行动态调整，确保各项权力运行高效、规范有序，推动各单位完善各项管理制度，优化各项业务流程，不断提升治理能力。二是以《河南能源化工集团改革重生方案》为引领，结合发展实际，制定企业改革三年行动实施方案，将授权管控体系建设作为重要内容，明确路线图、时间表、任务书，做到项目化、清单化、责任化，使河南能源授权管控体系更加制度化、规范化，为全面开启河南能源改革重生新征程提供了坚强保障。

## 第四节 以创新为第一动力，科学技术引领转型重生之路

近年来，河南能源完整、准确、全面贯彻新发展理念，明确提出"创新是第一动力"的理念，坚定实施创新驱动发展战略，不断深化科技创新体制机制改革，广泛整合创新资源，积极开展自主研发、联合攻关、委托开发，科技创新能力进一步提升，为企业改革重生和高质量发展赋能助力。

河南能源"以创新为第一动力"的建设思路，如图5-6所示。

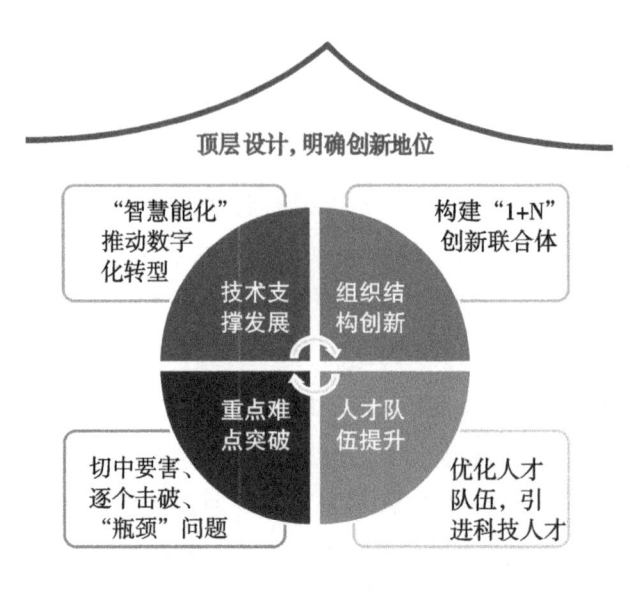

图 5-6 河南能源"以创新为第一动力"的建设思路

# 一、重塑重建科技引领顶层设计

河南能源重塑重建科技引领顶层设计，具体做了如下工作。

首先，河南能源明确提出创新理念。2021年以来，河南能源完整、准确、全面贯彻新发展理念，坚定实施创新驱动发展战略，明确提出"创新是第一动力"的理念，作为河南能源的四大理念之一，从源头上统一了广大技术人员的思想。认识到企业的改革重生只有依靠科技创新这个"华山一条道"，着力打造投入、人才、政策、合作"四个高地"，掀起了全员创新的热潮，不断提高企业自主创新能力，推动实现高质量发展，着力打造世界一流企业。

其次，河南能源不断深化科技创新体制机制改革，重建重塑科技创新管理体制机制，将科技创新管理职能作为总部核心职能之一，进行科技创新顶层设计，成立了科技创新中心，突出河南能源科技创新管理部门职能。2022年印发了《关于加强创新驱动科技兴企人才强企战略的实施方案》(豫能〔2022〕82号),总体上做到"两重点、两集中、两突破",打造一流科技创新生态、加快科技创新平台建设、加强产学研合作促进成果转化,激发科研人员创新积极性,快出成果、多出成果、出好成果,促进科技成果在生产中产生显著效益,赋能河南能源改革重生和高质量发展。印发了《河南能源化工集团关于科技研发人员薪酬分配改革的指导意见》(豫能办〔2022〕195号),深化科技研发人员薪酬分配改革,建立以知识价值为导向的分配机制。建立创新试错容错机制,健全完善研发成果转化和应用机制。

## 二、持续完善科技研发组织模式

河南能源陆续下发了科技创新市场化运作管理办法、科技创新项目管理办法等改革文件,推行"揭榜挂帅"制、"赛马"制、项目负责人制等新兴科研组织方式,建立更灵活的创新机制,稳妥推进所属单位统筹运用超额利润分享、项目跟投等激励工具,对关键岗位、核心人才、技术骨干进行差异化工资倾斜和重点激励。综合运用公开竞争、定向择优、滚动支持等差异化的遴选方式,实行签订"军令状"、"里程碑"考核等管理方式,赋予科研团队更多自主权,赋予项目负责人更大的技术路线决定权、经费支配权、资源调度权。建立"1+N"协同创新机制,与各大院校及科研院所横向联合、打通壁垒、开放共享,推动科技成果快速转化。

首先,河南能源积极打造创新平台。与中国科学院签约合作成立中科豫能化绿色过程联合研发中心,与上海交通大学共建低碳技术联合研发中心,与郑州大学共建河南能化—郑大区域联合研发中心,与河南理工大学共建安全开采联合研发中心,打造"一院四中心"科技创新体系(见图5-7),一举破解产学研用对接难、项目人才融合难、协同创新跨界难、社会资本进入难"四大"难题。集中力量加快中科豫能化绿色过程联合研发中心建设步伐,全力将其打造成省级示范标杆。

图 5-7　"一院四中心"科技创新体系

　　2022年4月，河南能源科研人员已入驻拥有7200平方米实验室的联合研发中心，购置的4000余万元实验设备仪器已陆续完成安装调试，多项实验工作已启动。截至目前，河南能源已建成国家级技术中心、院士工作站等研发机构57个，基层创新工作室120家，63家企业加入河南省劳模和工匠人才创新工作室联盟，组织和参与编制国家级安全生产标准3项、行业标准22项，9家单位被命名为高新技术企业。

　　其次，建立"1+N"协同创新机制，与各大院校及科研院所横向联合、打通壁垒、开放共享，推动科技成果快速转化。在此基础上，河南能源建立"1+N"开放协同创新体系，不断健全和完善研发成果转化和应用机制。实施科技攻关，创新研发乙二醇催化剂、甲基丙烯酸甲酯（MMA）和"钻冲筛量运"瓦斯治理模式、"钢棚+锚网索"复合支护、余热利用等关键核心技术，有力助推企业提质增效、安全生产、绿色转型。目前已建成国家级技术中心、院士工作站等研发机构54个，建设基层单位创新工作室120余家。2021年科技投入22亿元，完成群众性创新成果3000余项，获得包括国家科技进步奖、全国煤炭企业管理现代化创新成果一等奖在内的创新成果奖项105项。

最后，创新性地设立"揭榜挂帅"制度。为进一步完善科技项目攻关和科技成果转化新机制，深入开展产学研合作，利用科研院所和高校的创新人才资源和科研资源，有序建立科技攻关"揭榜挂帅"产学研合作新模式，加强创新链和产业链对接，促进创新链、产业链、人才链深度融合，攻克制约河南能源主业发展的"卡脖子"技术难题，加快推动重大科技成果转化，结合集团公司实际制定了该制度。

"揭榜挂帅"制是一种新型科技研发组织模式，以开放式创新的形式，对产学研项目通过发榜、揭榜、中榜、挂帅等方式，用市场竞争机制激发创新活力，让能者上、智者上，谁有本事谁就揭榜，最大限度地调动社会各界智力潜能。组织科研力量开展"卡脖子"关键核心技术难题攻关，以最快的速度找到切实可行的解决方案。"卡脖子"技术难题是指在集团公司安全生产过程中存在影响产品质量或工艺效能的技术"瓶颈"，或核心技术掌握在别人手里的关键技术难题。

集团公司产学研合作项目"揭榜挂帅"制遵循公开公正、竞争择优、动态管理、分级实施的原则，统筹考虑"揭榜挂帅"项目需求和条件，成熟一批、发布一批、实施一批，解决集团公司安全生产发展急需攻关的"卡脖子"技术难题。

"揭榜挂帅"科技项目实行分级管理。集团公司科技管理部门负责集团公司"揭榜挂帅"项目榜单发布和管理，实行常态化征集、精准化遴选、多元化发榜、专业化揭榜、日常化监督、绩效化验收的"六化"工作机制。未列入集团公司"揭榜挂帅"项目榜单的"卡脖子"技术难题由二级单位或基层单位科技管理部门遴选发布"揭榜挂帅"项目榜单和管理。

"揭榜挂帅"科技项目运作流程包括需求征集、论证遴选、公告发榜、揭榜投榜、评榜选帅、中榜挂帅、签"军令状"、"里程碑"考核、结题验收、成果评价。

（1）需求征集。集团公司科技管理部门通过自上而下、自下而上相结合或"定向研发、定向转化"等多种方式，面向集团所属单位公开征集技术难题攻关需求，确定科技攻关项目名称、研发内容、研发目标（含技术指标）、研发经费预算等。

（2）论证遴选。集团公司科技管理部门组织有关部门专家对征集的技术需求进行分析论证、优化凝练，遴选出一批有攻关价值的"卡脖子"科技项目。

（3）公告发榜。集团公司科技管理部门将遴选的科技项目按程序报集团公司审批，形成"卡脖子"科技项目榜单，并在有关平台公告发榜。

（4）揭榜投榜。科技攻关项目揭榜方应为高等院校、科研院所、新型研发机构、创新型企业等单位，鼓励有信心、有能力组织好关键核心技术攻坚的优势团队积极申报，优先支持具有良好科研业绩的单位和团队，可单独或联合揭榜，并提交揭榜投榜申请表和投榜书，投榜书主要包括资质条件、科研能力、挂帅者和科研团队实力、项目实施计划方案、项目费用预算等。揭榜方应具备的基本条件：①揭榜方所在单位具备良好的工作基础、实验条件和科研环境，有较强的研发实力、科研条件和稳定的人员队伍等，有能力完成张榜任务；具有良好的科研道德和社会诚信，近3年内无不良信用记录；近5年内承担过国家和省、行业重点科技攻关项目1项，或取得国家和省部级、行业级科学技术奖1项，并具有一定的持续发展能力。②揭榜方挂帅者实行"谁有能力谁就揭榜挂帅"的原则。挂帅者作为研发团队的带头人，无年龄、学历和职称要求，但应在相关学科技术领域中取得较为突出的创新成果，有良好的科学道德和严谨的学风，能对张榜项目需求给出攻克关键核心技术的可行方案，掌握自主知识产权，对本学科领域的发展具有重要的推动作用，有时间和精力从事揭榜项目研究工作。③揭榜方参与本项目的科研团队除挂帅者之外一般应至少有1名副高级职称或博士学位的核心人员（特别优秀创新人才不受限制），专业结构合理。团队研究方向和主要研究课题符合集团公司发展领域和优势产业发展的要求，已取得突出成绩或具有明显的创新潜力。

（5）评榜选帅。公告结束后，集团公司科技管理部门会同二级单位组织专家对揭榜方申请表和投榜书进行评估，并对项目费用进行商务谈判，形成专家评估意见，选出拟挂帅者。

（6）中榜挂帅。二级单位科技管理部门将评估结果按程序进行审批，最终确定中榜方和挂帅者，并到集团公司科技管理部门备案。

（7）签"军令状"。项目单位与中榜方签"军令状"，也就是签订技术合同，双方签字盖章后生效，并到集团公司科技管理部门备案。发榜方项目承担单位与中榜方要按照国家相关法律法规规定，在技术合同中约定知识产权的归属和分配，避免产生知识产权纠纷。

（8）"里程碑"考核。挂帅者应按发榜项目要求编制计划任务书，制定"里程碑"式阶段成果节点，加快实施。集团公司科技管理部门对目标进展、阶段任务完成情况进行督导，根据"里程碑"节点进行考核检查，达到节点要求的可继续进行下一阶段工作，达不到要求的要责令限期完成或终止技术合同。

（9）结题验收。项目完成后，中榜方应及时提交结题验收申请，编制项目研究报告，提交结题验收材料。集团公司科技管理部门收到验收申请后，对验收材料进行形式内容审查，符合要求后会同项目单位组织进行结题验收。

（10）成果评价。项目结题验收后需要进行科技成果评价的，中榜方提交成果评价申请、评价材料、应用证明、查新报告、知识产权等佐证材料，相关科技管理部门进行形式审查，符合要求后委托第三方进行评价（鉴定）工作。

与之相配合的，还有"揭榜挂帅"相关的项目管理。各项目单位应将"揭榜挂帅"科技项目经费预算列入年度财务预算，明确榜单任务经费额度，简化预算编制内容，项目经费做到预算准确、合理，减少不必要的费用，保障项目正常实施。"揭榜挂帅"科技项目经费应根据技术合同（或技术协议）的约定与项目进展情况分批支付，严禁违规支付，研发支出据实列入相关资产成本或者当期费用。科技项目承担单位的科技管理部门应跟踪检查项目的执行情况，监督科技经费的使用情况，协调解决项目执行中遇到的问题，确保项目按期完成。"揭榜挂帅"科技项目进展情况实行定期报告制度，负责人每季度向项目单位汇报项目进展情况，同时报集团公司科技管理部门备案。"揭榜挂帅"科技项目实施过程中，如出现研究内容更改、研究目标调整、关键技术方案变更、合作团队挂帅者变更、不可抗拒因素等对项目执行产生重大影响的情况，中榜方应及时向项目单位和集团公司科技管理部门申请变更审批。发榜方项目单位可按国家和集团公司招投标有关规定向中榜方收取相应管理服务费，用于支付参与项目揭榜评估、商务谈判、验收评价等的专家劳务咨询费。专家劳务咨询费的标准原则上不超过1000元/天，院士专家劳务咨询费可参照有关规定执行。

对于该项目的成果管理，中榜方按期或提前完成科技项目且有重大发明创造解决了技术难题的，可以优先参与集团公司其他科技项目研发。中榜方严重超期完成科技项目或技术难题解决效果不显著的，3年内不得参与集团公司其他科技项目研发。中榜方有下列情形之一的，应当终止技术合同，造成损失的应依技术合同规定办理：①无法按照规定的原则继续开展项目合作的；②挂帅者出现不诚信情况的；③研发团队自行解散的。

## 三、着力打造高层次的人才队伍

河南能源着力打造高层次的人才队伍，主要体现在以下两个方面。

第一，补齐创新人才短板。坚持将人才作为科技创新的第一资源，通过针对性邀约、"量身定做"等方式，在社会招聘招揽50余名高层次研发人才，第一批招聘引进博士研究生6人、硕士研究生13人。通过"招才引智"广纳各类管理、技术、技能人才7000余名，博士、硕士研究生学历增加287人，本科、大专学历分别提高2.26%、3.62%。健全河南能源薪酬待遇管理办法，构建充分体现知识、技术等创新要素价值的收益分配机制，有一定工作经验和业绩突出的全日制主体专业博士研发人员可享受高级经理级薪酬待遇，全日制主体专业硕士研发人员可享受经理级薪酬待遇。对形成科技成果转化人员按照合同到账资金税后的15%进行收购奖励。

第二，不断加大创新投入。强化科技投入保障，把加大科技研发投入作为企业可持续发展的重中之重，保持研发经费持续增长态势，形成更多科研创新成果。近5年共投入科技费用75.5亿元，完成重大重点科技成果鉴定160项。2022年上半年，在2021年投入22亿元基础上又增加投入11.7亿元、同比增长108%。后续将开展近70项（2021年延续11项、2022年新立59项）科研项目，研发投入2022年年底达25亿元，以确保科研活动正常开展。

## 四、加快实施科技创新重点突破

以煤矿安全技术、煤炭高效清洁利用为重点，走产业高端化、多元化、低碳化发展道路，锻造一批"撒手锏"技术。煤炭重点突破地面"三区"联动瓦斯超前治理、低渗煤层强化抽采、保护层开采模式等瓦斯防治关键技术问题，建成6处省一级智能化矿井、43个智能化采煤工作面、37个智能化掘进工作面，为矿井安全生产保驾护航。化工重点开展新一代乙二醇催化剂、生物可降解复合材料制备技术研究等科研项目，形成一大批独创性研究成果，为企业高质量发展提供不竭的科技动力。在成果转化方面，目前河南能源自主研发的乙二醇催化剂已在黔西县黔希煤化工投资有限责任公司投用25个月，累计产出乙二醇近50万吨，产值约20亿元，其他所属乙二醇装置也取得较好成效，全部实现了国产化替代；30万吨/年MMA绿色生产项目已在濮阳园区开工建设，将打造成为化工产业新优势。

为了保证科技创新项目的顺利开展，河南能源出台了科技创新项目管理办法。科技创新项目（以下简称科技项目）是指以科学研究或技术开发为目的而单独立项的科技研发项目、技术工程化项目（包括中试项目）、科技服务项目（包括专业技术服务、技术推广、技术转让、技术咨询等）。科技研发项目包括自主创新项目和产学研项目。自主创新项目是指集团公司内部单位独立自主能够完成研发目标的科技项目；产学研项目是指需要与科研院校单位合作才能完成研发目标的科技项目。

集团公司科技管理部门负责对各级科技项目立项、变更审批、验收评价（鉴定）、成果评审奖励、成果推广转化、科技市场运作等工作进行管理和指导。集团公司科技项目按照重要程度分为全局性重大科技项目、局部性重点科技项目和个别性一般科技项目。全局性重大科技项目是指围绕集团公司主业发展方向进行的战略性、前瞻性、关键性科技研发项目，或为解决集团公司所属单位安全生产中存在共性的"卡脖子"技术难题而开展的科技攻关项目。个别重大科技项目可下设子课题，实行项目带子课题方式。此类项目具有全局性特点，在集团公司范围内存在或可复制和推广应用。局部性重点科技项目是指围绕二级公司安全生产中的关键核心技术进行的研发项目，或为解决本公司所属单位中存在的局部性技术"瓶颈"问题而开展的科技攻关项目。此类项目具有局部性特点，在本公司范围内存在或可复制和推广应用。个别性一般科技项目是指为解决矿（厂）单位某一环节存在的个别性技术"瓶颈"问题而开展的科技攻关项目。此类项目具有个别性特点，仅在本单位范围内存在或推广应用。

集团公司科技项目实行三级管理、分级实施。集团公司科技管理部门统筹管理全局性重大科技项目、委外研究费用在200万元（含）以上的产学研项目、集团总部（含研究总院及化工产业"一院四中心"体系）开展的科技项目，下达年度科研项目计划，研发费用由项目单位承担。按照集中力量办大事的原则，集团公司指令研究总院牵头研发的战略性科技项目、转型技术项目和产业技术升级项目，由研究总院与项目相关单位签订技术合同，确定责任分工、知识产权的责权利，集中使用相关单位分摊的研发费用。二级公司科技管理部门统筹管理局部性重点科技项目、委外研究费用在 200 万元以下的产学研项目和本公司部室开展的科技项目，下达年度科研项目计划，研发费用由项目单位承担，并报集团公司科技管理部门备案。二级公司科研机构或研发团体可与基层单位签订技术合同，集中使用基层单位分摊的研发费用。基层单位科技管理部门统筹管理本单位开展的个别性一般科技项目以及二级公司授权管理的产学研项目，下达年度科研项目计划，研发费用由本单位承担，并报上级公司科技管理部门备案。

集团公司所属各工业生产类单位要制定研发经费投入预算（又称研发准备金）制度，将科技支出预算列入年度财务预算，并按不低于主营业务收入 2% 的比例安排科技经费，保障列入各级科技计划的项目正常实施，并进行专项核算，据实列入相关资产成本或者当期费用。

科技项目实行优先立项原则。属下列情况之一的科技项目优先考虑：①对集团公司发展具有战略性重大意义的科技项目；②具有高市场占有率、高技术含量、高附加值，可形成主导产业，经济效益显著的产品、工艺技术装备，在本行业有前瞻性的科技项目；③能够解决集团公司安全生产发展急需的重大项目和解决制约各单位安全生产共性难题的重点项目；④能够促进产品结构调整、改造提升传统产业的高新技术引进、消化与应用，使集团公司某一技术或产品能够产生重大升级换代的科技项目；⑤具有明确的研究方向和创新方法，有利于成果的推广或高新技术产品开发的科技项目；⑥能够显著提高生产效率、产品质量和节能减排效果的科技项目；⑦博士学位获得者、有突出贡献的科技工作者、优秀青年科技工作者、各级专业技术拔尖人才牵头的科技项目。

集团公司科技管理部门每年 10 月下发通知征集下一年度科技计划项目，制定重大科技项目研发方向。其中能源管理公司组织专家确定煤炭开采的重大研发方向，化工新材料公司组织专家确定化工生产的重大研发方向。

各单位结合年度生产计划，对安全生产中的关键技术难题开展科技创新，认真填写《研究开发项目立项书》，经本单位科技管理部门组织论证，报单位领导班子审议批准后，于每年12月底前下发下一年度科技项目计划。同时按要求将符合集团公司征集条件的科技项目统一申报。

集团公司管理的科技项目立项实施按如下程序操作：①集团公司科技管理部门对各单位申报的科技项目进行形式审查，对不符合要求的科技项目指导其补充完善，符合要求后分专业进行汇总。②集团公司技术委员会负责组织有关专家对本专业科技项目的研发内容、研发目标、项目负责人、研发费用等进行可行性论证，形成立项论证意见。③集团公司科技管理部门将经过论证的科技研发项目进行汇总，报集团公司主要领导审核，形成年度研发项目计划审议稿，经集团公司"三会"审议，按程序审批下达科技研发项目计划执行命令。

年中需要新增科技项目计划的，必须经有关单位申报、相关部门专家充分论证，具备条件的可按照立项程序进行审批，纳入相应层级科技项目管理。

在项目实施方面，自主创新项目原则上实行项目负责人制。各项目承担单位可采用竞聘制确定项目负责人，由项目实施单位与项目负责人签订技术协议（计划任务书）。项目负责人根据研发任务和目标需要合理组建项目团队。项目负责人投入科研工作的时间应不少于日常工作时间的30%，同时承担项目负责人主持项目一般不超过2项，作为主要人员参与当年度的科技计划项目（含主持项目）一般不超过5项。产学研合作项目具有一定风险性、探索性、不确定性，技术指标难以量化，技术复杂，有特殊要求，可采用"揭榜挂帅"方式市场化确定合作单位。有下列情形之一的产学研合作项目可以进行单一商务谈判。

（1）需要采用不可替代的专利或者专有技术。

（2）技术复杂或性质特殊，采购前不能制定具体技术要求的，或目标不确定性较大难以确定评审标准的。

(3) 依法能够自行建设、生产或者提供。

(4) 已通过招标方式选定的特许经营项目投资人依法能够自行建设、生产或者提供。

(5) 需要向原中标人采购工程或者服务，否则将影响施工或者功能配套要求。

(6) 涉及国家安全、国家秘密或国家规定的其他特殊情形。

产学研合作项目如果使用合作方自有设备（材料）的，设备（材料）价格在200万元以下的可以与研发费用一起进行商务谈判，签订技术合同。对于产学研合作项目，项目实施单位为第一开发主体，合作方为第二开发主体，成果形成的知识产权归项目实施单位所有或与合作方共同拥有，所有权应事先在双方签订的技术合同（技术协议）中明确约定。

科技项目负责人有按照有关规定支配项目经费、调整项目组成员、根据项目组成员的贡献大小进行成果完成人员排序和分配成果奖金等权力。科技项目进展情况实行定期报告制度，项目负责人每季度向各级科技管理部门汇报项目进展、经费支出等情况，同时报集团公司科技管理部门。科技项目实施过程中，如出现研究目标调整、研究内容更改、关键技术方案变更、项目负责人变更、不可抗拒因素等对项目执行产生重大影响的情况，由项目承担单位填写变更审批表，及时向各级科技管理部门报告，视情况采取对应措施。产学研项目还需由项目承担单位及时向集团公司科技管理部门申请备案。

科技项目承担单位的科技管理部门应跟踪检查项目的执行情况，监督科技经费的使用情况，协调解决项目执行中遇到的问题，确保项目按期完成。科技经费应根据技术合同（技术协议）或计划任务书的约定与项目进展情况分批支付，严禁把科技经费用在与项目无关的方面。

在知识产权领域，在新技术开发、新产品研发、新工艺设计和推广应用等过程中，研发单位要始终跟踪相关科技发展动态，分析相关技术的专利状况，及时调整科研方向，防止重复研究或侵犯他人知识产权。研发单位在科技项目实施过程中应积极申请知识产权保护，对取得的职务智力劳动成果进行产权界定，并采取保护措施。①对科技项目中已具备申请专利条件并适宜专利保护的新技术或新产品应及时申请专利，取得专利申请受理通知书后方可进行成果鉴定、提供样品和样机、销售产品、转让技术和发表论文等，但涉及公开技术细节的，需单位知识产权职能部门公开其申请后方可进行。②对于科技项目中不适宜申请专利但具备商业价值的新技术或新产品可作为专有技术或技术秘密进行保护，划分保护密级、保密范围和保密期限等，报保密管理部门审核，并报单位科技管理部门和知识产权职能部门备案。

科技项目技术合同或计划任务书中应列出知识产权具体数量要求，重点及以上科技项目申请发明专利至少1项或实用新型专利至少2项，核心期刊发表文章至少1篇。

在结题验收时，科技项目结题验收是指以技术合同（技术协议）或计划任务书所规定的开发内容、主要技术经济指标为依据，按照成果形式采取专家现场考察、会议验收、专家函审或权威技术机构检测等方式对科技项目完成状况进行评价的过程。项目承担单位按科技项目管理级别向集团公司各级科技管理部门提出结题申请，并提供以下材料：技术合同（技术协议）或计划任务书、技术研究报告或项目结题总结报告、测试报告（产品类及软件类）、项目经费使用报告（由所在单位财务部门审核确认）、项目应用情况报告等。集团公司各级科技管理部门对结题申请材料进行形式审查，根据科技项目具体情况确定结题验收方式，组织有关专家对集团公司管理的科技项目进行结题验收。验收通过后，项目承担单位必须把所有结题验收材料正式归档管理。

通过集团公司和二级单位科技管理部门结题验收的科技成果，可择优推荐集团公司科技奖评审。通过三级单位科技管理部门结果验收的科技成果，可以纳入本单位科技市场运作进行成果收购。存在下列情况的项目不能通过结题验收：①未完成技术合同（技术协议）或计划任务书约定内容的；②结题报告、资料、数据不真实的。未通过结题验收的科技项目承担单位、项目负责人可在接到通知一年之内，按照合同和技术协议要求改进完善相关项目内容，再次提出结题验收申请。

对于探索性极强、失败风险极高的科技项目，如不能按要求完成，项目组应向技术委员会提交书面报告，经审定并非人为原因，且执行记录能够切实证明项目人员履行了勤勉尽责义务的，可适当宽容，不影响该项目结题。

在课题评价方面，科技项目评价（鉴定）是指对项目的技术水平先进性、经济效益、推广应用前景进行评价（鉴定）的过程。科技项目结题后在单位应用一年以上，承担单位可按管理权限向各级科技管理部门提出评价（鉴定）申请，并提供技术研究报告、成果应用情况报告等评价（鉴定）材料。集团公司各级科技管理部门对评价（鉴定）申请等材料进行形式审查，符合要求后协调第三方评价（鉴定）机构组织进行评价（鉴定）。评价（鉴定）通过后，项目承担单位应在国家科技成果平台进行成果登记，并把所有评价（鉴定）报告（证书）、登记材料正式归档管理。经过第三方科技评价（鉴定）的科技成果可择优推荐申报集团公司科技二等奖及以上奖项，可择优推荐申报行业协会科技进步奖、省部级科技进步奖、国家级科技进步奖。

## 五、"智慧能化"推动数字化转型

2017年年初，河南能源提出以"智慧能化"建设为抓手，推进全方位管理，实现弯道超车和转型升级发展。2018年3月，河南能源正式启动了"智慧能化"项目建设。河南能源依托云计算、大数据、人工智能、"5G+"、工业互联网等新基建技术平台，围绕"三优三减三提升"，以"13471"数智能化规划为目标，按照"国际一流，国内领先"的原则，助力企业数字化变革和产业转型升级，将自身打造成为能源企业数字化转型标杆。

数字化转型战略以习近平新时代中国特色社会主义思想为指导，以《"十四五"数字经济发展规划》为指引，按照河南省锚定"两个确保"、实施"十大战略"的总体部署，立足新发展阶段、贯彻新发展理念，主动融入新一轮科技革命和产业革命，将加快数字化转型作为引领性、战略性工程，统筹推进产业数字化、数字产业化，构建新型数字基础设施体系，推动企业治理数字化变革，推进核心产业数字化转型，搭建数智赋能决策支撑平台，全方位打造数字能源企业。

数字化转型的发展目标是按照"统筹规划、分步实施，试点先行、全面推广"总体原则，以新型基础设施建设为支撑，以建成经营管理数字化、生产运营智能化、数智赋能决策自动化的国际一流、国内领先的集团型"数智"企业为总体目标，依托云计算、大数据、人工智能、"5G+"、工业互联网等新基建技术平台，驱动数字技术和集团业务深度融合，到2025年，将河南能源打造成为能源企业数字化转型标杆，助力企业数字化变革和产业转型升级。

## （一）数字化转型的任务之一是构建新型数字基础设施体系

### 1. 统筹"数据云端化部署"新型基础设施建设

按照公有云、集团核心私有云和矿厂边缘云相结合的建设原则，构建数据易迁移、易交互、易优化、高效稳定的"混合云"部署模式。一要推进核心数据私有云建设。集团总部侧重于涉及经营、管理、决策等核心数据应用系统部署的核心私有云建设，三级矿厂侧重于涉及现场安全生产控制等重要数据应用系统部署的边缘云建设。2022年启动集团核心私有云一期建设，三级矿厂以永城园区为试点开展边缘云建设。2023年完成集团核心私有云二期建设，智能矿厂建设单位同步开展边缘云建设，其余三级矿厂2025年前全部完成本单位边缘云建设。二要推进非核心数据公有云部署。发挥集团公司整体资源规模优势，与国内知名公有云供应商合作，搭建统一的公有云服务平台。不涉及集团核心敏感数据或与部署在私有云上的核心数据交互频次不高、数据量不大的应用系统以公有云方式部署。2022年推进集团网站、安全生产主动预防、中原云商、科技大数据平台、法务、审计、财务共享、统计等应用系统的云端公有化部署。2025年前，根据私有云资源状况，全面完成非核心数据应用系统公有云部署。

2. 升级数据高速传输网络通道

构建高速泛在、云网融合的数字信息通路。梳理集团全局网络架构，统筹数据传输网络建设，形成逐级上联、统一对外数据传输的管控模式，实现三级网络有机联动。

煤炭生产单位推进井上井下5G网络建设，助力采掘工作面、关键机房硐室、高危作业场所实现无人化、少人化作业。2022年以永煤新桥矿为试点，建设覆盖全矿井的5G通信网络，研究5G网络切片、MEC（移动边缘计算）等先进技术在高清视频监控、信息调度、工业控制系统等方面的应用。井下固定网络优先升级改造为F5G全光工业网，2022年以永煤陈四楼矿、新桥矿、车集矿为试点，探索大带宽、高速率、低时延井下传输网络，率先示范使用国产自主可控核心技术。2022年永煤新桥矿开展井上井下"5G+"智能驾驶场景应用，试点研究基于5G的高精实时定位、生产远程实时控制、井下远程协同运维、井下巡检和安防、虚拟现实培训等场景应用技术。智能煤矿建设单位同步开展5G/F5G升级改造。2025年前，实现年产120万吨及以上，新建、改（扩）建矿井全部完成5G/F5G升级改造，并深入广泛开展"5G+"作业场景应用。

化工、装备制造等地面生产单位2025年前做到地面5G网络全覆盖无盲区，丰富"5G+"应用场景项目，助力提升生产安全、质量、效率，减轻劳动强度。2022年以永城园区和开祥化工为试点，在完成地面5G网络全覆盖的基础上，开展"5G+"点检定修、"5G+"人员定位、"5G+"智能巡检、"5G+"电子工作票等场景应用。

积极布局下一代互联网，深化网络基础设施 IPv6（互联网协议第 6 版）改造，推动新建网络同步部署 IPv6，深入推进规模部署和应用，促进工业互联演进升级。

## （二）数字化转型的第二项任务是推动企业治理数字化变革

1. 推动管控领域数字化转型，提升一体化管控能力

首先，建设集团数字化转型基础支撑平台。2022—2023 年，整合集团层面已建成的数字化应用系统，进行平台化运作，纵向贯穿至集团所属二级单位及煤炭化工板块三级矿厂、基层区队，横向打通各应用系统中的数据流和工作流，形成全集团统一的数字化转型基础平台，实现 1 个平台、3 大功能、N 级应用的"一网通办"高效工作模式，为集团顺利开展数字化转型奠定坚实基础。

其次，构建战略计划管控数字化平台。2023—2024 年，建设全面预算管理系统，动态管控投资、经营目标执行结果，提升计划管控效率，形成多维深度分析，支撑战略反馈和评价；2023—2024 年，升级投资项目管理平台，固化投资全生命周期管理流程，支撑投资管理流程逐层控制，实现投资风险及效益的一体化管控；2024—2025 年，建设企业绩效管理系统，打通战略规划、经营和投资计划、预算及绩效管理，构建集团一体化的战略计划管控数字化平台。

再次，推动财务管理数字化深入转型。2023—2025 年，完成财务核算系统的集团化改造，实现与业财（业务、财务）一体 ERP（企业资源计划）、财务共享服务平台的互联互通，统一集团核算、结算、总账、报表数据，实现集团一本账；建设统一的合并报表系统，支持多套组织架构、不同口径的报表合并，实现集团总部快速、高效、准确地完成报表合并；建设税务管理系统，支持集团财务税务管理、共享中心业财税流程、二三级单位税务管理应用，支持业务、财务、税票、存档一体化流程；建设资

产管理系统，覆盖集团产权、资产登记、评估、交易、分析核心管控流程，实现集团产权、资产的全生命周期管理；建设资金管理系统，基于集团收支两条线和以收定支原则，对资金集中管控，对资金流动统筹规划，平衡资金需求，降低资金使用成本，减少集团沉淀资金。

最后，完善人力资源管理数字化平台。2023—2024年，优化完善人力资源ERP系统，建立统一的人力资源管理框架和标准体系，支撑人力资源战略体系、管控体系、业务体系，提升人力资源业务流程效率，提升"两个总量"和"两个结构"管控能力；建设数字化培训平台，丰富场景、改善体验，支撑对全集团员工在线学习和在线考试的统一管理，为员工提供便捷的学习途径，提升员工的综合竞争力；建设在线招聘平台，支撑线上招聘业务和企业人才库的建设，完善人才数字化标签体系，提升分析能力，实现人才的快速筛选，提升集团整体人才竞争力，为企业的长远发展积累人才优势。

2. 完善数字化协同体系，提升专业化经营协同能力

首先，构建市场经营及供应保障的数字化协同能力。建设以业财一体化为核心的ERP系统，发挥ERP系统横向集成、纵向贯通的优势，实现人财物、产供销等核心业务的集约化、标准化管理。2023—2024年，先行实施以煤炭板块物资采购系统为驱动的业财一体化ERP系统一期建设，实现纵向贯穿三级管控，横向打通采购、库存、设备资产、财务核算端到端的业务协同。2024—2025年，实施业财一体化ERP系统二期建设，全面实现人财物、产供销等核心业务的数字化协同能力。

其次，完善升级生产经营数字化协同体系。2024—2025年，升级生产经营协同调度平台，完善推广煤炭销售ERP系统，以一体化ERP系统的共享数据为支撑，构建产运销收入、成本、利润分配预测模型，实时反馈生产经营数据，完善运营计划执行风险预警和多目标综合调度，为产销的市场化协同模式创新奠定基础。

### 3. 搭建数字化共享平台，构建集约化共享服务能力

首先，2023—2024 年，完善并推广现有的财务共享平台，持续推进共享基础工作规范化、统一化，完善业财一体系统、其他业务系统与财务共享接口，加强 RPA（流程自动化机器人）、AI（人工智能）等技术的应用，提高业务处理自动化与智能化，提升财务一站式服务能力。

其次，2023—2024 年，建设数字化的人力资源共享平台，包括共享服务平台和自助服务平台，促进人事业务流程再造与优化，提升业务处理专业化和标准化水平，有效支持扁平化管理，促进人力资源管理组织结构的持续优化。

最后，2023—2024 年，建设 IT 共享服务技术平台，提升集团信息技术公司运营能力和技术能力，共享集团数字化资源，降低运营成本并提升效率，支撑集团信息化建设与数字化转型。

### 4. 构建数字化风险控制平台，提升全面化风险防范能力

首先，2023—2024 年，建设集团统一的内控与风险管理平台，支撑企业治理合法合规、资产安全、财务信息可靠性等方面的风险评估、风险内部控制及评价工作，实现内控制度的有效落实和全过程内控评价，提升全集团的风险管控能力。

其次，2023—2024 年，优化升级审计信息化平台，为审计计划、作业、整改等工作提供系统支持，规范流程形成审计闭环管理，掌握关键风险，促进问题有效整改，利用数据分析扩大内审的广度和深度，提升内审效率和质量。

最后，2023—2024 年，推广升级主动预防管理平台，以危险源辨识为基础，以风险预控为核心，以管理员工不安全行为为重点，以切断事故发生的因果链为手段，引入实时监控、AI 识别、大数据分析等技术，打造循环闭环的数字化管理和应急平台，全面覆盖安全管理业务，建立全面、系统、可持续改进的现代安全管理体系。

## （三）推进核心产业数字化转型

### 1. 煤炭产业

首先，推进智能煤矿建设。按照产能120万吨/年及以上的煤矿到2025年年底建成智能化煤矿，其余煤矿到2030年年底建成智能化煤矿的总体目标（剩余可采年限不足5年的除外），新建煤矿和60万吨/年及以上的改（扩）建煤矿按智能化建设要求投产，重点推动煤与瓦斯突出、水文条件复杂与极复杂、冲击地压三类灾害严重煤矿开展智能化建设。2022年年底，累计建成4对国家级智能化示范煤矿、8对以上省一级智能化示范煤矿、40个以上智能化采煤工作面和35个以上智能化掘进工作面，突出矿井、冲击地压严重矿井实体煤掘进全部实现无人化远程操控。到2023年年底前，累计建成11对以上智能化示范煤矿、60个以上智能化采煤工作面和70个以上智能化掘进工作面，冲击地压煤矿、煤与瓦斯突出煤矿、新建煤矿和产能60万吨/年及以上的改（扩）建煤矿全部实现采掘智能化，工作面生产班单班作业人数控制在9人以内，并逐步取消夜班生产。

其次，升级"数智"管控平台。按照"统筹规划、统一标准、统一实施"的原则和"一个平台、两层架构、三级应用"的技术路线，开发应用统一技术架构的智能煤矿综合管控平台，实现各业务系统的监测实时化、控制自动化、管理信息化、业务流转自动化、知识模型化、决策智能化，实现煤矿各系统的数据融合共享与统一协调管控，基本上达到生产运行管理过程自动化的目标。智能煤矿建设单位同步开展"数智"管控平台升级建设：2022年永煤公司和焦煤公司参照以上要求，积极探索，率先高标准建设煤业公司级安全生产管控平台；2025年前完成覆盖煤业公司和所有产能120万吨/年及以上生产矿井（资源储量少于5年的除外）的集团级安全生产"数智"管控平台升级建设。

最后，探索高端智能应用。扩大煤矿机器人的使用范围，积极与科研院所合作，开发研究推广应用皮带巡检机器人、智能瓦检机器人、水仓清掘机器人、矸石分选机器人、钻探机器人、自动喷浆机器人、应急救援机器人等先进技术装备；在掘进机自主导航、系统联动、人员安防等方面探索智能化综合快速掘进模式；积极探索应用安全生产大数据、5G 技术，真正实现"员工少跑腿、机器多干活、数据多跑路"的目标。2022 年永煤城郊矿、新疆公司榆树泉矿、贵州公司高山矿率先开展智能机器人应用和探索。

2. 化工产业

首先，2022—2023 年，以永城园区、开祥化工为试点，联合中国移动、中国联通、华为公司等合作伙伴，利用新一代信息技术，持续完善优化园区 DCS（分布式控制系统）、智能专家系统、5G 应用等，搭建综合管控智慧平台，实现无人化操作、远程虚拟管控的智慧园区、智能工厂建设。

其次，到 2025 年，化工企业主要生产装置自控率达到 95% 以上，数字化运营能力显著增强；新建工厂数字化设计与交付率达到 90% 以上；生产运行涉及的调度排产、流程模拟与优化、操作与先进控制等核心业务实现在线运行；物联网技术进一步普及，设备在线监控率达到 80% 以上，设备预防性维护应用取得新进展；安全环保在线监测全覆盖，重大危险源和污染源在线监控率达到 95% 以上，5G 与边缘计算技术试点应用取得新突破；质量控制和产品追溯体系进一步完善。

3. 物贸产业

首先，数字化改造、一体化运作，打造物贸一体化协同管控平台。2022 年，重点对销售、采购、仓储物流、现代贸易等信息化平台进行数字化改造，按照开放、集成、协同、共享的原则，打造专业化、系统化、智能化、市场化"4e 国际"架构一体化管控平台，形成核心竞争力，实现高质量发展。

其次，数字化重构、供应链协同，建设河南省大宗商品交易中心。2022—2023 年，对交易、结算、仓储、物流、融资等环节进行数字化重构，整合上下游资源，提高供应链协同能力，在实现集团自有产品的在线销售和内部采购的基础上，寻求河南省政府支持，将大宗商品交易平台打造成为河南省煤炭、化工交易的基础性公共服务平台，构建共赢的平台产业生态。

再次，数字化管理、网络化运营，建设区域性大宗商品网络货运中心。2023—2025 年，整合社会零散运力资源，提供河南能源内部物流承运服务，实现物流业务过程中运力交易、订单管理、订单执行、订单跟踪、运费结算、计划协同等节点的全覆盖，实现物流、资金流、票据流、数据流一体化、可追溯，实现供应链端到端流程数据贯通。

最后，数字化采购、一站式服务，打造自主自助式电子采购商城。2023—2025 年，打造集团专业化的物资电子商城采购平台，逐步推进煤炭板块长协物资、化工板块集约化采购物资、办公用品、劳保用品和部分低值易耗品在电商平台上全部实现自主自助式数字化采购。

### （四）搭建数智赋能决策支撑平台

**1. 强化数据管理、规范数据标准，搭建数智赋能底座**

2023—2024 年，部署主数据治理平台，建设数据仓库和集成服务平台，制定统一的数据规范，明确数据技术标准、管理标准和应用标准，逐步开展数据采集、汇聚、存储、加工处理、开放共享等标准化管理，实现数据统一编码、标准化处理、协调应用，保证数据准确、一致、完备和共享，形成企业"数据字典"，解决数据应用效率低下、数据孤岛、数据冗余等问题，将集团各业务应用数据打造成为相互连通、共同协作的整体，为数智赋能决策提供完备的数据支撑。

**2. 加强数据应用、深挖数据价值，搭建数智赋能决策支撑平台**

2024—2025 年，在强化数据管理的基础上，外接国家、行业数字平台，内联集团各专业、各板块数字应用系统，搭建贯穿集团及各板块的分层分级数智赋能决策支撑平台。基于大数据和数字模型的经营管控可视化展示、自动化预测告警，满足对安全生产经营管理的实时监控、超前预测，根据不断变化的局势做出相应的调整，提升各类决策的科学化、自动化水平。

### （五）完善数字化运行保障体系

#### 1. 完善安全保障体系

第一，推进重要规章制度落地实施。贯彻落实《中华人民共和国网络安全法》《中华人民共和国密码法》《中华人民共和国数据安全法》《中华人民共和国个人信息保护法》和网络安全工作责任制等法律、法规、制度、标准规范，强化防护责任，加强监督检查。

第二，完善技术保障体系。安全态势感知平台和终端响应平台建设实现所有网络、业务信息系统和服务器全覆盖，构建动态监控监测、超前阻断的协同防御体系。网络安全设备设施按要求部署到位，逐步开展重要信息系统的网络安全等级保护定级备案和测评工作。从安全软件选择与管理、配置和补丁管理、边界安全防护、物理和环境安全防护、身份认证、远程访问安全、安全监测、资产安全、数据安全、供应链管理等方面做好工控安全防护工作。2022年实施集团公司网络信息安全等级保护防护建设以及鹤煤三矿、永城园区工控安全防护体系建设，智能矿厂建设单位同步开展。2025年前所有数字化系统全部通过网络安全等级保护测评。

第三，完善管理保障体系。按照"谁使用、谁主管、谁负责"的原则，落实主体责任，健全组织机构，配齐专业人员，完善管理措施，构建覆盖集团"四纵两横"的网络安全管理体系。建设网络安全应急体系，建立健全网络安全风险评估和应急工作机制，加强网络安全资源共享、态势感知、监测预警、信息共享、应急处置等方面协同，制定网络安全应急预案，定期组织演练。将网络信息安全管理纳入"大安全"管理范畴，建立健全网络信息安全考核奖惩机制,充分发挥考核导向引领作用。

第四,建立数据安全保护体系。实施数据资源分级分类管理,强化数据全生命周期安全保密管理。加强个人信息保护,全面提升数据收集、存储、处理、转移、删除等环节的安全保护能力,严格规范运用个人信息开展大数据分析行为。开展数据安全合规评估,及时消除重大数据泄露和滥用隐患。加快数据灾备体系建设,涉及矿厂需持续运行的安全生产类信息化系统建立应用级灾备系统,其他系统建立不低于两份的数据级灾备,且至少一份为异地备份。2022年实施贵州公司核心数据异地灾备体系建设,2024年前实施集团公司核心数据异地灾备体系建设,2025年前集团所属二级单位全部完成核心数据灾备体系建设。

第五,推进信创产品系统部署。全面推进操作系统、办公软件、杀毒软件正版化部署工作,探索国产化操作系统与虚拟云桌面相结合的技术路线,逐步推进国产化替代工作。2023年前,集团骨干二级单位完成软件正版化部署工作,2024年前,集团所有二级单位完成软件正版化部署工作。

2. 完善运维保障体系

首先,按照"三级联动、专业运维、试点先行、全部覆盖"的管理模式和"谁使用谁负责运维""谁的业务系统谁负责运维"的原则开展运维管理工作,保证系统建设和运维的无缝衔接,消除运维盲区,最终实现业务部门负责使用、专业化运维团队负责运维的目标,保证系统持续、安全、平稳、高效运行。

其次,组建各层级专业运维团队。组建集团公司、二级单位、三级矿厂三级专业化运维团队,配齐网络安全工程师、硬件工程师、软件工程师及相关工业控制的自动化工程师等岗位人员,集团公司运维团队负责集团统建数字化系统,二、三级单位运维团队负责自建数字化系统,由专业化的运维团队进行专业的运维保障。

截至目前,河南能源已建设完成18个"智慧能化"项目、10对智能煤矿、5个智能工厂、25个智能化采掘工作面,初步建成覆盖集团安全、生产、运营等主要系统，横向到边、纵向到底的一体化管控体系，实现了集团主要安全生产环节可知、可视、可控的管控目标。目前，从集团层面到矿井层面，整个链条均实现了智慧化覆盖。河南能源"智慧能化"建设成果，如图5-8所示。

图 5-8 河南能源"智慧能化"建设成果

（1）集团层面已建成全覆盖的"智慧能化"平台。"智慧能化"建设项目涉及安全生产管控平台、人财物销 ERP、智慧党建、智慧决策、安全管理双重预防体系建设等各个方面，其中安全生产智慧管控平台（煤炭板块和化工板块）初步构建完成覆盖集团所有正常生产矿井和 23 个化工厂区的安全生产过程可知、可视，管理和系统可预警报警的自动化管控体系，并实现了一个平台三级应用；智慧财务管理系统（财务共享中心）已实现在郑州 40 家单位的服务；大宗商品交易平台已成功进行了多个场次的煤炭、化工、有色产品的线上竞价销售活动，是全国唯一一家能够同时提供煤炭、化工、有色金属等多种大宗商品现货线上交易的平台；煤炭销售

ERP 系统已基本实现了全部正常生产矿井的全覆盖。

（2）煤矿层面在智能化矿井建设方面已初见成效。已建设完成 2 处省一级智能化矿井、8 处集团级智能化矿井；累计建设完成 19 个智能化采煤工作面、4 个智能化掘进工作面和 2 个矿用 TBM（全断面隧道掘进机）工作面；减少井下作业人员 3042 人，并在 9 对矿井取消夜班。永煤马泰壕煤矿、焦煤赵固二矿等 4 座矿井入选国家首批智能化示范建设煤矿名单。

（3）进一步推进"5G+"矿厂应用。河南能源致力于将 5G 与智能煤矿、智能工厂建设相融合，多家单位成为河南省"首家"。一是首家"5G+"无人矿山。焦煤公司千业水泥共投入 14 个 5G 基站，可实现 60 台无人车的无人驾驶，13 台挖机、10 台钻机的 5G 远程控制等应用，实现了露天矿产区铲、装、运的全程无人操作，使非煤矿山生产的安全性、开采效率、资源利用率得到大幅提升，每年可节省人工成本 1000 万元，节省材料费 1800 余万元，并荣获 2020 年全国第三届"绽放杯"5G 应用征集大赛一等奖。同时，以永煤新桥矿为代表的多家矿井正在加快推进"5G+"智能矿山建设。二是首家"5G+"化工企业。所属永城园区在 2020 年 5 月与中国移动合作开展"5G 应用"项目，部署"5G+"智能巡检机器人代替员工在有毒有害危险环境中巡检，成为河南省首家部署 5G 专网的化工企业。

（4）在利用"智慧能化"实现数字化转型的过程中，河南能源实现首个"五化"目标，即集团管控一体化、管理过程自动化、物资销售电商化、生产现场可视化和安全防范智能化。其中集团管控一体化通过纵向打通战略管控、财务管控、人力资源管控、安全管控和共享服务体系，实现了看得清、管得住、防得好的目标；横向打通生产经营协同和供应保障协同体系，实现业务端到端联动、环环相扣，实现高质量发展。管理过程自动化通过实时感知安全生产、经营管理过程中产生的人机环管和经营数据，综合分析，深度挖掘，初步实现生产经营自动预测、安全风险自动研判、走岗管理自动落实、大型设备自动监控和应急救援自动协同五个方面的自动管理。物资销售电商化通过建设集大宗商品交易、电子招投标、网络货运、电子商城四大服务于一体的电商平台,实现销售、采购、物流、贸易等业务的全流程数字化、智慧化、扁平化,达到精兵简政、降本增效目标。生产现场可视化通过对生产过程中的视频和数据进行集成展示,实现了覆盖所有矿厂重点作业区域的视频可视及集团、二级单位、基层矿厂三级安全生产经营数据可视。安全防范智能化通过大力推广应用5G应用场景、AI智能摄像设备、智能巡检机器人、电子围栏等智能化技术手段,实现了对人的不安全行为和物的不安全状态的智能识别和预警报警。

# 第六章 以软实力为支撑保障,构建全面管理创新体系

# 第一节　党建统领，指引总体方向

## 一、始终坚持党的全面领导

河南能源始终坚持和加强党的全面领导，贯彻党把方向、谋大局、定政策、促改革的要求，把党的领导贯穿于企业追求高质量发展的各领域和全过程。第一，加强党的政治领导。企业各级党组织切实把思想和行动统一到习近平新时代中国特色社会主义思想上来，始终从政治上把方向、管大局，始终从政治上谋划推动工作。第二，加强党的组织领导。选好配强各级领导班子，加强干部队伍建设，培养造就大批德才兼备的高素质人才，使之成为推进企业高质量发展的中坚力量。第三，加强党的思想领导。引领思想解放，转变观念，提高干部群众的政治觉悟和思想水平，调动和激发规划实施的积极性、创造性。切实履行全面从严治党主体责任、监督责任，推动形成积极向上、干事创业、风清气正的政治生态，为企业高质量发展营造良好环境。

## 二、持续推动党的建设高质量

全面加强政治建设，实施党建"根魂工程"。实施省管企业党的建设"根魂工程"的总目标是：党的领导和党的建设全面加强，功能作用充分彰显。具体体现在以下几个方面：一是以学习贯彻党的创新理论为重中之重的理论武装体系更加完善。坚持把学习贯彻习近平新时代中国特色社主义思想作为重中之重。严格执行党委理论学习中心组学习、党委第一议题和旁听制度，用好"五种学习方式"，持续开展党的创新理论进基层，不断巩固宣传舆论阵地，通过持之以恒的理论武装，补足精神之钙，铸就思想之魂。二是上下贯通、执行有力的组织体系更加完善。坚持以统筹推进各级党组织建设为重点，以加强省管企业领导人员队伍和人才队伍建设为关键，以党支部标准化、规范化建设为基础，健全各级组织，增强政治功能，提升队伍素质，实现党的组织和党的工作全覆盖，打造战斗堡垒集群，筑牢党的领导之"根"。三是党委领导作用充分发挥的治理体系更加完善。坚持"两个一以贯之"，把加强党的领导和完善公司治理统一起来，以巩固党建工作要求进章程为切入点，以完善党委前置研究讨论企业重大经营管理事项程序为关键点，深入推进党的领导融入公司治理各环节，党组织内嵌到公司法人治理结构之中，实现制度化、规范化、程序化，确保充分发挥党组织把方向、管大局、保落实的领导作用。四是保证权力规范运行的监督体系更加完善。坚持把纪律规矩挺在前面，把"严"的主基调长期坚持下去，紧盯"一把手"这个关键少数，突出"三重一大"这个监督重点，用好"巡视巡察"这个重要利器，整合监督资源，强化政治监督，严肃执纪问责，全力整治"四风"，让权力在阳光下运行，使党的肌体更加强健。支持董事会、监事会依据法律法规和公司章程，依法履行监督职责，维护出资人权益。五是落实全面从严治党的责任体系更加完善。坚持把抓好党建作为最大政绩，把落实全面从严治党主体责任作为检验省管企业各级党组织和领导人员政治素质的重要标准，紧紧牵住责任制这个"牛鼻子"，突出抓好基层党建工作责任制、意识形态工作责任制、党风廉政建设责任制的落实，形成明责履责、考责追责的党建工作责任闭环，层层压实责任，逐级传导压力，使党建工作上下贯通无梗阻。六是涵盖党的建设各项工作的制度体系更加完善。坚持把制度建设贯穿到省管企业党的建设全过程、各环节，形成较为完善的理论学习、政治生活、组织建设、责任监督等制度体系，同企业生产经营各项制度结合起来，使省管企业党

第六章 以软实力为支撑保障，构建全面管理创新体系

建工作更加系统化、制度化、规范化。提高制度执行力，不断把制度优势转化成企业治理效能。

实现上述目标，必须坚持正确方向，严格执行党章党规，全面贯彻落实《中国共产党国有企业基层组织工作条例（试行）》；必须坚持服务改革发展，结合国有企业改革三年行动突出重点、统筹谋划，2020年以"规范建设"为主题，2021年以"质量提升"为主题，2022年以"巩固深化"为主题；必须坚持实事求是原则，有效推进，把规范建设、质量提升、品牌培育贯穿全过程，注重项目化建设、工程化管理，不断探索创新方式方法，切实形成一批可检验、可量化的制度成果和实践成果。

"根魂工程"的重点任务包括以下几个方面。

（1）聚焦做到"两个维护"，着力加强党的政治建设。

第一，坚持用习近平新时代中国特色社会主义思想武装头脑。严格执行党委理论学习中心组学习、党委第一议题和旁听制度，重点学好用好《习近平谈治国理政》（第一、二、三卷）、《习近平新时代中国特色社会主义思想学习纲要》等读本，及时跟进学习习近平总书记重要讲话、重要文章和重要指示批示精神，推动学习贯彻党的创新理论往深里走、往心里走。用好"五种学习方式"，开展"党员领导人员领学带学督学"活动，形成以上率下的学习传导机制。深入开展省管企业党委理论学习中心组巡听旁听工作，省政府国资委党委在2020年启动巡听旁听工作的基础上，2021年继续扩大覆盖范围，2022年形成转效机制并持续推进。不断完善"党的创新理论万场宣讲进基层"内涵载体，用好"学习强国"平台，持续推动习近平新时代中国特色社会主义思想进企业、进车间、进班组。深入实施青年马克思主义者培养工程，每年推荐培训一批青年人才。实施青年人才理想信念教育计划，省管企业成立"青年创新理论学习小组"，组织开展学习论坛、专题研究、知识竞赛等活动。探索推行省管企业经营管理人员理论水平测试，测试结果作为述学考核、评优评先的重要参考。

第二，建立"两个维护"的落实机制。严格落实《中共中央关于加强

党的政治建设的意见》和《中共中央政治局关于加强和维护党中央集中统一领导的若干规定》，贯彻省委有关要求，研究制定省管企业建立维护党中央权威和集中统一领导制度的意见措施。建立完善跟进督办制度，认真贯彻落实习近平总书记关于国有企业改革发展、党的建设的重要论述和视察河南时的重要讲话精神，完善党中央关于国有企业的重大决策和省委部署贯彻落实情况的监督检查机制。抓好《中国共产党重大事项请示报告条例》的贯彻落实，明确重大事项请示报告清单，健全请示报告工作制度。健全完善省管企业党委规范性文件备案审查制度。

第三，建立不忘初心、牢记使命的长效机制。贯彻落实中央和省委关于巩固深化"不忘初心、牢记使命"主题教育成果的意见，结合省管企业实际，研究制定具体措施。把学习教育、调查研究、检视问题、整改落实等有效制度固化下来，形成长效机制。引导广大党员把"守初心、担使命，找差距、抓落实"的总要求融入日常、抓在经常，开展经常性政治体检，推动广大党员干部履职尽责、担当作为。

(2) 巩固宣传舆论阵地，着力凝聚改革发展的强大精神力量。

第一，牢牢掌握意识形态工作主导权。严格落实意识形态工作责任制，全面贯彻《中国共产党宣传工作条例》，制定出台《省管企业党委意识形态工作责任制考核办法》《省政府国资委舆情监测与处置工作规范》。加强涉企舆情监测，及时发现、正确处理，有效引导各类舆情。省管企业党委成立宣传思想工作（意识形态工作）领导小组，每年至少开展专题研究 2 次意识形态工作、向上级党委专题汇报 1 次意识形态工作。建立健全通报制度，定期在党内通报意识形态领域情况。管好用好意识形态阵地，积极适应互联网快速发展的形势，大力推进"两微一端一抖"等新媒介的运用，严格执行"三审三校"制度，做大做强主流思想理论。

第二，深入开展党史学习教育。按照中央和省委的统一部署，紧紧围绕学懂、弄通、做实党的创新理论，把坚持学习党史与实施国有企业改革三年行动、推动国资国有企业高质量发展结合起来，做到学史明理、学史增信、学史崇德、学史力行,教育引导全体党员干部学党史、悟思想、办实事、开新局,进一步增强"四个意识",坚定"四个自信",做到"两个维护",不断提高政治判断力、政治领悟力、政治执行力。精心做好庆祝建党 100 周年有关工作,组织开展党内先进典型宣传等活动。省管企业党委要把开展党史学习教育作为一项重大政治任务,抓好专题学习、专题党课、专题民主生活会、专题培训,坚决克服形式主义、官僚主义,把党史学习教育同为群众办实事、解难题结合起来,切实把学习成效转化为工作动力和发展成就。

第三,积极开展正面宣传和舆论引导。围绕贯彻落实党的十九届五中全会精神、国有企业改革三年行动、"十四五"规划、企业改革发展等开展专题宣传;扎实做好庆祝建党 100 周年、喜迎党的二十大等重大活动的宣传舆论工作。建立完善新闻发言人制度和新闻发布制度,加强新闻发言人业务培训。建立完善省管企业门户网站、微信公众号等媒体的设立报备制度,定期开展内容质量检查。完善先进典型选树学习宣传机制,大力宣传先进典型,弘扬正能量。

第四,持续推动红色基因植入企业文化。深入开展党史、新中国史、改革开放史、社会主义发展史专题教育,广泛开展国情、形势政策教育,帮助职工认清发展形势变化。要深化革命传统和红色文化教育,开展焦裕禄精神、红旗渠精神、大别山精神、愚公移山精神主题体验活动。坚持党建文化引领,深入挖掘企业历史和文化资源,进一步加强新时代企业文化建设,为省管企业改革发展提供精神动力。不断丰富和发展新时代河南国有企业文化内涵,积极打造企业文化品牌。2021 年开展省管企业文化理念故事征集活动,2022 年选树省管企业十大文化建设品牌。传承好具有河南国有企业特色的"红色基因",依托企业红色资源打造展示全省国有企业党建成就的红色教育基地。加强和改进精神文明建设工作,支持省管企业参加精神文明创建活动。

(3)充分发挥党的领导作用,着力推进党的建设融入融合。

第一，把党的领导落实到公司治理各环节。省管企业重大经营管理事项，必须经党委前置研究讨论后，再由董事会等其他治理主体按照职权和规定程序做出决定。2021年上半年，省管企业党委要认真落实《省管企业党委前置研究讨论重大经营管理事项的指导意见》，集团公司和设立党委的子公司要结合不同层级、不同类型企业实际制定本单位党委会前置研究讨论重大经营管理事项清单，厘清各治理主体权责边界，进一步研究制定省管企业党委落实党的领导融入公司治理的制度文件，细化党委会决策事项、把关事项和监督事项，明确党委在决策、执行、监督各环节的权责和工作方式，做到组织落实、干部到位、职责明确、监督严格，从组织上、制度上、机制上确保党委的领导地位；修订完善省管企业贯彻落实"三重一大"决策制度的指导意见，进一步明确"三重一大"事项权责划分等要求，实现党委的把关定向与董事会的战略决策、经理层的经营管理有机融合。坚持和完善"双向进入、交叉任职"领导体制，已建立董事会的省管企业二级公司，党组织书记、董事长一般由一人担任。

第二，推进党建与生产经营深度融合。坚持把提高企业效益、增强企业竞争力、实现国有资产保值增值作为国有企业党组织工作的出发点和落脚点，开展党建工作责任制考核，积极推动党建工作责任制和生产经营责任制有效联动，实行党建与经营业绩考核"双印证"，指标相互嵌入，结果相互印证。围绕国有企业防范化解重大风险、推进企业转型升级等重点任务，设立党员先锋岗、党员责任区，组建党员突击队，发挥好"一名党员一面旗帜、一个支部一个堡垒"作用，推动党建工作有效融入生产经营各岗位，进入管理各环节。严格落实"四同步、四对接"要求，2021年上半年开展落实情况专项检查。

第三，巩固党建工作要求进章程工作成果。不定期开展党建工作要求进章程专项检查，重点检查省管企业及二级公司章程中是否明确党组织的设置形式、地位作用、职责权限以及党务工作机构和人员配备、党建工作经费保障等核心内容。对落实不到位的限期整改，推进省管企业下属建立法人治理结构的子公司将党组织的职责权限、机构设置、运行机制、基础保障等重要事项全部写入章程。以公司章程为总纲,着力推进党的建设各项制度与企业生产经营管理和各项制度相互衔接、融会贯通,使党建工作制度嵌入企业管理制度体系中并发挥作用。

(4) 树立大抓基层、大抓支部导向,着力增强党组织的组织力、战斗力。

第一,不断扩大基层组织有效覆盖。抓好《中国共产党国有企业基层组织工作条例(试行)》《中国共产党支部工作条例(试行)》《中国共产党基层组织选举工作条例》的落实。进一步优化组织设置,理顺隶属关系,扩大基层党的组织覆盖和有效覆盖,在新建重组单位、混合所有制企业、上市公司等各个层面构建严密的组织网络。动态调整组织设置,把党的组织建到车间班组、经营网站、工程项目、服务窗口,确保基层党组织和党的活动全面有效覆盖。加强省管企业境外单位党的建设,因地制宜地设置党组织,创新组织生活模式。严格基层党组织换届,建立按期换届逐级提醒督促机制,对省管企业各级党组织按期换届情况进行督促检查,推动应换尽换。省管企业党组织任期届满提前半年请示报告,未经上级党组织批准,不得延期或提前换届。省管企业各级党组织要落实换届主体责任,每年年初建立换届工作全账,确保到届即换。

第二,深入开展党支部标准化建设。2021年上半年开展党支部建设排查工作,确保符合条件的基层党支部应建尽建。修订省管企业党支部标准化、规范化建设实施意见和考核评分细则,适时召开标准化党支部建设现场推进会,推动省管企业对标"六个标准化"要求开展党支部达标创建。2021年启动第二批100个标准化党支部示范点选树工作,不少于70%的省管企业党支部通过标准化、规范化验收;2022年实现省管企业党支部标准化建设全覆盖。探索基层党支部结对共建机制,推动达标创建相互促进、共同提升。

第三,严格规范做好党员发展管理工作。省管企业党委要科学制订党员发展计划，严格落实"双推双评三全程"制度，落实政治审查制度，注重从生产经营一线、产业工人、青年骨干和高知识群体中发展党员，尽快消除党员空白班组。把党员发展工作列入省管企业党组织书记党建述职评议考核重要内容，省政府国资委党委对计划不合理、落实偏差大的企业党委进行约谈。加强和改进青年党员、出国（境）党员、流动党员、离退休党员的管理服务，以摸排身份、同步管理为切入点，抓好劳务派遣制职工党员的管理服务，做好兼并重组和破产企业职工党员组织关系转接工作。建立健全党内关怀帮扶激励机制，从政治、思想、工作、生活上关心关爱党员。2021年在省管企业全面开展"亮党员身份守初心、亮思想底色担使命"活动，重温入党誓词，过好党员"政治生日"，组织"我的单位观"征文和演讲比赛，引导党员创先争优、攻坚克难，争当模范标兵。

第四，强化"双培养一输送"。实施党员先锋工程，党员业务骨干与非党员职工结对子传帮带，发挥党员"带思想、带安全、带技能、带作风"作用，感召非党员业务骨干向党组织靠拢，把业务骨干培养成党员。全面建立党员职业发展规划档案，帮助党员结合实际确定管理骨干、技能骨干、党务骨干、劳模骨干等发展方向，开展业务培训，把党员培养成业务骨干，把党支部书记岗位作为培养选拔企业领导人员的重要台阶，把党务工作岗位作为培养企业复合型人才的重要平台。各省管企业党委要制定具体办法，建立党员骨干信息库，围绕重点岗位、重点培养对象、重点输送对象，搭建党员发挥骨干作用的平台，形成"双培养一输送"机制，及时把党员骨干输送到重要岗位。

第五，持续推进"百千万"培训工程。持续开展年度百名企业党委书记和副书记、千名党务工作者和党支部书记、万名党员培训行动。省政府国资委党委每年对省管企业党委书记、副书记培训一遍，每年培训1000名优秀党务工作者和党支部书记，指导省管企业对全体党员三年轮训。省管企业党委制订党员年度培训计划，确保普通党员每年参加集中培训和集体学习不少于32学时，基层党组织书记和班子成员每年集体学习不少于56

学时，至少参加一次集中培训。省管企业党委加强新任基层党组织书记履职培训，组织新任党组织书记上好以"四个一"（参加一次党务知识培训、讲授一次专题党课、开展一次谈心谈话、进行一次党建专题调研）为主要内容的党建履职"必修第一课"，提高履职能力。

第六，全面推行基层党支部联系点制度。贯彻落实省委组织部《关于做好党委（党组）书记及班子成员党支部联系点工作的通知》要求，省管企业党委书记和班子成员要在本人党组织关系所在党支部之外，确定一个基层党支部作为联系点，每年到联系点调研指导工作不少于2次，讲党课不少于1工次，参加支部组织生活会不少于1次，协调解决突出问题。

第七，建立基层党组织书记动态调整机制。严格落实基层党组织书记任期制，不断优化党组织书记队伍结构。企业党委每年专题研究基层党组织书记队伍建设，每半年对队伍状况进行分析研判。坚持能上能下，研究制定基层党组织书记动态调整办法，及时调整不胜任的党组织书记，优先提拔使用优秀党组织书记。

第八，加强改进统战群建工作。做好企业党外知识分子、归国留学人员、民主党派人士、无党派人士工作，鼓励他们为企业发展建言献策，参与企业民主管理、民主监督和民主决策，在科教兴企、改革强企中发挥积极作用。坚持党建带群建，充分发挥工团等群众组织桥梁纽带作用，做好思想政治工作，维护职工群众合法权益，确保省管企业大局稳定。健全以职工代表大会为基本形式的民主管理制度，支持和保证职工代表大会依法行使职权，涉及职工切身利益的重大问题，必须经职工代表大会或职工大会审议通过。

第九，推进党建工作创新。积极创新工作方法路径，加快"互联网+党建"平台建设，力争2021年年底前建成河南国资国有企业党建信息化系统。各省管企业要结合自身实际加强党建信息化系统建设，推动基层党建工作信息化、智能化。持续加强党建典型和品牌的培育、选树、宣传和推广，对基础较好、有一定影响的党建工作精品进行重点培育，适时跟踪指导，不断丰富完善品牌内涵，注重突出品牌的个性化、差异化特点，创建一批党建品牌精品。利用三年时间，分批次、有重点地打造一批主题鲜明、各具特色的省管企业党建工作品牌，最终形成"一党委一品牌、一支部一特色"的党建工作新格局。探索"互联网+"教育管理模式，针对人员流动分散的特点，探索形成"把支部建在网上，把党员连在线上"新模式。

（5）持续提升能力水平，着力建设高素质专业化领导，加强省管企业领导人员队伍建设。

第一，坚持党管干部原则和发挥市场机制作用相结合，健全完善有别于党政领导干部、符合市场经济规律和企业家成长规律的国有企业领导人员管理机制，积极推进干部工作"五大体系"建设。坚持国有企业领导人员"20字"标准，严把政治素质关，统筹年龄、专业、经历等因素，把制度执行力和治理能力作为领导人员选拔任用的重要依据，配齐配强领导人员，充分发挥选人用人的"风向标"作用。严格落实《省管企业领导班子和领导人员考核评价办法（试行）》，加强考核评价结果运用，对考核结果为不称职等次或职工群众民主测评率低的按规定进行组织调整。研究制定加强省管企业经营管理人才队伍建设的措施，进一步加大专职党委副书记选配力度，规模较大、职工和党员人数较多的省管企业应配备专职党委副书记。完善总会计师委派制度，加强履职管理和定期交流。探索建立省管企业领导人员退出现职机制，明确退出具体情形及待遇保障机制。积极推进省管企业之间、省管企业与党政机关之间的干部双向交流任职。

第二，弘扬企业家精神。依法保护企业家合法权益，大力宣传优秀企业家先进事迹和突出贡献，营造尊重和激励企业家干事创业的良好氛围。落实"三个区分开来"要求，坚持公私分明、功过厘清，研究制定尽职合规免责事项清单，对程序合规的投资、混改、重组、资产交易等产生的正常损失，按商业原则公平判断是非，以较长周期客观评价功过。探索更为市场化的企业家教育培养、管理服务、正向激励方式。对敢于负责、勇于担当、善于作为、实绩突出的企业领导人员，给予更大力度的物质激励和精神激励。对企业家引领作用突出、董事会运作规范以及纳入国家国有企业改革专项工程的企业，优先支持推行股权激励、员工持股、超额利润分享等中长期激励方式。

第三，大力选拔培养优秀年轻领导人员。制定实施优秀年轻领导人员培养管理措施，建立理论武装、专业培训、岗位锻炼、选拔使用、管理监督的全链条培养机制，2022年省管企业领导班子成员平均年龄稳定在50周岁左右，45岁以下领导班子成员占20%左右。完善优秀年轻领导人员发现机制，定期开展评估和分析研判，探索建立高素质专业化年轻人才库，实行动态管理、优进拙出。落实优秀年轻领导人员常态化配备要求，对条件成熟的优秀年轻人才及时提拔使用。

第四，创新经营管理人员选任管理方式。深入推广郑煤机集团经理层全面市场化选聘、中层全员竞聘上岗、员工全部市场化流动"三个100%"经验，大力推行中长管理人员竞争上岗、末等调整和不胜任退出等制度，加快构建市场化的选人用人机制，2021年年底前省管企业推行率达到70%以上，2022年6月底前全面推行。省管企业经理层成员全面实行任期制和契约化管理，签订聘任协议和业绩合同，按照约定严格考核，实施聘任或解聘，兑现薪酬，2021年年底前在省管企业集团层面全面推行，省管企业子公司推行率不低于70%；2022年6月底前省管企业各级企业全面完成。按照市场化选聘、契约化管理、差异化薪酬、市场化退出的原则，继续扩大市场化选聘比例和职业经理人选聘试点，推动"双百企业""科改示范企业"加快建立职业经理人制度，优先支持具备条件的其他企业稳步推行，2021年各省管企业在二级公司开展试点。

第五，加强专业化培养锻炼。以强化忠诚意识、拓展世界眼光、提高战略思维、增强创新能力、锻造优秀品格为重点，实施能力素质提升行动，精准地开展专业化能力实训。每年安排200名左右的中层以上经营管理人员到郑州大学培训基地开展专业化能力培训，定期选派一批优秀经营管理人员赴沿海发达地区国有企业挂职锻炼，加强与大连高级经理学院等院所合作，开展"订单式"专业化培养。省管企业每年按照分层分类的原则对中层管理人员开展不少于一次集中专业培训。

第六，加大高层次人才引进力度。围绕"卡脖子"关键核心技术领域和企业转型发展急需紧缺岗位，大力引进领军人才、基础研究人才、青年科技人才。支持省管企业设立高层次人才引进专项资金，为引进国内外高层次人才提供创新创业平台和经费支持。开展高层次人才评选认定工作，对评定的高层次人才给予事业发展平台保障和物质奖励。积极深化人才发展体制机制改革，健全人才培养、引进、使用机制，2021年年底前建立党务、管理、技术、技能等多个序列并行的人才晋升机制和薪酬体系，畅通各类人才成长通道。

（6）加大探索创新力度，着力提高混合所有制企业党建工作质量。

第一，健全工作体系。将建立党的组织、开展党的工作作为混合所有制改革的基本前提，加强与非国有股东的沟通协调，争取理解和支持。分类推进党建工作要求进章程，国有资本控股、相对控股和具有实际控制力的企业，力争在2021年年底前完成。强化经费和阵地保障，引导党员发挥作用。具备条件的及时建立健全工会、共青团等群团组织。充分保障职工对国有企业混合所有制改革的知情权和参与权，做好涉及职工切身利益事项的评估工作，职工安置方案须经职工代表大会或职工大会审议通过。国有资本不控股和不具有实际控制力的混合所有制企业，比照非公有制企业开展党建工作，党组织在企业中发挥政治引领作用。

第二，加强分类指导。省政府国资委党委不定期对混合所有制企业党建工作开展专题调研，切实掌握现状，摸清底数，不断加强对省管混合所有制企业党建情况的敦促、检查、考核力度。立足企业实际，针对不同类型的混合所有制企业，分类统筹考虑党组织作用发挥、党组织班子配备、党务工作机构设立等问题。积极适应企业股权结构和利益主体多元化、价值取向差异化、经营方式市场化等特点，创新党建工作方式方法，根据企业管理方式、经营特点、员工结构等采取行之有效、灵活多样的方式开展活动。

第三，坚持对标提升。采取经验交流会、现场观摩、结对互助等形式，推广平煤神马集团首山化工公司"四带四促"党建工作法，培育一批混合所有制企业党建示范点，形成一批党建工作品牌。召开混合所有制企业党建经验交流会，指导混合所有制企业党组织研究制定党建工作对标提升措施。

（7）强化纪律作风建设，着力围绕权力运行加强监督。

第一，持续抓好政治生态建设。严肃党内政治生活，严格落实民主生活会、组织生活会制度，发扬自我革命精神，用足用好批评和自我批评这一锐利武器，及时检视整改问题，永葆先进性和纯洁性。坚持民主集中制，严格落实领导班子议事决策规则。严守党的政治纪律、政治规矩，坚持问题导向，完善政治巡察，不断扩大省管企业内部巡察覆盖范围。加强选人用人日常监督，严把人选政治关、廉洁关，严防"带病提拔"，坚决整治选人用人不正之风。

第二，完善纠治"四风"长效机制。严格落实中央八项规定精神及其实施细则精神，紧盯重要节点、重点领域和关键环节，完善监督机制，驰而不息纠治"四风"。完善党员干部联系职工群众制度及职工群众最急最忧最盼问题收集处理机制、专项整治侵害职工群众利益问题机制。贯彻落实中央和省委关于为基层减负的要求，全力整治形式主义、官僚主义，通过明察暗访、监督举报、重点督办，严肃查处典型问题。改进调研作风，聚焦破解重点难点问题，加强调查研究。

第三，一体推进不敢腐、不能腐、不想腐。深入推进党风廉政建设和反腐败工作，巩固发展反腐败斗争压倒性胜利。坚持"零"容忍严惩腐败，重点查处政治问题和经济问题交织的腐败案件，坚决查处工程建设、项目审批、国有企业改革等方面的腐败问题。严肃查处靠企吃企、设租寻租、关联交易、内外勾结侵吞国有资产等问题，一体推进不敢腐、不能腐、不想腐体制机制建设，营造省管企业风清气正氛围。建立健全以案促改开展情况评价机制，实现以案促改制度化、常态化。严格落实《河南省省属国有企业违规经营投资责任追究暂行办法》，建立监督问责联席会议制度，强化监督、管理、追责协同联动。强化出资人监督与纪检监察、巡视巡察、审计监督等其他监督融会贯通，健全违规经营投资责任追究工作体系，形成业务监督、综合监督、责任追究"三位一体"的监管。

第四，加强对关键岗位和重要人员的监督。加强对企业关键岗位、重要人员特别是主要负责人的监督，严肃查处省管企业领导人员和失职渎职、贪污挪用、私分滥发、利益输送造成国有资产重大损失等问题。强化对权力集中、资金密集、资源富集、资产聚集的重点部门和单位的监督，突出"三重一大"决策和重点经营环节的监督，强化对企业境外国有资产的监督。强化"一把手"约谈制度，对从严治党、从严治企问题突出的省管企业，约谈党组织书记。

（8）突出抓好责任落实，着力推动全面从严治党纵深发展。

第一，压实全面从严治党责任。完善和落实省管企业全面从严治党责任制度，推动党委主体责任、书记第一责任人责任和纪委（纪检监察组）监督责任贯通联动、一体落实。按照《党委（党组）落实全面从严治党主体责任规定》，对照省委履行全面从严治党主体责任清单，各省管企业党委要研究制定主体责任清单，每年年初制定落实全面从严治党主体责任的年度任务安排，每半年至少专题研究1次全面从严治党工作。

第二，健全党建工作责任落实机制。探索建立省管企业高质量党建考核评价体系，完善"述评考用"相结合的工作机制，形成明责履责、考责追责的责任闭环。修订省管企业党建工作责任制实施办法，建立健全落实党建工作责任制的检查考核与监督机制，省管企业党委每年向省政府国资委党委报告党建工作责任落实情况，省管企业党委班子成员每年向所在党委报告履行党建工作责任情况。

第三，严格党组织书记抓党建工作述职评议考核。完善省管企业党组织书记党建述职评议考核工作机制,每年年底或次年年初进行述职评议考核。依据述职评议和实地考核结果,并结合平时调研了解,对省管企业党委书记抓基层党建工作情况形成综合评价意见,并按"好、较好、一般、差"确定等次。对述职评议考核综合评价等次未达到"好"的,其年度考核不得评定为"优秀"等次;对综合评价等次为"一般"和"差"的,约谈提醒、限期整改,问题严重的依照有关规定严肃追责问责。

为了保障"根魂工程"顺利开展,河南能源出台了一系列保障措施。

(1) 加强组织领导。"根魂工程"是加强省管企业党的建设的"总抓手"。各省管企业党委要高度重视,切实履行实施"根魂工程"的主体责任,党委书记作为第一责任人,要负总责,亲自部署、靠前指挥,既挂帅又出征。省政府国资委党委成立省管企业党的建设"根魂工程"实施工作领导小组,由国资委党委主要负责同志担任组长,协调推进"根魂工程"各项工作。领导小组下设办公室,具体工作由党建工作处(党委组织部)承担。各企业党委成立组织领导机构,强化要素保障,组织专门力量,细化落实措施,设立专项经费,专人专班推进。

(2) 完善体制机制。在调整理顺省管企业党组织关系的基础上,按照省委安排部署,协助建立健全统一归口、责任明晰、有机衔接的党建工作领导体制。建立台账推进机制,坚持合账式管理、项目化推进,强化"工期"意识,明确时间表、路线图,挂图作战,以项目成果检验工程质量。建立由省政府国资委党委有关负责同志为召集人的联席会议机制,不定期召开会议,通报进展情况,协调解决问题,研究安排阶段性工作。建立观摩交流机制,定期举办观摩交流活动,通过不同形式相互取长补短。针对实施过程中的难点问题,建立课题攻关机制,设立专项经费立项研究,强化成果运用,推动问题解决。

(3) 建强党务队伍。充分发挥党务工作机构和工作人员在"根魂工程"中的"建设者"和"施工队"作用,强化主业主责,激励担当作为。按照有利于加强党的工作和精干、高效、协调的原则,合理设置党务工作机构，坚决防止以改革为名撤并党的工作机构、裁减党务工作人员、压缩党建经费开支。建立省管企业党务人才库，开展"党建+生产经营"综合培训。省管企业党委要选优配强党务工作力量，严格落实同职级、同待遇政策，推动党务工作人员与其他经营管理人员双向交流，把党务工作岗位打造成为积聚精锐力量、培养复合人才、输送领导人员的重要平台。对于政治素质过硬、工作实绩突出、职工群众中威信较高的党务工作人员，同等条件下优先提拔使用。

（4）严格考核督查。把"根魂工程"实施情况作为省管企业领导班子和领导人员考核的主要内容，考核结果与评先评优、选拔任用等挂钩。对责任不落实、任务未完成、效果不明显的，及时约谈提醒企业党委书记，问题严重的给予通报批评。建立督查制度，定期开展专项督查或抽查。

（5）注重示范带动。把品牌建设贯穿于"根魂工程"实施全过程，打造一批特色鲜明、内涵丰富、作用突出的河南国有企业党建知名品牌。组织开展省管企业优秀党建品牌评比和展示交流，及时总结推广经验，带动更多企业党组织对标提升。充分利用网络、报刊、电视等载体，广泛宣传"根魂工程"的实践成果，形成典型引路、比学赶超的浓厚氛围。

## 三、不断突出基层党支部的战斗堡垒作用

河南能源党委通过开展"六个标准"党支部标准化建设，按照"一年对标强基础、两年提升出成效、三年全面上台阶"的总体思路，努力实现党支部组织设置更加优化科学、领导班子更加坚强有力、组织生活更加严肃认真、党员队伍更加充满活力、基础保障更加充分有力、考核机制更加健全完善，全面发挥基层党支部战斗堡垒作用。

党支部标准化建设遵循五方面的原则：一是坚持以政治建设为统领。把党的政治建设作为党支部建设的基础工程和首要任务，认真贯彻落实《中共中央关于加强党的政治建设的意见》，推动党支部教育，引导广大党

员增强"四个意识",坚定"四个自信",做到"两个维护",旗帜鲜明讲政治,把党支部建设成为党员政治学习的阵地、思想交流的平台、党性锻炼的熔炉。二是坚持根本遵循与分类推进相结合。严格执行《中国共产党章程》,把全面从严治党落实到每个支部、每名党员,以《中国共产党支部工作条例(试行)》为遵循,根据集团公司基层党支部实际情况,按照先进党支部示范带动、一般党支部改进规范、软弱涣散党支部整顿提升的要求,分类、分层提出具体标准,使每个党支部行有标尺、干有方向、评有依据。三是坚持自我规范与上级指导相结合。鼓励集团公司各级党组织立足自身实际,依据标准查摆问题、对标达标,加强党支部标准化、规范化建设。牢固树立大抓基层的鲜明导向,落实好"书记抓、抓书记"的工作要求,压实各单位党委主体责任,把党支部建设作为最重要的基本建设,对党支部建设加强分类指导和督促检查。四是坚持目标导向与问题导向相结合。紧盯党支部标准化建设目标任务,针对党支部建设在功能定位、组织设置、工作运行等方面存在的问题,突出党支部教育党员、管理党员、监督党员及组织群众、宣传群众、凝聚群众、服务群众的职责,用标准化建设补齐短板、形成规范,不断提升集团公司党支部建设质量。五是坚持定规定标与监督问责相结合。坚持有标准就要执行标准、有规范就要执行规范、有部署就要抓好落实,对推进实施情况进行监督检查,对执行效果要做好考核验收;建立健全督促问责机制,传导压力、激发动力,确保各单位党支部标准化、规范化建设取得实效。

标准化党支部建设的具体举措如下。

1. 党支部组织设置

(1)党支部设置。凡是有正式党员3人以上的,都应当成立党支部;党支部党员人数一般不超过50人;有正式党员7人以上的党支部,应当设立党支部委员会。

(2)调整机制。正式党员不足3人的单位,应当按照地域相邻、行业相近、规模适当、便于管理的原则,成立联合党支部。联合党支部覆盖单位一般不超过5个。党员人数减少至3人以下，且短期内（一般不超过6个月）不能增加的党支部，应及时予以撤销；已撤销党支部的党员应就近就便编入其他党支部。

（3）党小组设置。党员人数较多或者党员工作地、居住地比较分散的党支部，按照便于组织开展活动原则，应当划分若干党小组，并设立党小组组长。党小组组长由党支部指定，也可以由所在党小组党员推荐产生。

（4）党支部隶属。隶属关系明晰，每个党支部都有明确的主管上级党组织，党支部的建立或撤销由上级党组织决定。

2. 党支部班子建设

（1）党支部班子。党支部委员会由3~5人组成，一般不超过7人，党支部委员会设书记和组织委员、宣传委员、纪检委员等，必要时可以设1名副书记。正式党员不足7人的党支部，设1名书记，必要时可以设1名副书记。

（2）班子任期。党支部委员会每届任期3年，凡任期届满的党支部应召开党员大会，按期进行改选。根据党组织隶属关系和干部管理权限，上级党组织对任期届满的党支部，一般提前6个月以发函或者电话通知等形式，提醒做好换届准备。对需要延期或者提前换届的，应当认真审核、从严把关，延长或者提前期限一般不超过1年。

（3）目标管理。建立党支部班子任期目标和年度工作目标管理制度，做到有计划、有措施，有检查、有落实，有总结、有提高。

（4）民主集中制。严格执行民主集中制，议事决策程序规范，凡属党支部委员会职责范围的重大问题，必须经党支部委员会集体讨论决定。充分发挥党内民主，尊重党员主体地位，严肃党的纪律，提高解决自身问题的能力，增强党的生机活力。

（5）责任落实。党支部书记切实履行全面从严治党"第一责任人"职责，党支部委员会成员履行"一岗双责"。

3. 党内组织生活

（1）三会一课。结合自身实际，采取灵活多样的形式落实"三会一课"制度，党支部党员大会每季度召开 1 次，党支部委员会会议每月召开 1 次，党小组会每月召开 1 次，每季度上 1 次党课。党支部书记每年至少带头上 1 次党课。

（2）组织生活会。党支部每年至少召开 1 次组织生活会，一般安排在第四季度，也可以根据工作需要随时召开。组织生活会一般以党支部党员大会、党支部委员会会议或者党小组会形式召开。组织生活会应当确定主题，会前认真学习，谈心谈话，听取意见；会上查摆问题，开展批评和自我批评，明确整改方向；会后制定整改措施，逐一整改落实。

（3）民主评议党员。党支部一般每年开展 1 次民主评议党员，组织党员对照合格党员标准、入党誓词，联系个人实际进行党性分析。党支部召开党员大会，按照个人自评、党员互评、民主测评的程序，组织党员进行评议。党员人数较多的党支部，个人自评和党员互评可以在党小组范围内进行。党支部委员会会议或者党员大会根据评议情况和党员日常表现情况，提出评定意见。民主评议党员可以结合组织生活会一并进行。

（4）党内谈心谈话。党支部应当经常开展谈心谈话。党支部委员之间、党支部委员和党员之间、党员和党员之间，每年谈心谈话一般不少于 1 次。谈心谈话应当坦诚相见、交流思想、交换意见、帮助提高。

（5）主题党日。党支部每月相对固定 1 天开展主题党日，组织党员集中学习，过组织生活，进行民主议事和志愿服务，等等。主题党日开展前，党支部应当认真研究确定主题和内容；开展后，应当抓好议定事项的组织落实。

（6）党员"政治生日"。鼓励基层建立党员"政治生日"制度，以党员确立为预备党员之日为其"政治生日"，在党员"政治生日"之际，开展重温入党誓词、赠送生日贺卡、谈心谈话等活动，强化党员身份意识和责任意识，引导党员坚定理想信念。

#### 4. 党员教育管理

（1）发展党员。发展党员程序规范、结构优化、质量过硬，落实"双推双评三全程"要求，把好"入口关"，重视将生产经营骨干培养成党员，将党员培养成生产经营骨干，重视从生产经营一线、产业工人、青年骨干和高知识群体中发展党员。

（2）党员教育。制订年度党员学习教育培训工作计划，突出政治教育。党员每年集中学习培训一般不少于 32 学时，党支部书记和班子成员每年集中学习培训时间不少于 56 学时，至少参加 1 次集中培训。注重运用互联网手段开展党员教育。

（3）党费收缴。党支部及时核定党员交纳党费具体数额，党员自觉按时足额交纳党费。严格执行党费管理相关规定，做好党费收缴、使用和管理工作，并定期公示。

（4）党员信息管理。全国党员管理信息系统维护更新及时，组织关系转移和接收程序规范，党员组织隶属清晰，每名党员都纳入党的一个组织管理。

（5）党内激励关怀。定期开展党内激励关怀帮扶，从思想、工作、生活上关心党员，帮助解决党员实际问题。动态建立老党员、生活困难党员台账，经常开展关怀帮扶活动。

（6）党员监督考核。强化党员监督，把纪律挺在前面，对违反党规党纪的党员及时给予批评教育直至纪律处分。做好党员考核，按期开展党员党性分析和民主评议，依规稳妥处置不合格党员。

#### 5. 基础保障建设

（1）场所保障。按照有场所、有设施、有标志、有党旗、有书报、有制度的"六有"标准，建设公共或专属党支部活动室。突出政治功能，在活动室内突出醒目位置悬挂党旗，根据实际情况，将入党誓词、党员权利和义务、党支部组织机构和职责等上墙。

（2）经费保障。建立党支部工作经费管理制度，明确支出范围和使用办法,按年度编制党支部工作经费计划,确保党支部工作有条件、办事有经费。党支部建立经费使用台账,做到全程有记录,并以适当方式公开经费开支情况。

(3) 党建入章程。具有独立法人资格单位建立党支部的,要把党建工作要求写入公司章程,将党的领导融入公司治理各环节,企业党组织内嵌到公司治理结构之中,明确和落实党组织在公司法人治理结构中的法定地位。

6. 考核评价机制

(1) 考评体系。建立简便易行、务实管用的党支部考核评价体系,明确主体、量化指标、夯实责任,把日常考核与年终考核相结合、综合评价与述职评议相结合,推进党支部考核评价机制标准化。

(2) 考评方式。综合运用查阅台账、座谈交流、实地查看、年终述职等方式,全面考核党支部建设情况,做到多方面情况相互补充、相互印证,确保考评结果真实有效。

(3) 结果运用。考评结果与党支部评先评优相结合,作为党员干部选拔使用、奖惩问责的重要依据,并与党支部班子成员工资薪酬挂钩。

## 第二节  制度保障,建设现代化企业

### 一、制度保障

河南能源在制度保障上,采取以下措施。

(1) 持续完善现代企业制度。健全完善权责法定、权责透明、协调运转、有效制衡的公司治理机制,提高企业治理效能。强化各级党委把方向、管大局、促落实作用,落实党委前置研究讨论重大经营管理事项程

序；加强各级企业董事会建设，落实董事会职权，发挥外部董事作用，进一步提升董事会定战略、做决策、防风险水平；推进董事会向经理层授权管理，确保经理层谋经营、抓落实、强管理。进一步完善"一级管资本、二级管资产、三级管运营"的三级管控架构，明晰权责边界，激发基层活力、动力。

（2）建立健全职业经理人制度。河南能源从深化企业治理结构改革入手，按照省政府国资委党委"对经理层成员今后要全面实行任期制、契约化管理"的要求，加快建立市场化导向的选人用人机制，以所属二级单位负责人为突破口，全面启动经理层任期制和契约化管理，加快建立职业经理人制度。职业经理人制度是人事制度改革的重要举措，打破了国有企业干部"终身制"的传统思维。职业经理人制度破解了国有企业经营非人格化的矛盾。河南能源所属二级单位新提任的经理层成员实行任期制，逐步推行二级单位经理层成员与职业经理人身份转换，实行契约化管理。经理层成员由各单位党委会研究后推荐给董事会，董事会按照程序进行聘任，聘期为3年。任期届满，绩效评价结果为"称职"以上等次的可以按照程序续聘，"不称职"等次的予以解聘并降级使用。与过去集团公司管理人员相比，选聘的职业经理人最大的不同就是身份市场化、管理契约化、薪酬差异化。截至目前，各级子公司经理层实行任期制契约化管理971人，完成比例为87.2%。

（3）建立规范经营管理者和职业经理人制度。按照"市场化选聘、契约化管理、差异化薪酬、市场化退出"的原则，规范现有经营管理者和职业经理人管理。

聚焦制约和阻碍集团发展的体制机制问题，进一步解放思想，加强制度创新，坚持授权与监管相结合、放活与管好相统一，释放改革活力，破解发展"瓶颈"，集聚发展新动能。

## 二、夯实中国特色现代企业制度建设基础

全面梳理集团制度建设中的短板弱项，推动集团制度建设系统化、规范化、制度化。依法落实出资人有限责任，强化企业独立法人地位。以企业章程为基础，健全集团内部制度体系，增强章程刚性，强化制度执行。

## 三、防范化解企业重大风险

加强各类风险防控，聚焦企业债务风险、担保风险、境外投资运营风险、资金运作风险、固定资产投资风险、股权投资风险、法律风险、安全环保风险、社会稳定风险等，完善合规内控体系，强化实时监测预警，及时排查处置风险隐患，确保不发生重大风险事件。

# 第三节　社会责任，体现企业担当

企业的社会责任是多方面的，集中体现在对社区的责任、对生态环境的责任和对员工的责任三个方面。

## 一、社区责任

在社区责任方面，虽然河南能源近年来发展面临困境，但是公司始终关心地方发展，关注国内其他困难地区。自2019年以来，企业向新疆、贵州以及河南本地捐款捐物3288万余元。在疫情时期，公司积极投身抗疫工作，彰显了大国有企业的担当。

## 二、生态环境责任

在生态环境责任方面,公司以"绿水青山就是金山银山"为导向,建立健全绿色低碳循环发展产业体系,推动矸石山生态恢复,推进采煤沉陷区治理,让昔日的"脏乱差"矿区变成了优美的生态区。

## 三、税收贡献

河南能源为当地的税收做出了重要贡献。2018—2021年,公司分别纳税100.50亿元、95.22亿元、64.37亿元、98.30亿元。在经历了2020年的低谷之后,2021年的纳税额基本恢复到2018年水平。自成立以来(2009—2021年),河南能源累计缴税1200.2亿元。截至2020年年底,河南能源共为当地提供就业岗位16.2万人。

## 四、员工关怀

在员工关怀方面,公司的发展与员工的幸福感和获得感密不可分。河南能源坚持以职工为第一牵挂,持续做好职工的应急帮扶、节日送温暖、金秋助学等工作。

2019年来河南能源社会责任担当情况,如表6-1所示。

表6-1　2019年来河南能源社会责任担当情况

| 时间 | 内容 |
| --- | --- |
| 2019年 | 向新疆等地捐款捐物285.2万元 |

第六章　以软实力为支撑保障，构建全面管理创新体系

续表

| 时间 | 内容 |
| --- | --- |
| 2020 年 | 致力绿色发展，建立健全绿色低碳循环发展产业体系，投入 20 多亿元狠抓环保治理和技术改造，全部实现锅炉超低排放、矿井水达标排放。投入 2 亿多元开展青海木里矿区植草复绿，推动矸石山实现生态恢复，创造了"义海模式"。推进采煤沉陷区治理，并取得了明显成效。投资 6 亿多元建设了永城日月湖生态公园，实现资源开发和生态保护的有机统一 |
| | 向河南、新疆、贵州等地捐款捐物共计 651.2 万元 |
| 2021 年 | 坚决落实以人民为中心的发展思想，以帮助困难职工解困脱困为重点，持续做好职工的应急帮扶、节日送温暖、金秋助学等工作。2019—2021 年累计发放春节、中秋福利 1.5 亿元，筹措助学资金 1000 万元，资助困难职工子女上学近 5000 人，为困难职工发放生活救助金、求助物资共计 300 多万元 |
| | 认真落实中央、省委脱贫攻坚工作要求，累计直接投入资金 500 余万元，引入帮扶资金 4400 余万元，发展、引进产业项目 26 个，累计帮扶脱贫 460 户，9 个贫困村基本实现整村脱贫，提前完成定点扶贫任务 |
| | 高标准履行国有企业责任担当，全力做好郑州 "7·20" 防汛救灾和灾后重建工作，圆满完成阜外华中医院等 5 地 10 处的救援工作，捐款捐物共计 1670 余万元 |
| | 积极服务抗疫大局，组织 1100 余名医务人员为 37 万余名群众进行核酸检测，向郑州、许昌、安阳等地捐赠消毒液 28.9 万千克 |
| | 勇担电煤保供责任，全年向省内长协电厂发运电煤 1025 万吨，向社会让利 10.2 亿元，有力地保障了经济运行和社会民生 |
| | 向所属企业所在地捐款捐物共计 212 万元 |
| 2022 年 3 月 | 支援疫情防控，向安阳市捐款 470 万元 |

# 第四节 传承文化，赓续红色基因

企业不仅仅是一台制造利润的机器，而是一个生命有机体。这个有机体创造的不仅仅是财富，还创造企业文化。可以说，企业文化是企业健康发展的灵魂。在河南能源，就有这样携带着红色基因的"灵魂"在支撑着企业渡过难关，以坚韧、拼搏和温暖无声地浸润着每一个河南能源人。红色资源承载着红色基因，红色基因是共产党人永葆本色的生命密码，红色资源及蕴含其中的红色基因是中国共产党和中国人民极其宝贵的精神财富，是国有企业独特的精神禀赋。党的十八大以来，习近平总书记在地方考察调研时多次到访革命纪念地，瞻仰革命历史纪念场所，反复强调要用好红色资源，传承好红色基因，把红色江山世世代代传下去。用好红色资源、传承好红色基因，已经成为新形势下国有企业发挥独特政治优势、推动转型发展的重要精神动力。河南能源的红色文化基因集中体现在"特别能战斗"精神、"八一采煤队"精神和"感恩文化"精神三个方面，以及文化建设与业务开展互相渗透的领域。

## 一、拼搏奋发，"特别能战斗"精神

在全面开启建设社会主义现代化国家的新征程中，河南能源进一步传承和创新煤矿传统革命精神，将"特别能战斗"精神作为支撑企业实现高质量发展奋斗目标的重要动力来源和宝贵精神财富，赋予新的时代内涵，展现出新的时代价值。具体做法有以下六个方面，如图6-1所示。

第六章 以软实力为支撑保障，构建全面管理创新体系

图 6-1 "特别能战斗"精神的落地实践

## （一）在党史学习教育中深化"特别能战斗"精神

在党史学习教育中深化"特别能战斗"精神，基本做法如下。

一是出版系列书籍，提供丰富的学史资料。二是举办文化专题巡回讲座，使"特别能战斗"历史深入人心。三是通过举办爱国诗篇诵读会，制作"我和我的祖国"歌曲微视频，等等，培养爱国爱企情怀。四是举办"跟祖国共进"图片展，展现"特别能战斗"新时代精神风貌。五是开展"七个一"系列活动献礼建党100周年。

## （二）在企业文化建设中宣扬"特别能战斗"精神

持续丰富、完善和宣传新时代"特别能战斗"精神，创新发展文化载体，把煤炭文化融入煤炭生产和矿区生活中。一是建立红色文化宣传阵地。以煤矿职工广泛参与的丰富多彩的文化产品为主要载体，在公司各单位工业广场、主干道两侧设立红色宣传展板及标识，全方位、多渠道宣传习近平新时代中国特色社会主义思想、社会主义核心价值观和新时期"特别能战斗"精神,大力推动红色文化展示工作。二是建立党史陈列馆、荣誉室等,展现辉煌历史。三是建立红色文化产业园。持续开发建设"王封·西大井1919"文旅景区。

### (三) 在谋求转型发展中用好"特别能战斗"精神

"特别能战斗"精神的辉煌历史成就体现出服从大局、百折不挠、永不言败、敢闯敢试的优秀品质,体现出永远听党话、跟党走的正确决策。具体做法:一是开展党支部标准化建设。建设基层堡垒,为河南能源"二次创业"新胜利提供坚强保障。二是突出"红色引领",培养红色队伍。三是开展红色活动。组织开展"有困难找组织,有困难找书记""一个党员一面旗""我为群众办实事"等活动。四是积极谋求低碳转型,诠释"绿色担当"。

### (四) 在推动改革重生中践行"特别能战斗"精神

在河南能源改革重生的关键时期,发扬"特别能战斗"精神尤为必要,也十分重要。一要全面贯彻新发展理念,贯彻习近平"绿水青山就是金山银山"的思想。二要全身心地投入深化改革、转型升级、安全生产等各项工作中,贯彻"安全是第一责任、职工是第一牵挂、发展是第一要务、创新是第一动力"理念,提高站位、立足当下、谋划长远,在河南能源改革重生的大局中,体现特别的责任担当,做出特别的价值贡献。

### (五) 在典型带动中挖掘"特别能战斗"精神新时代楷模

选取重要历史节点,结合企业转型发展实际,积极挖掘新时期"特别能战斗"精神的代表人物及先进集体,开展"特别能担当"先进典型评选等,使这些先进人物成为新时期传承"特别能战斗"精神的生动典范,发挥引领带动作用。建设先进人物事迹展览馆、创新工作室、劳模宣传墙等先进模范学习阵地，让广大干部员工学有标杆、做有示范、干有榜样、赶有目标。

### （六）加大力度做好"特别能战斗"精神外宣工作

河南能源大力宣传"特别能战斗"精神，弘扬"特别能战斗"精神的历史内涵和时代价值，让"特别能战斗"精神成为引领新时代煤炭工业继续前行的精神旗帜。一是要讲好"特别能战斗"精神的历史故事、时代意义。二是要做好"特别能战斗"精神的推广普及工作。三是要做好"特别能战斗"精神的创意宣传活动，开发系列文创产品。

## 二、坚韧不拔，"八一采煤队"精神

河南能源下属义马煤业集团股份有限公司（以下简称义煤公司）千秋煤矿"八一采煤队"建队65年来，高举旗帜、响应号召，用拼搏和汗水铸就了"英勇善战、艰苦奋斗、顾全大局、乐于奉献"的"千秋八一采煤队"精神，为中国煤炭工业改革发展树立了标杆和榜样，做出了突出的贡献。

敢战、能战、善战是这支队伍的特征。有老矿工回忆说，建矿之初，千秋煤矿有三苦：住得苦、吃得苦、干得苦。住的是在乱石林立、沟壑纵横的原野上搭建的窝棚，吃的是粗粮和豆饼馍，生产工具只有锤子和洋镐。艰辛的条件吓不倒英勇善战的"八一"人，他们以大无畏的奉献精神，斗天斗地，苦中作乐。他们是能吃苦、能受累的一个特殊群体，是百里煤城"最可爱"的人。

千秋煤矿"八一采煤队"坚持党的领导，传承红色基因，践行"困难面前有我们，我们面前无困难"的豪迈誓言，用心血和汗水熔铸了"英勇善战、艰苦奋斗、顾全大局、乐于奉献"的"千秋八一采煤队"精神。2022年3月18日，千秋煤矿"八一采煤队"成功当选"出彩河南人"2021感动中原十大年度人物（集体）。这一新的荣誉不仅是义煤公司和千秋煤矿"八一采煤队"的骄傲，也是河南能源的骄傲，更是全国煤炭行业的骄傲。

## 三、润物无声，"感恩文化"精神

感恩是中华民族的传统美德，是社会主义核心价值体系的重要组成部分。感恩文化以提高职工思想境界为目标，以培育共同理想信念为核心，以树立良好道德规范为根本，教育引导广大职工对人学会感恩，对事学会尽心，对物学会珍惜，对岗学会尽责，这既是提升企业精神层面和文化底蕴的有效载体，也是推动企业持续、稳定、健康发展的战略任务。特别是在集团公司改革重生的关键时期，迫切需要用感恩文化统一思想、凝心聚力、共克时艰。因此，加强感恩文化建设，对培育爱国、敬业、诚信、友善的核心价值观，提升职工道德素质，构建职工精神家园，凝聚企业发展合力，推动企业行稳致远具有重要的现实意义。

集团公司大力开展以"感恩党听党话跟党走、领导感恩职工办实事、职工感恩企业做贡献、企业感恩社会担责任、人与人相互感恩促和谐、人与自然共生同谋发展"为主要内容的感恩文化建设（见图6-2），为集团公司践行"职工是第一牵挂"理念提供了强大的精神动力。

| 感恩党听党话跟党走<br>感恩是一种情感认同 | 领导感恩职工办实事<br>感恩是一种为政准则 | 职工感恩企业做贡献<br>感恩是一种工作态度 |
|---|---|---|
| 企业感恩社会担责任<br>感恩是一种责任担当 | 人与人相互感恩促和谐<br>感恩是一种处世哲学 | 人与自然共生同谋发展<br>感恩是一种生存智慧 |

图6-2 河南能源感恩文化内涵

## 第六章 以软实力为支撑保障，构建全面管理创新体系

河南能源学习借鉴中国平煤神马能源化工集团有限责任公司（以下简称平煤神马集团）的经验，结合集团公司实际和党史学习教育的要求，多次广泛征求意见，研究制定了《河南能源化工集团关于感恩文化建设的指导意见》，该意见提炼了公司感恩文化的精髓。

### （一）感恩党听党话跟党走——感恩是一种情感认同

2021年是中国共产党成立100周年。100年来，中国共产党为国家、为人民、为民族、为世界做出了彪炳史册的伟大贡献，彻底改变了近代以来中国积贫积弱、受人欺凌的悲惨命运，中华民族实现了从站起来到富起来、强起来的伟大飞跃，走上了实现伟大复兴的壮阔道路。党领导人民建设国家、发展经济，促进人的全面发展和社会全面进步，使发展成果更多、更公平地惠及全体人民，人民群众的获得感、幸福感、安全感不断增强，朝着共同富裕的目标不断迈进。要时刻牢记没有共产党就没有新中国，就没有我们今天的幸福生活，深刻认识党的领导是中国特色社会主义的最本质特征和最大制度优势，坚持党的领导是实现国家富强、人民幸福的根本保障和必由之路，进一步增强"四个意识"，坚定"四个自信"，做到"两个维护"。要坚持爱党、爱国、爱社会主义相统一，始终高扬爱国主义旗帜，着力培养爱国之情、砥砺强国之志、实践报国之行，使爱党爱国成为全体职工的坚定信念、精神力量和自觉行动。

### （二）领导感恩职工办实事——感恩是一种为政准则

职工是企业的主体，是推动企业发展、创造财富价值的决定力量。各级领导干部要坚持以人民为中心的发展思想，认真践行"职工是第一牵挂"理念，始终把职工利益放在心中最高位置，深入实施感恩惠民工程。集团公司及各单位每年要围绕民生热点确定一批感恩项目，重点在职工增收、住房医疗、畅通职工职业生涯通道、解决职工实际问题、提升职工幸

福指数上做文章，在力所能及的范围内多做聚人心的好事、暖人心的实事，实现企业发展与职工共享的良性互动。要以开展党史学习教育为契机，结合"我为职工办实事"实践活动，进一步转变干部作风，深入了解职工反映强烈的生产生活突出问题，既立足眼前解决职工群众急难愁盼的具体问题，又着眼长远完善民生问题的体制机制，不断提升职工群众的获得感、幸福感、安全感。

### （三）职工感恩企业做贡献——感恩是一种工作态度

企业是职工赖以生存的家园，是职工实现自我价值的平台，广大职工在为企业创造财富的同时，企业也为职工提供了生活保障和个人成长成才的空间。广大职工一定要忠诚企业，将个人前途命运与企业发展紧密结合起来，时刻牢记"幸福生活都是奋斗出来的"，珍惜岗位，热爱工作，爱岗敬业，尽职尽责，为企业改革重生、高质量发展贡献智慧和力量。要认真践行"安全是第一责任"理念，坚守安全红线，遵守规章制度，杜绝"三违"现象，在确保安全上做贡献；要理解改革、支持改革、参与改革，凝聚改革共识，在推动企业改革发展上做贡献；要勇于钻研、敢于创新、苦练技能，在提高企业核心竞争力上做贡献。各单位要结合实际，积极为广大职工建言献策、创新创效提供平台、创造条件，最大限度地把职工的热情调动起来，把职工的智慧激发出来，形成万众一心、攻坚克难的强大合力。

### （四）企业感恩社会担责任——感恩是一种责任担当

社会是企业生存发展的外部环境。在集团公司及所属各单位的发展历程中，党和政府及社会各界对企业改革发展给予了大力支持，为其提供了良好的外部环境。特别是集团公司改革重生以来，省委、省政府出台"一揽子"救助方案，有关兄弟单位无私援助，金融机构展期降息，社会各界高度关注，为实现改革重生奠定了坚实基础。作为一个负责任、有担当的国有企业，我们必须要有对国家和社会的感恩意识、担当意识、奉献意识。要始终坚持"发展是第一要务"，完整、准确、全面贯彻新发展理念，调结构、促转型、稳增长、保质量，履行好国有资产保值增值责任，保障股东和债权人权益；要高度重视安全生产和生态环保工作，始终坚持生命至上、安全第一，大力发展低碳、绿色、环保经济，助力社会和谐稳定；要积极稳妥推进改革，扎实开展对标世界一流管理提升行动，努力实现效率效益最大化，依法诚信纳税，为国家和地方财政做贡献；要加强与客户和合作方关系管理，不断深化合作，实现互利共赢。在党和国家需要的时候挺身而出，勇于承担社会责任；积极致力于扶危济困、爱心救助、困难帮扶等社会慈善事业，参加社会公益活动。

### （五）人与人相互感恩促和谐——感恩是一种处世哲学

建立和谐、谦让、融洽的人际关系，是感恩文化建设的重要内涵，是促进社会和谐稳定的重要基础。要把人与人之间相互理解、相互体谅、相互感恩作为立身之本和立德之基，对别人的工作积极支持，对别人的帮助心存感激，使团结、互助、友爱蔚然成风。要强化感恩教育，积极培植感恩思想，常怀感恩之心，常行感恩之举：感恩父母、友爱亲人、呵护子女，实现家庭和谐；感恩邻里，礼让互帮、互谅互让、团结友善，实现邻里和美；感恩同事，相互尊重、相互理解、相互关心、相互帮助，实现人际和谐。以深入开展感恩父母、感恩同事、感恩朋友、感恩身边人活动，引导职工常怀感恩之心，常思敬畏之情，常做感恩之事，常表感谢之意。实施企业和谐、职工和睦行动，倡导理解谦让、团结向上的职业美德，营造人人知恩感恩的生动局面。

### （六）人与自然共生同谋发展——感恩是一种生存智慧

大自然是人类万物之源，感恩大自然、回报大自然是每个人最基本的品德。要常怀对大自然的敬畏之心，尊重自然、顺应自然、保护自然，实现人与自然和谐共生。作为国有特大型能源化工企业，要深入贯彻习近平生态文明思想，认真践行"绿水青山就是金山银山"理念，坚持走生态优先、绿色低碳、安全智能的高质量发展道路，努力实现经济发展、结构调整与环境保护相协调相适应，全力打造布局集中、产业集群、要素集聚、资源集约的现代一流产业体系。要以建设"美丽企业"为目标，积极引导职工增强节约意识、环保意识、生态意识。广大职工要从身边做起、从点滴做起，用感恩自然的心态不断提高生态文明水平，使我们的家园天更蓝、地更绿、水更清，生态更美好。

## 四、全面渗透，业务与文化深度融合

### （一）加强安全文化建设

安全是企业生存发展的根本保障。认真践行人民至上、生命至上的理念，保持安全发展的战略定力，把"安全是第一责任、职工是第一牵挂"理念落实到防范化解重大风险的各个领域。持续加强安全教育培训，强化安全意识、风险意识，培育企业大安全观。树牢"三不四可"安全理念，强化"底线思维"和"红线意识"，紧盯安全"双零"目标，严格落实安全生产主体责任，强化安全生产风险隐患双重预防体系建设，杜绝各类生产安全事故的发生。着力推进构建"授权有度、监管有力、体系有效"的资金管控新模式，有效防范化解债务风险。全方位构建安全风险防范长效机制，全面提高安全管理水平和质量，筑牢企业安全防线，打造本质安全型企业。

感恩文化建设是一项具有战略意义的综合性系统工作，要落实一把手亲自抓，分管领导具体抓，部门各负其责、分工协作、齐抓共建的工作运行机制，构建党委实施、行政支持、工会推进、部门落实、职工参与的工作格局。集团公司工会牵头组织开展感恩文化建设工作，制定感恩文化工作方案和推进措施，组织相关单位建立落实协作共建工作机制，加强监督考核，确保感恩文化深入人心，在集团公司落地生根，并取得良好效果。具体保障措施如下。

（1）提高认识，增强实施感恩文化的行动自觉性。

集团公司各级领导干部要充分认识加强感恩文化建设的重要性和必要性，自觉做感恩文化建设的倡导者、组织者、示范者，通过加强感恩文化建设，积极营造和谐的人际、人企、人物、人事关系。各单位、各部门要落实工作职责，统筹安排、科学规划，保证感恩文化建设必要的资金支持和物质保障，确保感恩文化建设工作正常、有序运转。广大职工要积极参与感恩文化建设活动，以懂感恩为光荣，以知感恩为时尚，在日常工作生活中，心存善念，施恩不言、感恩于心、报恩于行，工作上互帮互助，生活上互敬互谅，相互包容、彼此信任，为感恩文化注入新元素、新内涵。通过感恩文化建设，更好地开发职工的价值、道德、信念、情感等精神力量，为高质量发展提供最具活力的人力资源。

（2）加强引导，切实营造感恩文化的浓厚氛围。

各单位要充分运用各种宣传教育阵地，加强宣传引导，广泛宣传感恩文化。在办公场所显著位置张贴感恩文化标语、口号等，积极引导广大职工牢固树立感恩意识，使感恩成为广大职工的价值导向、思维方式和行为习惯。结合企业实际，因地制宜地开展感恩文化活动，挖掘感恩文化资源，使感恩文化建设贴近时代潮流，符合实践需求。加强对基层单位感恩文化建设的指导，及时总结经验，选树典型，注重交流研讨，不断补充和完善感恩文化体系，提高广大干部职工的认可度、接受度和参与度，努力营造"知恩、感恩、报恩、施恩"的浓厚氛围和社会风尚。

（3）建立机制，大力开展感恩典型选树活动。

建立感恩文化建设考核评价标准，把"领导感恩职工办实事"的多少作为检验领导感恩职工的标准；把职工为企业创造的价值、做出的贡献作为检验职工感恩企业的标准；把人与人之间的团结协作、和谐相处程度作为检验知恩图报促和谐的标准。围绕感恩文化建设，开展感恩标兵、团结标兵评比活动，培育选树一批叫得响、立得住、有影响的感恩典型，建设一批惠及职工看得见、摸得着的感恩惠民工程，形成独具特色的感恩文化品牌。把感恩文化纳入企业文化建设和精神文明建设中，与其他工作同时研究部署、同时组织实施、同时监督考核，确保感恩文化建设各项工作落到实处。

## （二）加强创新文化建设

坚持创新驱动战略，树牢"创新是第一动力"理念，积极推进机制体制创新、管理创新、科技创新。深化混合所有制改革，引进优秀民营资本，实现优势互补、共赢发展。建立健全创新机制制度，鼓励和保护员工的创新积极性，引导激发员工的创新活力。加大科技创新力度，持续加大科技研发投入，加大产学研用结合力度，持续推进"一院四中心"建设，打造科技创新的人才高地、技术高地、政策高地。拥抱数字时代，培育"互联网+"思维，加大人工智能、大数据、云计算、云平台等创新成果的运用，提升企业创新能力，不断产出创新成果。

## （三）加强生态文化建设

加强生态文明建设、推动绿色发展，是实现高质量发展的题中之义。贯彻落实习近平生态文明思想，培育绿色发展理念，构建绿色文化，加强绿色技术创新，推行清洁生产，推动能源清洁低碳安全高效利用，打造绿色矿山、绿色工厂，建设资源节约型、环境友好型企业，实现建立在生态文明基础上的经济发展。加强企业廉洁文化建设，倡导清明、清廉、清正之风，营造公开、公平、公正氛围，构建廉洁自律长效机制，建设企业良好政治生态文化。

# 第七章 河南能源改革脱困成果总结与高质量发展展望

# 第一节　河南能源改革脱困成果总结

国务院国资委全面深化改革领导小组办公室在全国国有企业改革三年行动简报（2022年第56期）中推介河南能源改革重生经验，对河南能源取得的成效予以肯定。这也表明河南能源改革重生取得了阶段性成果。

2021年以来，河南能源认真贯彻落实省委、省政府决策部署，牢牢把握政策机遇，全面实施重塑性改革，打出改革重生"组合拳"，实现绝地奋起、逆势突围，闯出了一条依靠改革实现脱困、化险、重生的新路。2022年前三个季度，河南能源上缴税费121.29亿元，创下历史同期最高水平；实现利润总额45.12亿元，同比增加21.76亿元，经济效益创10年来最好水平。在此过程中，河南能源最关键的三个核心举措是"脱困""化险""重生"，这也是河南能源循序渐进、涅槃重生的关键。

## 一、脱困：紧抓三个重塑，精准定位"一盘棋"

2020年下半年，受周期性、体制性、行为性因素叠加影响，河南能源核心子公司永城煤电控股集团有限公司发生债券违约事件，冲击河南金融环境乃至全国资本市场。河南能源自身发展也陷入困境，面临破产危局。

这一年恰逢国有企业改革三年行动的起始之年，当时的河南能源全面开花，产业布局涉及能源、化工、有色金属、装备制造、房地产等多个领域，项目分散在全国各地，其中河南全省18个地市就涉及17个。

此时刚上任的领导班子决定，要聚焦主业，锚定核心业务，收紧产链条。为此，河南能源围绕建设全省能源保供主平台的新定位，聚焦煤炭、化工两大主业，全面剥离非主营业务和低效无效资产。

针对两大主业，煤炭产业"稳住河南、发展西部"。省内重点推动新旧产能置换，加强智能化改造；省外加快抢滩布局，开拓新疆、内蒙古等区域资源。化工产业"东引西进"，沿着一条由基础化工原料向化工新材料领域延伸的主线，做优做强生物可降解塑料、特种聚酯、聚氨酯弹性体和高端电子化学品四大新材料，与鹤壁、濮阳、三门峡等地共同招商，面向东部沿海地区引进高端化工企业，推动延链补链强链；同时，省内重点发展濮阳、义马、永城、鹤壁四大园区，将不具有成本优势的乙二醇、甲醇等装置"西进"新疆等地，依托当地资源，合作建设煤制气、煤制烯烃等下游转化项目。

重塑是产业结构"瘦身健体"的过程，也是优化集团治理模式以及选用机制的过程。在治理模式上，河南能源全面实施总部机构改革，将总部职能部室及其他机构由28个精简到17个；通过关停长期扭亏无望的企业等手段，将法人户数从500多户压减到364户；厘清党委会、董事会、经理层等各治理主体权责边界，印发董事会向经理层授权清单，制定"煤炭十条""化工十六条"授权放权举措，全面下放资金、销售、人事等六大类权限；引入美瑞新材料股份有限公司、安徽瑞柏新材料有限公司等知名企业"以混促转"，236户存量混改企业提质，混改比例达64.8%。

在选人用人机制方面，河南能源探索完善"三推一考"办法与市场化选人用人相结合的干部选拔任用机制，推进各级经理层任期制和契约化管理1009名；咬定每年精减冗员1万人目标，优化人力资源结构和劳动组织，人均工效提升9.9%；2021年以来，实施企业间"共享用工"3.16万人次，直接创收1.59亿元。

## 二、化险：扛起企业责任，实施化债"组合拳"

面对债务危机，河南能源将债务风险化解作为落实"六稳六保"的必然要求和底线工程，坚决防止债务风险扩散、失控。河南能源拥有 2700 多亿元资产和近 2000 亿元存量有息债务，如此体量企业的化险处置鲜有成功经验可供借鉴。河南能源领导集体坚持规范运作，把市场化、法治化作为处置难题的基本原则。河南能源扛起债务化解责任实施的是一套"组合拳"。

一是突出信用修复，降低违约影响。省领导带队走访金融监管部门和金融机构，为河南能源取得理解和支持。获得 70 亿元河南省企信保基金，专项用于刚性兑付。获得河南省农信联社三年内不低于 150 亿元授信支持，已有 27.13 亿元成功落地。

二是突出有诺必践，有序偿还债务。成功召开新一届债权人委员会，充分争取债券投资人理解，以支付 50%、展期 50% 方式达成展期方案，完成债券展期及兑付 56 笔，偿还本息 341 亿元。完成 75 家债权机构 1096 亿元利率调整及债务延期，占可调整存量债务总额的 99%。

三是突出深挖内潜，做好增收节支。分类分批处置"两非两资"，转让鹤壁等地宾馆、技校，剥离企业办社会职能，累计处置项目 75 个，回笼资金 248.15 亿元。强力压减"两金"占用，2021 年 4 月—2022 年 9 月，长期应收款下降 12.86 亿元，存货减少 40.91 亿元，纳入河南省国资委考核的 36 家亏损企业全部实现扭亏。争取到增值税留抵退税等政策红利 16.9 亿元。

"永煤事件"是河南能源资产负债结构不合理的一个缩影。河南能源在黄金时期以大规模发债方式融资扩建项目，短贷长用现象突出，债务风险不断积聚，一旦爆发，难以承受不利的外部环境影响。

目前河南能源债务风险化解工作已取得显著成效，并以国有企业改革三年行动为契机，推进风险化解和风险防控双结合、双同步，不断完善债务风险管控体系，逐步建立防控债务风险长效机制。

## 三、重生：安全高效绿色，创新发展"天地宽"

国有企业改革三年行动临近收官，但是能源国有企业改革之路任重道远。能源企业必须要走安全高效、绿色发展之路。

聚焦两大主业，河南能源煤炭产业智能化水平显著提升，建成一级智能化示范煤矿8对，智能化采掘工作面90个，工作面平均单产提高8.9%；化工产业实现高位嫁接，依托四大园区与16家中央企业、知名民营企业合作，确定30个参股合作项目，引入总投资546亿元，打造全国最大的生物降解材料基地、功能新材料基地。

截至目前，河南能源已全部完成国家层面国有企业改革三年行动方案中规定必须完成的40项重点改革任务，以及公司国有企业改革三年行动方案中的164项具体任务。通过实施改革行动，河南能源"三个成效"，即在形成更加成熟、定型的中国特色现代企业制度和母子公司监管体制上取得明显成效，在产业布局优化和结构调整上取得明显成效，在提高国有企业活力和效率上取得明显成效，更加显著；"五种能力"，即国有经济竞争力、创新力、控制力、影响力和抗风险能力，更加坚实。

河南能源的生产经营、诚信建设也得到信用评价机构的高度认可。中国企业联合会、中国企业家协会发布的2022年第二批企业信用评价结果显示，河南能源获评AAA级信用企业，这是近三年来企业在信用评价方面取得的突破，对下一步化解掣肘发展最突出的融资困境具有积极意义。

回顾河南能源依托改革脱困、化险、重生的实践经历可见，改革必须要下真功夫，无论是国有企业还是民营企业发展，都必须遵循市场经济和企业发展规律。

面对未来加快发展方式、绿色转型的重任，河南能源要推进高质量发展，让发展成果惠及每个职工，扎实推进共同富裕；要坚持科技是第一生产力、创新是第一动力，聚焦煤炭和化工两大主业，坚决打赢关键核心技术攻坚战，开辟煤炭发展新领域、新赛道，不断塑造能源发展新动能、新优势，推动传统能源向新能源转型、基础化工产品向生物可降解材料和高端功能性新材料转型。

## 四、重点任务

### （一）推动国有资本投资公司改革试点，促进企业管理转型

**1. 推进集团管控模式改革**

根据国有资本投资公司改革试点方案，加快推进专业化平台公司建设。明晰集团总部、专业化公司、区域公司权责边界，构建"一级管资本、二级管资产、三级管运营"的三级管控架构。

**2. 推进总部机关改革**

按照国有资本投资公司总部职能定位，优化组织机构，重塑管理职能，科学设置岗位，合理配置人员，开展制度梳理，实施流程再造。开展总部机关去行政化改革，取消部长、处长、科长等带有行政管理色彩职务，实行部门经理制，打破"一岗定终身""能上不能下"行政管理机制，实施岗位管理。

**3. 推进授权放权管理**

按照提升治理效能的目标，在总结集团公司授权放权试点经验的基础上，规范集团公司授权放权行为管理，建立健全分级授权放权体系，实现科学、有序、有效地授权放权。指导二级企业开展授权放权，层层"松绑"，逐级下放，给予基层单位充分的经营自主权，进一步激发企业管理内生动力。

**4. 推进企业转型升级**

分类谋划现有煤炭资产，对优质煤炭资产加快实施绿色、智能、技

"三大改造",打造安全高效矿井;对一般煤炭资产挖掘潜力,提升管理,实现提质增效。优化整合化工资产,围绕"园区+产业链"发展思路,差异化发展精细化工和新材料,研发培育优势产品,实现产业升级、提质增效。积极培育新兴产业,着力发展现代物贸、金融服务、新能源、环保、康养等产业,打造经济增长新动能。

## (二)深化经营机制改革,促进企业转换动力

### 1. 持续推进人事制度改革

完善选人用人机制,深入开展竞聘上岗、末位淘汰、任期制与契约化管理。按照"市场化选聘、契约化管理、差异化薪酬、市场化退出"原则,在改革试点企业和亏损企业开展市场化选聘经理层,并逐步向二、三级企业全面推开。

### 2. 持续推进用工制度改革

根据企业发展战略和生产经营需要,打破身份界限,依法采用劳动合同制、专业顾问制、弹性用工等多种用工形式,实行更加灵活的用工制度,优化从业人员结构。对无政策依据、不符合规定的不在岗职工,要根据企业实际情况,按照有关法律规定清理规范。

### 3. 持续推进薪酬制度改革

完善薪酬分配办法,建立健全与选任方式相匹配的差异化薪酬分配制度。改革工资总额决定机制,落实效益决定工资、业绩决定收入的市场化薪酬分配机制。完善技术、管理等要素按贡献参与分配的办法,建立超额利润分享和项目跟投等激励方式。探索建立以股权激励和分红激励为主的长效化激励机制,进一步激发核心技术和管理人员的积极性、创造性,增强企业活力。

### 4. 推进"双百行动"综合改革

三门峡戴卡轮毂要按照国务院国资委"双百行动"综合改革的目标要

求，在推进混合所有制改革、健全法人治理结构、完善市场化经营机制、健全激励约束机制等重点领域和关键环节取得实质性突破，成为河南省"双百行动"综合改革的示范。商丘国龙新材料有限公司（以下简称国龙新材料）要借鉴三门峡戴卡轮毂"双百行动"综合改革的经验和做法，结合集团公司授权放权清单内容，抓紧研究制定综合改革配套方案并加快实施，打造集团公司内部综合改革样板。供应链公司要规范运行，形成可复制的改革经验。

### （三）深化管理体制改革，激发企业发展活力

1. 持续推进物贸板块改革

理顺物贸板块管理体制，盘活仓储、铁路等物流资源，发挥专业化管理优势；创新经营机制，规范业务流程，促进物贸板块高质量发展。

2. 持续推动"两权"统一

坚持先易后难、分类推进，持续理顺内部企业产权关系，推动所有权与管理权相统一，解决"两权"分离管理障碍。

3. 持续完善法人治理结构

按照中国特色现代企业制度要求，建立健全集团公司法人治理结构，加强对全资子公司、控股子公司和参股公司的董事、监事、高级管理人员的管理，推进专职董事、专职监事制度落实。

4. 持续完善国有资产监督管理

健全完善集团公司纪检监察、内部审计等监督管理体系，发挥内设监事会作用，创新监管方式，优化监管流程，充分运用信息技术，持续优化和用好国资监管在线平台，实现监管信息全覆盖和在线监管，实时掌握企业各类资产资本运行情况，切实维护国有资产安全。

5. 持续推进科技体制创新

进一步完善科技创新体系，搭建各类创新创造平台，加快提升科技创

新能力，建设一批特色鲜明、实力雄厚、成果突出的一流研发中心。集中攻克一批新技术，研发一批新产品，解决一批制约集团公司安全生产的"卡脖子"难题，培育一批促进集团公司转型发展的高新技术产业。进一步优化科技项目审批、立项、结项程序，加快形成科技成果。建立健全科技成果转化机制，培育、放大新的经济增长点。

## （四）深化结构改革，推动高质量发展

### 1. 持续推进混合所有制改革

按照"宜混尽混""以混促改"的原则，多渠道引入非公资本，积极推进二级及其以下公司开展混合所有制改革，把引资本与改机制有机结合起来，构建灵活高效的经营管理体制机制。

### 2. 持续推进资产重组整合

按照集团公司发展战略和产业定位，加快推进集团公司内部资产专业化重组。对不符合集团公司发展战略以及低效无效、无产业协同效应、无市场竞争力的存量资产，建立退出清单，通过市场化转让、改制等多种途径予以剥离或有序退出。

### 3. 提升资本运作水平

全面对接境内外资本市场，加快推动煤炭主业上市，促进优势资源向现有上市平台集中；加快培育千业水泥、国龙新材料等一批后备上市企业。加强上市公司市值管理，适时调整国有资本股份比例，优化上市公司股东结构，努力实现国有资本财富最大化。

### 4. 持续防范化解债务风险

建立畅通银企合作机制，争取金融机构支持。加强债务管控，强化风险预警，建立应急处置机制，实施动态管理。积极争取国家融资支持政策，确保市场化债转股、各项债券发行等有效落地。建立集团公司内部融资激励约束机制，创新融资渠道和方式，确保融资目标实现，债务结构优

化。持续加大应收款项清收力度，缓解资金压力。

**5. 持续推进"瘦身健体"**

持续压减法人单位户数，力争利用三年时间将集团公司运营企业法人户数压减至 200 户以内。

**6. 持续推动煤炭"去产能"**

利用好国家"去产能"政策，持续推动低效、无效煤炭产能退出。

**7. 持续做好"僵尸企业"处置后续工作**

加快推动平台收购类"僵尸企业"的处置方案制定和具体措施落实。

**8. 持续加强参股企业管理**

根据集团发展战略和产业定位，按照"宜参则参、宜退则退"和"价值最大、风险可控"原则，持续加强参股企业管理，提高资本投资回报。

## （五）坚持党对国有企业的全面领导，把稳改革发展方向

持续推动党的建设高质量。全面加强政治建设，实施党建"根魂工程"，旗帜鲜明讲政治，坚决做到"两个维护"，确保国有企业改革始终沿着正确方向推进。建立"第一议题"制度，第一时间学习习近平总书记最新重要讲话精神，坚决抓好贯彻落实。修订完善河南能源党建工作"一二三四五六"总体方略，推动企业党建创品牌、上水平。贯彻新时代党的组织路线，严格落实国有企业领导人员"20字"要求，完善企业领导人员培育、选拔、管理、使用等环环相扣又统筹推进的全链条机制，打造一支高素质的专业化企业领导人员队伍。加强党务人员队伍建设，确保党的建设工作高质量开展。持续开展基层党支部标准化、规范化创建活动，提升基层党建工作质量。进一步筑牢意识形态根基，落实意识形态工作责任制。建立容错纠错机制，营造鼓励创新、宽容失败的文化氛围。深入推进党风廉政建设和反腐败斗争，深化以案促改，构建风清气正的政治生态。贯彻落实省委第七巡视组反馈意见，严细整改举措，确保整改实效，以党的建

设高质量加快推动企业发展高质量。

## （六）构建完善规范的对标体系

河南能源的对标体系建设坚持以习近平新时代中国特色社会主义思想为指导，以对标国际国内一流为出发点和切入点，以加强管理体系和管理能力建设为主线，以打造"创新引领、绿色循环、低碳高效、国际一流"的企业集团为愿景，围绕产业发展，坚持突出重点、统筹推进、因企施策，对照国际国内一流企业、行业先进企业找差距、补短板、强弱项，全面重塑集团总部管党建、管战略、管规划、管资本、管监管的职能定位，有效落实"煤炭十条"和"化工十六条"改革举措，坚决打赢深化改革、对标提升和风险化解"三大攻坚战"，努力解决"大而不强""大而不优"等突出问题，全面增强集团公司竞争力、创新力、控制力、影响力和抗风险能力。

具体10项对标工作任务、10种管理提升能力如下。

1. 加强战略管理，提升战略引领能力

（1）对标对象。

国家能源集团、中国宝武钢铁集团有限公司（以下简称中国宝武集团）、中国中煤能源集团有限公司（以下简称中煤集团）。

（2）提升目标。

①形成分工明确、权责清晰、体系完善、运转高效的战略规划管理体系和战略规划指导下的年度生产经营计划。战略规划对企业规模化的生产经营活动的引领和刚性约束作用逐步显现。

②强化投资管理。健全完善战略规划、年度计划、投资决策、项目实施、考核评价等紧密衔接的管理体系，有效盘活或处置10个停缓建项目和"半拉子"工程。

③强化主业管理。加快剥离非主业、非优势业务，清理处置低效无效资产。第一、第二批 76 个资产处置项目取得明显成效。

④强化国际化经营。澳大利亚 DM 煤矿产能稳定在 150 万吨以上。优先与哈萨克斯坦、吉尔吉斯斯坦和蒙古国开展能源、化工等产业的项目和贸易合作。

（3）提升措施。

①建立"集团总部负责制定企业总体战略规划、二级单位负责编制执行本级及所属企业的战略规划、三级单位负责执行年度生产经营计划"的管控体系，制定各层级的权责清单，强化常态化督促指导，确保战略规划管理高效管用，取得实效。

编制河南能源中长期发展战略、五年总体规划、五年产业规划、年度生产经营计划等，并根据市场形势变化适时滚动调整。围绕健全战略规划管理体系制定相关保障性措施，出台企业内部规范性文件。

按照河南能源战略研究院设置方案，逐步健全机构设置和人员编制，有选择地外聘相关领域专家，围绕企业发展战略规划确定研究重点，为企业高质量发展提供智力支持，发表论文数量和为企业内部决策提供支撑的研究报告数量大幅增加。

②落实投资主体责任，完善资金管控。按照项目建设管理制度要求，遵照"谁投资、谁决策、谁担责"的原则，确保投资责任主体各项权责落实到位。成立专班，明确责任人和节点计划，积极有序推进，加快盘活停缓建项目和"半拉子"工程。

③提高资产处置效率。在前期制定 76 个资产处置项目清单、创新决策机制、加大激励约束的基础上，进一步授权放权，简化资产处置决策流程。依靠政府和行业特殊政策，加快闲置资产变现，尽快回笼资金。

④加强澳大利亚项目管理，强化风险控制。加快国际化合作项目推进。抢抓"一带一路"政策机遇，在与中国机械工业集团有限公司（以下简称国机集团）和蒙古晋华集团有限公司（以下简称蒙古晋华集团）沟通

合作的基础上，加快推进化工装置转移和露天煤矿开发等项目合作，争取扩大集团公司海外营业收入。

2. 加强组织管理，提升科学管控能力

（1）对标对象。

山东能源集团有限公司（以下简称山东能源集团）、陕西投资集团有限公司（以下简称陕西投资集团）、陕西煤业化工集团有限责任公司（以下简称陕西煤业化工集团）。

（2）提升目标。

①明确总部职能定位。科学设置组织架构，探索推行"扁平化""大部门制""项目制"管理，总部部室不超过13个，总部人员不突破编制要求。

②分类开展授权放权。根据实施情况动态调整集团总部13个部室（专业系统）下发的权责清单及负面清单，以及"煤炭十条"和"化工十六条"改革举措，进一步梳理细化，确保落实。逐步形成系统完备的授权放权体系。

③完善组织运行机制。进一步精简法人单位、压缩管理链条、优化工作流程，管理层级压缩到三级以内，确保组织高效运转、快速响应。

④转变行政化管理方式。依据股权关系，通过法人治理结构，依法履职行权。选齐、配强所属企业的董事、监事及经理层人员，对煤炭、化工主要企业健全外部董事制度。

（3）提升措施。

①将集团总部作为资源配置和资本运作中心，以战略管控和财务管控为主，主要履行战略规划、制度建设、资源配置、资本运营、财务监督、风险管控、绩效评价、党的建设等职能。按照"小总部、大产业"的定位和"重心下沉、激发活力、重组整合、重塑职能"的原则，明确集团总部权责边界。强化总部编制的刚性约束。

②持续推进分类授权放权。结合企业改革脱困需要，对授权放权的范

围和程度进一步细化、优化。

③进一步压减管理层级、明晰权责边界,逐步形成"集团总部管资本、二级公司管资产、三级单位管运营"的三级管理架构,提升运行效率。

④转变管理方式。依法健全完善有效制衡、运行高效的法人治理结构,通过法人治理结构履职行权。

3. 加强运营管理,提升精益运营能力

(1) 对标对象。

能源板块对标山东能源集团,化工板块对标巴斯夫股份有限公司(以下简称巴斯夫)、山东华鲁恒升化工股份有限公司(以下简称华鲁恒升),物贸板块对标厦门象屿集团有限公司(以下简称厦门象屿)、河南瑞贸通供应链有限公司(以下简称瑞贸通)。

(2) 提升目标。

①优化矿井采区、采面。生产能力120万吨/年及以下矿井实现"一井一面"或"一采一备",生产能力120万吨/年~300万吨/年矿井实现"一井两面"或"两采一备",生产能力300万吨/年以上矿井不超过3个采煤工作面同时生产。

②持续提高矿井采掘效率。集团公司原煤生产全员工效不低于700吨/(人·年)。岩巷综掘平均单进提升5%。

③强化化工装置成本管控意识。树立全员参与、协同高效、持续改善的降本增效理念,将精益管理运用到化工产品生产、供应链管理、营销服务等全流程、全链条,以最小资源投入,创造更多、更大价值。

④持续提升装备和设备管理水平。采煤机械化率达到100%、煤巷装载机械化率达到100%、岩巷掘进机械化率达到66%。强化设备检修,矿井采掘机电设备管理达到9051标准。

⑤持续降低采购成本。着力优化供应链管理,提升采购的集约化、规范化、信息化、协同化水平,丰富集约化采购品类,降低采购成本。

⑥完善营销管理和用户服务体系，科学制定营销策略，创新服务模式，不断提升服务质量和品牌形象，提高客户忠诚度和满意度。

（3）提升措施。

①持续推进"三优三减三提升"。分类分步进行生产布局优化、生产系统改造、自动化升级，推进机械化换人、自动化减人、智能化少人。

②持续推进"四化"建设。持续规范矿井采掘设备装备标准，做到技术先进、装备合理、安全可靠，逐步实现采掘设备重型化、规范化，全面推广大功率硬岩掘进机，试点推进 TBM、智能掘进机。提高现有设备的使用效能。

③确保化工装置长周期运行。推行全面预算管理，建立考核激励机制，做到月计划月考核，牢固树立成本意识，加强工艺和设备管理，优化装置运行工况，确保装置长周期运行，实现各项生产消耗指标稳步下降。

④提高装备水平，加强现场设备管理。按照煤炭装备机械化、重型化的思路，持续提升采掘装备的系统能力。强化设备检修和运输效率管理。推进中马村矿高压动态无功补偿装置，以及赵固一矿、丰阳矿主要通风机变频器改造等节能项目建设。规划推进红岭煤矿、四矿、六矿、九矿、黔金矿新增瓦斯发电机组等合同能源管理项目，促进节能创效。

⑤丰富集约化采购品类，提升信息化、协同化水平。在河南能源内部打造一个可全网寻源、灵活可靠、透明高效的电子商城，有效拓展寻源途径，加强供应商管理，实时监管采购订单执行，完善采购体系，降低采购成本。

⑥完善服务体系。完善线上交易平台电子签约功能；优化资金支付、在线结算、线上交收服务；完善销售 ERP 系统与交易平台对接。

4. 加强财务管理，提升价值创造能力

（1）对标对象。

国家能源集团、中国宝武集团、山东能源集团。

(2) 提升目标。

①完善全面预算管理和财务信息化建设，实现财务信息贯通和管控落地。

②持续优化资本结构。

③强化"两金"管控。

④健全资本管理体系，深入推进混合所有制改革，混改比例提升至65%以上。

⑤推进煤炭资产重组，优质资产装入河南大有能源股份有限公司。

(3) 提升措施。

①以全面预算管理为抓手，深化全员、全过程、全要素的企业精益管理，建立利润、资金、投资相互平衡的预算管理体系，推动企业战略目标实现；加快建设一体化智慧财务管理系统，包括建立财务管理标准体系、构建财务一体化应用平台、开发覆盖财务管理核心领域的系统功能等内容。

②持续优化资本结构。提升运营质量及效益。提高资产和资本回报率，为集团公司发展提供持续的内源性资本。建立资产负债自我约束及强制约束机制。

③强化"两金"管控。"降存量、控增量"，建立健全以信用管理、闭环管理为基础的应收款管理体系，形成应收款管理长效机制。加快存货周转，最大限度地减少资金占用。

④优化管控模式。按照"宜独则独、宜控则控、宜参则参"的原则深入推进混改，以优化公司股权结构和治理结构为目标，建立健全资本运营管理体系。加大对二级公司资本管理的授放权力度，明确资本运作的权利界限和内容；加强对资本运营管理行为的规范，以市值管理绩效指标体系为核心，制定运营质量、收益、效率的监管和评价标准；加深对各子公司产业战略、职能定位、资源需求的调查、梳理、研究、论证，从职能平台企业、核心发展企业、新兴培育企业、有序退出企业、加快清理企业等内

容逐户明确未来发展方向；加快企业间以及与金融机构、券商、咨询公司等外部机构的合作交流，引导企业精准定位自身价值、有效引入外部资源；通过入股新建、并购重组、债务重组、股权置换、员工持股、资产证券化、国有资本有序退出等多种方式开展资本运作，有效利用多层次资本市场。

⑤围绕《国务院关于进一步提高上市公司质量的意见》（国发〔2020〕14号）要求，针对上市公司经营和治理不规范、发展质量不高等问题，全面梳理上市公司存在的问题，完善工作台账，建立上市公司高质量发展工作机制，推动规范公司治理和内部控股，提升信息披露质量，分阶段装入煤炭资产，逐步提升煤炭资产证券化率，积极稳妥推进资产重组和再融资工作。

5. 加强科技管理，提升自主创新能力

（1）对标对象。

国家能源集团、山东能源集团、陕西煤业化工集团。

（2）提升目标。

①科学谋划"十四五"科技创新发展规划，严格按照每年下达的科技研发项目计划，确保研发经费的投入。

②完善技术创新体系，建设1个化工研发配套实验室。

③加强产学研用合作，开展10个产学研合作项目，逐步推进创新联合体建设，组建共性技术研发平台和技术创新战略联盟。

④完善科技创新体制机制，建立科技成果市场运作激励制度，激发科研人员创新积极性。

（3）提升措施。

①围绕落实国家、河南省科技创新发展战略、提升集团公司核心竞争力的要求，科学谋划编制集团公司"十四五"科技创新发展规划，强化新兴技术和战略必争领域前瞻性布局；下达年度科技研发项目计划，加大研发投入，提升知识产权工作水平，打造长板优势。

②完善技术创新体系，形成应用基础研究、技术创新、成果转化及高新技术产业化相配套的梯次研发体系，加强高水平研发平台建设，加快突破一批关键核心技术。

③深入开展产学研合作，提高协同创新水平，开展开放式创新，打造高水平"双创"平台，积极参与组建共性技术研发平台和技术创新战略联盟。

④完善科技创新体制机制，强化创新考核引导，促进科研成果转化，营造良好创新生态。

**6. 加强风险管理，提升合规经营能力**

（1）对标对象。

国家能源集团、山东能源集团、平煤神马集团。

（2）提升目标。

①强化风险防控意识，抓好各类风险的监测预警、识别评价和研判处置，坚决守住不发生重大风险的底线。

②加强内控体系建设，充分发挥内部审计规范运营和管控风险等作用，构建全面、全员、全过程、全体系的风险防控机制。

③推进法律管理与经营管理深度融合，突出抓好规章制度、经济合同、重大决策的法律审核把关，切实加强案件管理，着力打造法治国有企业。

④健全合规管理制度，加强对重点领域、重点环节和重点人员的管理，推进合规管理全面覆盖、有效运行。

⑤加强责任追究体系建设，加快形成职责明确、流程清晰、规范有序的工作机制，加大违规经营投资责任追究力度，充分发挥警示惩戒作用。

（3）提升措施。

①强化风险防控意识，与金融机构积极沟通，协商债券、银行、租赁展期，通过置换到期借款等多种方式提升营运能力，有效防控涉诉风险发生。

②配强、配齐审计人员队伍，加强内部审计人员业务培训，提升审计人员业务素养和风险识别及应对能力，搭建完整的内审管理组织体系。

③推进法律管理与经营管理深度融合，搭建从治理层、管理层到执行层完整的合规管理组织体系。加强法务人员业务培训，市场化选聘高水平专业人员，提升法务人员专业素养和履职能力。加快推进法务信息系统建设，用信息化手段提升企业法务风险管理水平。

④强化诉讼案件管理。2021年7月制定发布有关诉讼案件的论证制度；定期梳理案件性质、标的金额等数据，强化有关领域的风险防控，避免群体诉讼。

⑤建立违规经营投资责任追究办法，形成分级分层、有效衔接、上下贯通的责任追究工作体系，实现责任追究工作标准一致、有章可循、规范有序。依规依纪严肃问责，形成高压震慑。加大典型案例总结和通报力度，加强警示教育。

7. 加强人力资源管理，提升科学选人用人能力

（1）对标对象。

山东能源集团、山西焦煤集团有限责任公司（以下简称山西焦煤集团）、淮南矿业（集团）有限责任公司（以下简称淮南矿业集团）、华阳新材料科技集团有限公司。

（2）提升目标。

①依托战略研究院，增加1~2名专门研究人力资源战略规划的人员。坚持人力资源管理与企业战略、业务发展同步谋划，围绕人力资源的获取、配置、利用、保留和开发等核心环节持续探索创新，提高人力资源对企业战略目标的支撑作用。

②二级单位经理层任期制和契约化管理全覆盖。

③健全薪酬分配激励机制，稳步推进实施中长期激励，鼓励支持知识、技术、管理等生产要素有效参与分配，充分激发核心关键人才的活力动力，提高企业经营活力。

④持续实施"工匠培育"工程，建立健全职业技能等级认定管理体系。

（3）提升措施。

①加大人力资源规划投入，强化战略意识。注重内部培养集团公司、二级单位人力资源规划业务人员，以人力资源"十四五"规划编制为契机，强化人力资源规划引领地位，初步形成集团公司人力资源规划管理体系。

②进一步完善经理层任期制和契约化管理制度体系，逐步扩大集团公司所属单位经理层任期制和契约化管理的比例，最终达到全覆盖。

③探索超额利润分享机制。在依法依规前提下，原则上实施利润效益增量激励；因企施策，选择适合各自特点的激励工具和方式，稳妥推进；激励与考核并重，激励水平与岗位职责、承担风险和业绩贡献等相匹配，企业业绩考核与激励对象业绩考核双重挂钩。

④加大高技能人才培养力度，畅通"W"型人才成长通道；充分发挥"大工匠"、高技能人才传帮带、技术革新、技能大师工作室创建等示范带动作用，培养一批"游弋"式的高精尖创新型技能人才；建立健全职业技能等级认定管理体系，完善培训手段。

**8. 加强信息化管理，提升系统集成能力**

（1）对标对象。

中国石油化工集团有限公司（以下简称中国石化集团）、山东能源集团。

（2）提升目标。

①强化顶层设计和统筹规划，科学编制集团公司"十四五"信息化发展规划，充分发挥信息化驱动引领作用。

②促进业务与信息化的深度融合，初步形成以物资管理系统为驱动的业财一体化 ERP 系统。

③打通信息"孤岛"，统一基础数据标准，实现企业内部业务数据互

联互通，促进以数字化为支撑的管理变革。

④加强网络安全管理体系建设，落实安全责任，完善技术手段，加强应急响应保障，确保不发生重大网络安全事件。

(3) 提升措施。

①与国内外知名信息化规划咨询公司合作，2021年2月编制完成"十四五"信息化专项规划，按照"先建核心、标准先行、急用优先、统筹考虑"的原则，通过逐步落地实施，实现数字化、智能化升级转型目标。2022年7月对规划实施情况进行评估，同时对规划内容进行修编调整。

②促进业务与信息化的深度融合，2021—2022年开展以物资管理系统为驱动的业财一体化ERP试点单位建设。以煤炭板块为试点，实现纵向贯穿三级管控，横向打通采购、库存、设备资产、财务核算端到端的业务协同，促进业务与信息化的深度融合。试点单位建设完成后，根据实际情况进行推广建设。

③建设并部署数据治理平台，构建适合全集团通用的主数据分类体系。2021—2022年重点实施财务和采购领域的主数据治理工作。

④成立信息化、专业化运维团队，按照市场化原则开展专业化运维工作。

9. 加强安全环保管理，提升发展保障能力

(1) 对标对象。

山东能源集团、淮南矿业（集团）有限责任公司、淮北矿业（集团）有限责任公司。

(2) 提升目标。

①强化企业安全生产主体责任落实。建立"人人有责、层层负责、各负其责"的全员安全生产责任体系，做到一级抓一级，层层有落实，实现安全生产"零死亡"目标。

②健全安全治理体系，完善安全长效机制。严格按照"五有"标准，建立完善规范、管用、智能、可持续、全覆盖的双重预防体系，全面推进

双重预防体系提质提效。继续深化安全生产标准化管理体系建设,确保所有生产煤矿必须达到三级以上标准化等级,力争大型煤矿达到一级、中型煤矿达到二级、非煤单位达到年度规划等级。

③着力防范重大风险,确保安全大局稳固。坚持查大系统、控大风险、治大灾害、除大隐患、防大事故原则,抓好煤矿、化工等重大风险防范工作,坚决杜绝重大事故发生。

④严格管控各类污染源,坚决守住环保红线。认真开展污染源治理,确保污染物稳定达标排放,杜绝一般及以上突发环境事件,实现环保"零事件"。

⑤加快推动绿色低碳发展,积极开展绿色技术创新,推进清洁生产和绿色化改造,降低碳排放强度。

(3) 提升措施。

①强化企业安全生产主体责任落实。按照"党政同责、一岗双责、齐抓共管、失职追责"要求,建立健全覆盖企业各层级、各部门、各岗位的安全生产责任制,形成人人有责、各负其责、权责清晰的安全生产"零"目标责任体系。制定安全"零"目标责任考核办法和标准,对照安全生产"零"目标责任清单,开展安全目标考核,并将考核结果纳入相关人员绩效管理。通过压实安全"零"目标责任,确保安全"零"目标实现。

②强化安全基础管理。坚持双重预防体系建设常态化发展,加强基础管理、基础建设和基本功训练,抓实示范创建过程管理和效果追溯,从单元基础、具体环节和一线岗位抓起,切实做到重创建、重过程、重常态、重行为养成,真正做到真建、真用、管用、好用。认真做好安全生产标准化管理体系的贯标、对标和达标等工作,制定年度创建目标,建立激励约束机制,定期组织现场检查、动态抽查,严格考核兑现。

③突出管控重点,狠抓灾害治理。围绕安全生产专项整治三年行动,扎实开展煤矿瓦斯、水害、火灾、冲击地压、薄基岩开采等重点领域灾害存在问题自查自纠自改工作,切实强化各类风险辨识、评估、措施管控和

隐患排查治理工作，坚决防范生产安全事故发生。督促各化工单位扎实开展"零泄漏工厂"创建活动，持续开展安全生产标准化建设，突出强化"两重点、一重大"关键环节安全隐患排查治理，严格执行"五个必须、五个严禁"，确保系统装置实现"安稳长满优"运行；督促非煤矿山等单位切实把矿山采空区、尾矿库等安全风险管控作为重中之重，做到排查到位、治理到位、监控到位，严防意外事故发生。

④突出源头预防，加强综合治理，严控环境风险，打好污染防治攻坚战，实现环保"零事件"。严格管控各类污染源，认真开展污染源治理，提高设施运行稳定性和可靠性，确保污染物稳定达标排放。依法依规处理、处置危险废物以及使用放射源及射线装置。积极开展生态恢复治理，确保不发生生态灾害。

⑤持续推进结构调整和绿色发展，提升生态环境治理体系和治理能力现代化水平。加大绿色改造推进力度，夯实企业高质量发展基础。积极开展"绿色工厂""绿色矿山"创建活动，努力推进转型升级。明确创建目标，制订创建计划，形成工作机制，通过建立绿色管理体系、实施生产过程清洁化改造，切实提升企业绿色竞争力。

### 10. 加强企业文化建设

（1）对标对象。

山东能源集团、陕西鼓风机（集团）有限公司、青岛国风药业股份有限公司。

（2）提升目标。

①建立企业共同价值导向。重塑企业文化理念系统，结束员工对集团企业文化认知混乱的状态，并通过持续的企业文化建设形成文化共识、凝聚员工士气、提振发展信心，引领企业纾危解困、渡过难关。

②优化企业文化推进机制。通过建立健全企业文化推进制度，明晰母子文化建设边界以及企业文化建设重点与推进方向。

③使企业文化成为集团公司核心竞争力之一，在集团公司纾危解困中

第七章 河南能源改革脱困成果总结与高质量发展展望

发挥引领作用、凝心聚力作用，树立良好企业外部形象，提高社会认可度，进一步改善融资环境。

(3) 提升措施。

①邀请国内专业咨询机构辅导，对集团公司现存的文化理念进行梳理，结合集团公司的创业史、奋斗史、改革发展史所沉淀的企业精神因子，结合党和国家对国有企业改革和文化建设的要求，找准中国优秀传统文化、社会主义核心价值观、新时代公民道德建设与企业文化的融合点，借鉴国内外优秀企业文化成果，重塑集团公司企业文化理念系统。

②进一步加大"安全是第一责任、职工是第一牵挂、发展是第一要务、创新是第一动力"等企业理念的宣传贯彻力度。在企业文化重塑过程中，通过员工深度参与提升其对企业文化理念的认知度、认同度。加强企业外部宣传，讲好河南能源故事，提升企业形象。

## 第二节　河南能源高质量发展展望

在"十四五"期间，河南能源继续围绕改革重生的主题，积极推动国有企业改革，持续提升企业的管理水平。针对前文研究指出的问题和已有的先进经验，河南能源未来高质量发展方向可以总结为以下几个方面。

### 一、坚持发展为第一要务，做实做强业务板块

坚持发展为第一要务，做实做强业务板块，要做好以下几个方面的工作。

第一，在产业和结构调整方面，重点是夯实煤炭、化工两大产业发展基础，走产品高端化、产业集中化发展道路，提升产品市场竞争力，抢占

高端市场，确保效益最大化。

第二，在做好存续产业发展方面，加快发展热电联产项目，抓住国家推进电力体制及供给侧结构性改革机遇，大力发展新能源产业；做好物贸产业的体制机制改革，开展销售、采购授权改革，重点建设物资贸易电子化平台；在金融产业方面，整合现有资源，建设专业化集中管理平台；完善财务公司服务功能；拓展担保公司业务方向，拓展股权融资渠道，降低财务风险；开展多种形式的企业融资活动，建立完善的风险管控体系，降低金融风险。

第三，在培育发展产业方面，加快医疗健康产业，绿色建材产业，新能源、先进材料、高效新型催化剂等战略性新兴产业的培育，创造新的价值增长点。

第四，在整合退出产业方面，对房地产产业实现逐步退出；有色金属产业部分进行优势重组、有序退出，部分进行出清；装备制造产业中的优势产业寻求外部的优势合作，非优势产业逐步清退；低效无效及闲置资产根据"三个优先五个一律"原则进行处置；非主业资产整合重组。

## 二、坚持安全为第一责任，防范化解重大风险

要保持安全稳定发展的战略定力和耐心，坚决有力有效防范化解各类风险，努力实现本质安全。

第一，全力确保安全生产。保安全就是保大局、保发展、保幸福。在树牢安全理念上，要深入学习领会习近平总书记关于安全生产的重要论述，深刻吸取事故教训，认真贯彻《中华人民共和国安全生产法》，严格落实"三不四可"安全管理理念，切实提高政治站位，坚决做到不安全不生产、生产必须安全。推进员工岗位安全自律，提高岗位识风险、除隐患、防事故能力，着力把广大员工塑造成为想安全、会安全、能安全的本质安全人。在夯实安全基础上，要认真组织开展安全生产专项整治三年行

动巩固提升年活动,扎实做好各项安全生产防范工作,建立健全双重预防体系及标准化管理体系,形成规范制度体系,健全安全长效机制,真正把防风险布设在控隐患之前,把控隐患布设在控事故之前。不断探索和创新安全管理机制,主动试行"1+5"安全管理"组合拳"模式,进一步落实各类员工的安全生产责任制。建立完善安全生产重奖重罚、赏罚分明、奖罚对等的安全绩效考核制度,守好守牢安全生产防线。在重大灾害治理上,重点实施瓦斯治理"一号工程",加大瓦斯灾害治理装备、技术、资金的投入力度,加快建设瓦斯治理专业化队伍,提高瓦斯治理专业管理、技术、操作人员的政治经济待遇,坚决牵住瓦斯治理这一"牛鼻子";全面治理水害、火灾、冲击地压、薄基岩开采等重大灾害,强化系统风险防范能力建设。在生态环境保护上,坚持绿色低碳发展,提升环保设施运行质量,坚决打赢污染防治攻坚战,扎实创建"绿色矿山""绿色工厂",统筹推动节能降碳增效工作。

第二,奋力化解债务风险。加强与金融机构对接,继续推进债权人委员会决议的落实落地。确保按时兑付公开市场发行的到期债券、银行借款利息,进一步提振市场信心。积极开展增量融资工作,充分利用政策红利,加大金融资源保障。强化资金统筹管理,严肃财务纪律,坚持量入为出,压实资金管控主体责任,提升资金周转和使用效率。进一步优化资本结构,加强负债约束管理,有效防范和化解债务风险。

第三,努力维护稳定局面。提高政治意识,落实主体责任,加强对各类维稳风险的预判和处置,采取有效措施化解风险点,确保北京冬奥会、全国"两会"、党的二十大等各个关键时期、敏感节点平安稳定。重点实施依法治企"护航工程",构建上下协同的法律风险防范体系,从制度建设、管控流程再造入手,把法律风险防控全面嵌入集团法人治理与生产经营关键环节,全面推进依法治企,构建法治企业生态。充分发挥内部审计"治已病、防未病"作用,确保依法合规经营。

## 三、坚持职工为第一牵挂，维护职工切身利益

要坚持"以人民为中心"发展思想，深入践行"职工是第一牵挂"理念，与职工共享企业发展成果。

第一，深化"我为职工办实事"。竭诚为职工群众服务，认真倾听职工群众呼声，真心实意为职工办实事、解难事。全力筹措资金，保证按时足额发放工资，逐步补缴拖欠的"五险一金"。建立职工收入与企业效益同步增长机制，力争每年全员平均工资上涨7.5%以上。妥善安置分流员工，积极做好退休人员社会化管理工作，为改革重生稳固大后方。持续改善职工工作和文化生活条件，保障职工安全健康权益，将关心关爱职工落到实处。

第二，强化员工素质提升。广泛开展多层级、多行业、多工种的第九届职工技能竞赛，提升竞赛针对性和实效性。依托河南能源职业培训、技能认定、共享用工、人才管理等方面的优势，打破体制机制壁垒，积极对接各类社会资源，按照市场化原则做强人力资源发展集团，服务"人人持证、技能河南"建设。持续开展劳模工匠人才创新工作室提质行动，建立跨区域、跨行业、跨企业的劳模和工匠人才创新工作室协同攻关联盟基地，发挥创新工作室人才集聚、集智创新、技能传承和示范带动作用；深化"五小"群众性技术创新活动，开展先进操作法总结、命名、推广，建立健全职工创新成果库、转化共享库、创新人才库，组织展示交流推广活动，激发职工创新创效内生动力。

优化基层基础建设，推进实施"六抓六促"工作法，打造一批政治引领好、安全保障好、科学管理好、队伍素质好、创新创效好、团结和谐好的"六好"区队（车间）。广泛实施班组建设"提质工程"，推广"白国周班组管理法"，深入推进学习型、安全型、创新型、技能型、效益型、和谐型"六型"班组建设，适时组织开展班组长交流活动，强化班组长现

场安全管理第一责任,发挥群监协管作用,开展协管互检,夯实安全生产"基本面"。

第三,要以"能力作风建设年"活动为抓手,开展大学习、大培训、大练兵、大提升,按照活动实施方案要求,重点实施好十大项目、开展好五大行动、落实好三种机制,着力推动各级领导干部练本领、提能力、转作风,争当出彩先锋。要严格落实中央八项规定及其实施细则精神,大力纠治"四风",坚决防止形式主义、官僚主义滋生蔓延。全面深化"13710"工作制度,健全明责、履责、督责、追责闭环落实机制,确保每一事项见人见事、见根见底,直至销号清零。要坚持厉行节约,带头过紧日子,让干部队伍始终保持风清气正。

## 四、坚持创新为第一动力,加快转换发展动能

要把科技自立自强作为企业发展的战略支撑,大力实施科技创新"突破工程",推动创新效率持续提升。

第一,着力建设一流创新平台。充分发挥研究总院的研发拳头优势,打造高水平研发平台,重点研发产业转型核心技术。加大科技研发投入,确保2022年研发投入强度达到2%以上,提升产业核心竞争力。持续提高协同创新水平,2022年继续按科技开发经费的20%进行归集,化"零"为"整",集中力量办大事。重点研发产业转型核心技术,利用新技术提升灾害治理效率和效果,筑牢安全开采基础。加快"一院四中心"科技研发平台建设,打造科技创新的人才高地、技术高地、政策高地、合作高地。

第二,着力集聚一流创新人才。坚持将人才作为科技创新的第一资源,引育并举、以用为本,构建以创新价值、能力、贡献为导向的科技人才评价体系,提高创新人员收入水平和政治待遇,集聚人才、用好人才、留住人才,确保创新者有收益、有地位、有影响、受尊敬,充分营造尊重创新的氛围。

第三，着力培育一流创新主体。推动产学研用主体贯通，推行"揭榜挂帅"等新兴科研组织方式，为创新创业者提供最优质的竞技场，赋予科研团队更多自主权，赋予科技人才更大的技术路线决定权、更大的经费支配权、更大的资源调度权。激励科研团队集中优势攻克重大灾害超前治理、煤炭采掘接替及化工新材料等技术"瓶颈"；推动聚MMA等技术取得突破，储备一批具有完全自主知识产权的高端项目。

第四，着力产出一流创新成果。大力推广应用切顶卸压沿空留巷、小煤柱沿空掘巷，"三软"煤层支护和注浆减沉等成熟技术经验，进一步提高支护质量，减少巷修投入，提高生产效率，实现减员提效。推广应用开采保护层、水力冲孔、机械扩孔等瓦斯治理技术和"两堵两注+通管直连"等封孔抽采工艺，积极应用大功率履带钻机、千米定向钻机、智能化钻机等先进装备，提高瓦斯治理效率和效果。

## 五、坚持深化改革，全面提升管理水平

要聚焦省委"根上改、制上破、治上立"总要求，决战决胜国有企业改革三年行动，确保各项改革任务在2022年年底之前全面完成。

第一，持续完善现代企业制度。健全完善权责法定、权责透明、协调运转、有效制衡的公司治理机制，提高企业治理效能。强化各级党委把方向、管大局、促落实作用，落实党委前置研究讨论重大经营管理事项程序；加强各级企业董事会建设，落实董事会职权，发挥外部董事作用，进一步提升董事会定战略、做决策、防风险水平；推进董事会向经理层授权管理，确保经理层谋经营、抓落实、强管理。进一步完善"一级管资本、二级管资产、三级管运营"的三级管控架构，明晰权责边界，激发基层活力、动力。

第二，持续健全市场化经营机制。根据功能定位，推进总部机构改革，打造定位清晰、权责对等、精干高效、监督到位的集团总部。进一步

授权放权，充分调动基层单位主观能动性。支持推动化工平台公司做实做强，充分发挥专业化管理优势。尊重市场经济规律和企业发展规律，深化干部人事、劳动用工、薪酬分配制度改革，真正实现管理人员能上能下、员工能进能出、收入能增能减。完善经理层成员任期制和契约化管理，加强业绩考核，强化激励约束。

第三，持续推进混合所有制改革。积极争取引进战略投资者，实施股权多元化和混合所有制改革，优化企业股权结构，增强资本实力，降低资产负债率，激发企业活力。稳步实施资产资本化"攻坚工程"，推进煤炭板块等优质资产资本化，有序推进资产证券化。推进鹤壁园区等产权整合和混合所有制改革，助力转型升级。持续开展改革专项工程，推广学习"双百行动"试点三门峡戴卡轮毂改革经验，深入开展"学先进、抓落实、促改革"专项工作。进一步开展对标国际国内一流管理提升行动，加强管理体系和管理能力建设，确保实现30%以上的子企业管理水平进入国内先进行列。

第四，持续提升整体管理水平。在管理能力提升方面，规范治理结构，重塑组织结构，优化产权结构，创新运行机制，开展对标管理。在人力资源管理方面，重点加快推进管理体制机制改革，持续强力推进控员提效，优化人力资源结构，强化薪酬激励机制，加强人才队伍建设，加强后备人才储备，加强员工素质提升培训，加快信息化、智慧化建设。在经营和资金管理领域，一方面要加强市场营销管理，巩固省内优势市场，开拓省外市场，优化市场布局，巩固重点客户；另一方面要加强资金管理，完善财务公司服务功能，拓展担保公司业务方向。

附件

# 部分新闻媒体报道

# 附件 1

## 2021 年 10 月 24 日,《河南日报》:《锚定"两个确保"交上出彩答卷　改革重生争当开路先锋》

2021 年 10 月 24 日,《河南日报》聚焦河南能源改革重生,整版刊发《锚定"两个确保"交上出彩答卷　改革重生争当开路先锋》一文,对河南能源改革重生取得的成效进行了深入报道。

### 锚定"两个确保"交上出彩答卷
### 改革重生争当开路先锋

从郑东新区 CBD 空中俯瞰,河南能源化工集团有限公司(以下简称河南能源)办公楼,形如煤炭、化工业务板块的柱状图。从原煤到各种化工原料,河南能源在物理与化学的变化中相互链接,完成从量变到质变的跨越。

这家昔日世界 500 强的特大型省管企业,曾经一度陷入生产经营困境。2021 年以来,河南能源痛定思痛,以壮士断腕的决心,按照省委"根上改、制上破、治上立"的要求,以省政府《河南能源化工集团改革重生方案》为指导,依次实现经营效益破局、新增融资破冰、深化改革破立、产业转型破题,企业内生动力不断增强。截至目前,该企业实现利润突破 20 亿元,提前 3 个月完成全年利润目标。

国有企业要脱困,出路在改革。河南能源党委书记李涛说,站在国有企业改革三年行动的关键之年,河南能源将拿出更多的勇气、更大的举措,争当省管企业全面深化改革的开路先锋,打造全省经济高质量发展的骨干力量。

## 一、根上改——发扬特别能战斗精神

"特别能战斗"是河南能源最富活力的红色基因。

走进焦煤集团"西大井1919"景区，英式矿井井架、坑口电厂遗址前游人如织，镶嵌着洋镐、风钻、废旧矿车车轮的煤层墙变成潮流自拍地。这座有着102年历史的矿井，是毛泽东同志盛赞焦作煤矿工人"特别能战斗"精神的发源地，在矿井资源枯竭后，探索出一条"黑色煤炭印象、绿色低碳主题、红色党建记忆"的工业文化旅游链，完成了脱胎换骨的"涅槃"。"矿井职工收入翻了番，周边土地价值涨两倍，成为商家必争之地。"该景区负责人王保才说。

在产权制度、法人治理体制和市场化机制的多轮改革中，河南能源以党建"第一责任"引领和保障发展"第一要务"，继续发扬"特别能战斗"精神，瞄准制约深层次矛盾和关键环节实施重塑性改革。

同样在煤炭板块，河南能源唯一一家借壳成功上市企业——河南大有能源股份有限公司，凭借在资本市场早试"水温"的经验，将阿拉尔豫能公司资产整体装入，提升资产证券化率，扩大直接融资规模，增强企业流动性，一举扭亏为盈。"企业上市可以从根本上解决发展所需的资金问题，也可以降低资产负债率高的通病。"河南能源资产整合办副主任朱向国说。

历史经验表明，国有企业改革只有一条路，那就是走市场化的路。河南能源用市场手段解决市场问题，越发清晰地认识到，上市公司是股权多元混合所有制公司的最佳形态，国有资产证券化是未来发展最正确的方向，建立现代企业制度并上市是企业成功的最好制度安排。

## 二、制上破——混改要穿新鞋走新路

"经公司董事会研究决定，聘任李国伟为公司总经理，聘期三年。"在三门峡戴卡轮毂制造有限公司，李国伟打开陈列柜取出这份聘书和绩效合同，上面的业绩目标白纸黑字清晰可见：3年盈利达到1000万元。

对于河南能源来说，这是人事制度改革的重要举措，折射出老牌国有企业迈向现代化企业治理的跨越，它打破了国有企业干部"终身制"的传统思维，是国有企业改革"动真碰硬"的表现之一。"戴卡轮毂深化人事、用工、薪酬三项制度改革，实现干部能上能下，员工能进能出，收入能增能减。"河南能源组织部副部长郭立彬说。

国有企业之所以需要改革，一个最大的问题是它的产权属于国家，从而产生了国有企业经营非人格化的矛盾。河南能源基于这样的思路，让职业经理人来管理企业的经营，实现企业经营的"人格化"。截至目前，各级子公司经理层实行任期制契约化管理971人，完成比例为87.2%。

制上破，机制体现在运行中，体制体现在建设中。河南能源聚焦主业主责，积极引进战略投资者，坚持"穿新鞋走新路"，倒逼深层次改革。最明显的变化是，河南能源退出世界500强企业的竞争。在外界看来，这是不追求"大而全"规模效应的排名，在意"专而精"品质效应的口碑，坚持走内涵式高质量发展道路的表现。

### 三、治上立——早走一步再多走一步

原材料与新材料的距离有多远？"不远，就一步之遥。"河南能源副总工程师、研究总院院长蒋元力说。

从整个产业链角度来分析，上游资源、材料，中游半成品，下游产品，竞争格局越往上游产品同质化越是严重。河南能源长期处于产业链上游，在市场竞争中容易处于被动局面。怎么办？靠创新破局。在河南能源的产业转型规划中，醋酸可以变成醋酸甲乙丙丁酯，乙二醇可以变成聚酯，这是多走一步；围绕生物可降解材料和功能性新材料，打造全国最大的生物可降解材料和功能性新材料集群，这是早走一步。

推陈，才能出新。河南能源聚焦发展煤炭、化工两大主体产业，实施一批基础性、战略性、引领性的标志项目，着力推动从传统能源向新能源转变、从基础化工向化工新材料转变，提升企业市场竞争力，实现国有资

产保值增值。一方面,与中国机械设备工程股份有限公司合作,拟建成国内总产能最大的生物可降解材料生产装置;另一方面,与国电投河南公司、豫景能源公司共同组建新能源公司,规划发展氢能等新能源产业。

创新,就是比别人早走一步、多走一步、再走一步。这种思路和理念还体现在河南能源大宗商品交易平台建设。

屏幕上不见一兵一卒,背后却涌动千军万马。在河南能源国贸集团大数据指挥中心里,交易平台电子屏幕上不断跳动着集团全国各煤炭生产区的洗精煤、长烟混煤、动力煤及甲醇、乙二醇等现货交易数字,直接影响着省内煤炭、化工产品的定价。"我们还想再走一步,立足河南,辐射华中,面向全国,充分发挥平台经济的规模效应,促进数字经济与实体经济融合发展。"河南能源国贸集团总经理关永伟说。

### 记者手记

## 谁说船大难调头

栾姗  胡舒彤

河南能源,长期以来执省管企业之牛耳,被誉为河南特大型国有企业。

大有大的难处,难就难在过去规模化积累下来的陈疾旧病,一度臃肿不堪到组织僵化,对市场反应缺乏灵敏度。新一届领导班子深谙机制不活、效率不高是"船大"的主要原因,体制沉重是"调头难"的根本原因,牵住混合所有制改革的"牛鼻子",制定改革三年行动实施方案和重点改革攻坚推进方案,激发全员活力。

体制上,积极引入高匹配度、高认同感、高协同性的战略投资者,与企业共成长、同发展。机制上,深化三项制度改革,大力推行经理层任期制契约化管理;全面对标中国宝武集团、淮南矿业集团等企业,明确战略、组织、运营等10个管理板块39项对标提升内容,制定考核办法。

大有大的样子,河南能源是河南省传统产业的"压舱石"和"顶梁柱",也是新兴产业的"风向标"和"操盘手",正聚焦煤炭、化工两大板块,着眼长远布局生物可降解材料和功能性新材料,着力推动从传统能源向新能源、从基础化工向化工新材料的两个转变。

谁说船大难调头,河南能源正在用事实作答:船大也能调头快。近日,有家北京的投资公司再访河南能源,洽谈业务后吃惊地说道:"大家的精气神跟半年前不一样了,说话有底气,干事有劲头,原来拖了半年的事情两三天就给办妥了。"

## 专家点评

### 以改革创新推进产业转型升级

河南省社科院经济研究所所长　完世伟

河南能源坚持"根上改、制上破、治上立",改革的红利得到充分释放,改革的效能得到进一步激发,这充分证明,河南省委、省政府对全省国资国有企业"根上改、制上破、治上立"的顶层设计和决策部署,是完全符合河南经济发展实际的。

作为独立自主的市场主体,面向瞬息万变的市场环境,国有企业推动转型升级的路径"八仙过海,各显神通",但"万变不离其宗",始终坚持市场化方向、健全市场化经营机制。当前,河南能源正处于脱困重生的关键时期,既要一手抓深化改革,又要一手抓创新驱动发展,唯一的出路就是眼睛向内、苦练内功,从制度上动刀,向改革要效益,以改革创新推动产业转型升级,实现脱困重生。在这个过程中,河南能源重整思想观念,改变过去快速扩张、高负债经营的膨胀模式,走内涵式高质量发展道路;重塑体制机制,不再是原地上小修小补,积极引进战略投资者,开拓同市场完全接轨的新局面;重整资产债务,通过省债务风险化解专班达成一系列举措,首批省企信保基金募资到位,探索更多的创新措施;重构发展模式,布局生物可降解材料和功能性新材料,抢占未来发展制高点。

# 附件 2

## 2022年1月4日,《光明日报》客户端:
## 《河南能源:稳扎稳打　涅槃重生》

2020年年底,受发展历史因素等多重影响,河南能源的改革发展举步维艰。一场突如其来的债券违约事件,更是把河南能源的发展拉入谷底,推向了生死存亡的边缘。

河南省委、省政府高度重视、果断决策,省委书记楼阳生履新伊始就组织会议专题研究,省长王凯担任河南能源改革重生领导小组组长亲自指挥、亲自督导,4位副省长和省高院院长分别组成专班统筹协调;制定了"一篮子"化解风险及应对方案,实施了一系列救助措施,举全省之力支持河南能源改革重生。河南能源新班子临危受命,坚决贯彻省委、省政府决策部署,团结带领15万名员工,绝地奋起、逆势突围,成功召开河南能源新一届债委会,主动抢抓市场机遇,稳生产促发展、抓改革强管理、防风险保民生、抗洪灾战疫情,改革重生取得阶段性成效、"十四五"开局迈出关键第一步,2021年实现营业收入1200多亿元、盈利32多亿元,消化潜亏40多亿元,欠发半年的职工工资全部补发,弥补安全投入欠账50亿元,创近年来最好水平。

以党建高质量引领保障发展高质量。河南能源坚持以政治建设为统领,严格落实"第一议题"制度,加强和改进政治理论学习研讨制度,不断提高各级领导干部理论水平和党性修养,各级党委全年开展"第一议题"学习交流3300余次,广大党员干部的"四个意识"更加自觉、"四个自信"更加坚定、"两个维护"更加坚决。深入学习贯彻党的十九届六中全会精神、河南省第十一次党代会以及河南省委全会暨省委经济工作会议精神等,推动学习贯彻进头脑、进组织、进基层、进实践,确保中央和省委决策部署在河南能源落实落地。

党史学习教育凝聚改革重生强大合力。弘扬伟大建党精神，不断增强赶考意识，着力答好政治、改革、转型、作风"四张答卷"。深入挖掘企业百年历史中的红色资源，大力弘扬"特别能战斗"精神和"八一采煤队"精神，赓续红色血脉，传承红色基因。扎实开展"我为职工办实事"实践活动，践行"职工是第一牵挂"理念，圆满完成办实事事项2100多件，解决了一批职工群众反映强烈的生产生活突出问题和亟须破解的改革难题，职工群众获得感、安全感、满意度不断提升，为企业改革重生和高质量发展凝聚起强大的正能量。

重塑性改革推动企业脱胎换骨。河南能源把深化改革作为实现改革重生的关键一招，把"根上改、制上破、治上立"作为改革的总遵循，扎实开展国有企业改革三年行动，不断加大授权放权力度，深化三项制度改革，推进混合所有制改革，重塑体制机制，打破顽瘴痼疾，争当开路先锋。2021年，河南能源国有企业改革三年行动164项具体任务已完成155项，各级经理层1000余人实行任期制和契约化管理，开展战略、组织、运营等10个领域对标一流管理提升行动，实现了产权结构、组织结构、治理结构等各方面全方位、全局性改革。

以科技创新突破推动发展难题破解。河南能源坚持创新驱动战略，践行"创新是第一动力"理念，着力打造"投入、人才、政策、合作"四个高地。组织召开科技创新大会，大力表彰创新成果和创新人才。建立"1+N"开放协同创新体系，不断健全和完善研发成果转化和应用机制。实施科技攻关，创新研发乙二醇催化剂、MMA和"钻冲筛量运"瓦斯治理模式、"钢棚+锚网索"复合支护、余热利用等关键核心技术，有力助推企业提质增效、安全生产、绿色转型。目前已建成国家级技术中心、院士工作站等研发机构54个，建设基层单位创新工作室120余家。2021年科技投入22亿元，完成群众性创新成果3000余项，获得包括国家科技进步奖、全国煤炭企业管理现代化创新成果一等奖在内的创新成果奖项105项。

加快转型升级，保障企业健康长远发展。河南能源坚持瘦身健体，全面收缩战线，聚焦能源、新材料两大主业，稳步进军新能源产业，加快煤炭优势产能扩量提质，推动化工产业延链补链强链，实现高端化、多元化、低碳化发展。坚持项目为王，抓好"三个一批"重点项目建设，以项目落地推进转型升级。加快实施煤矿"机械化、自动化、信息化、智能化"改造，建成智能化示范矿3对，实现全国首个F5G矿山商业应用。打造化工园区"智慧园区综合管理平台"，实现园区可视化管控。按照"东引西进"发展思路，认真落实化工板块双"1+4"发展战略，推进可降解材料等产业链高端下游项目建设，与中科院合作成立中部地区最大的化工新材料联合研发中心，与多个高等院校谋划开展"合成气制烯烃""碳中和"等研发项目，为新材料产业发展提供了技术保障。

主动履行责任，彰显国有企业担当。坚决守牢不发生区域性、系统性风险底线，为全省社会经济发展做出更大贡献。坚持以人民为中心的发展思想，及时补发了职工工资，加大职工慰问帮扶力度，投入4580万元慰问帮扶职工23万余人次，开展"金秋助学"活动，为1800余名职工子女提供320多万元助学金。全力做好防汛救灾工作，"7·20"汛情发生后，迅速启动应急响应机制，按照"四保三到位一支援"工作要求，全力做好防汛救灾和灾后重建工作，组建14个防汛抢险救援队临时党支部，圆满完成郑州地铁五号线、阜外华中医院等5地10处的抢险救援工作，转移和救助受灾群众775人，捐款捐物1200余万元。主动承担电煤保供责任，向省内长协电厂发运电煤近1000万吨，向社会让利6.6亿余元，充分展现了河南能源"负责任、懂感恩"的良好形象。

在"稳扎稳打、涅槃重生"的战略思路指导下，河南省委、省政府以及有关省直厅局、地市和相关金融机构躬身入局、齐心协力、尽职尽责，河南能源上下同舟共济、主动作为、攻坚克难，企业打赢了生存保卫战，摆脱了债务违约事件影响，成功走出低谷，步入健康长远向前发展的正轨，稳步走向涅槃重生的光明前景。

## 光明日报

### 河南能源：稳扎稳打　涅槃重生

光明日报客户端 通讯员 吴山保 光明日报全媒体记者 王胜昔
2022-01-04 16:59

2020年底，受发展历史因素等多重影响，河南能源的改革发展举步维艰。一场突如其来的债券违约事件，更是把河南能源的发展拉入谷底，推向了生死存亡的边缘。

河南省委、省政府高度重视、果断决策，省委书记楼阳生履新伊始就组织会议专题研究，省长王凯担任河南能源改革重生领导小组组长亲自指挥、亲自督导，4位副省长和省高院院长分别组成专班统筹协调；制定了"一篮子"化解风险及应对方案，实施了一系列救助措施，举全省之力支持河南能源改革重生。河南能源新班子临危受命，坚决贯彻省委、省政府决策部署，团结带领15万名员工，绝地奋起、逆势突围，成功召开河南能源新一届债委会，主动抢抓市场机遇，稳生产促发展、抓改革强管理、防风险保民生、抗洪灾战疫情，改革重生取得阶段性成效，"十四五"开局迈出关键第一步，2021年实现营业收入1200多亿元、盈利32多亿元，消化潜亏40多亿元，欠发半年的职工工资全部补发，弥补安全投入欠账50亿元，创近年来最好水平。

附件3

## 2022年1月8日,《河南日报》: 《读懂百年"密码" 力行改革"答卷"》

历史是最好的老师,党的历史是最生动、最有说服力的教科书。在中国共产党百年来的接续奋斗中,党领导人民开辟了伟大道路,建立了伟大功业,铸就了伟大精神,积累了宝贵经验。

国有企业是党一手缔造的。河南能源化工集团有限公司(以下简称河南能源)长期执省管企业之牛耳,是全省特大型国有企业。从改革开放时期到进入新时代,始终在党的坚强领导下奋力拼搏、勇挑重担,为党和国家事业发展,地方经济建设贡献力量,同时也孕育锻造了焦煤王封矿"特别能战斗"精神、义煤千秋矿"八一采煤队"精神。

党史学习教育开展以来,河南能源党委认真学习领会习近平总书记关于党史学习教育的重要讲话精神,在河南省委、省政府国资委党委正确领导下,坚持"学史明理、学史增信、学史崇德、学史力行",按照"学党史、悟思想、办实事、开新局"总要求,守初心、葆恒心、恪本心、强信心,推动党史学习教育与改革重生融合促进。

学习历史是为了更好走向未来。河南能源党委书记李涛说,今年是国有企业改革三年行动的收官之年,面对艰巨繁重任务和各种困难挑战,集团公司全体党员干部时刻保持"赶考"的清醒,在红色基因、奋斗历史中汲取经验智慧和前进力量,躬身入局、挺膺负责、攒指成拳,推动企业改革重生和高质量发展再迈新台阶。

**一、学党史——强根铸魂守初心**

认真研读党史著作,用好红色资源开展党史教育,打造精品党课,创新学习方式……河南能源积极落实党中央部署，多措并举开展党史学习教育，覆盖1846个党支部、近4万名党员，采取多种形式组织学习，切实做到入脑入心。

欲知大道，必先为史。中国共产党的历史是中国近现代以来历史最为可歌可泣的篇章，河南能源党委以史为镜、以史明志，把课堂搬到了焦煤公司王封煤矿和义煤公司千秋煤矿现场，让革命文物"发声"、让历史资料"说话"，探寻"从哪里来、到哪里去"的精神密码。

——历代传承的红色基因

"西大井"前身是1919年由英国福公司开工建设的王封矿。这里聚集了大批煤矿工人，成为中国共产党开展工人运动的重要地区，并在此拉响了焦作煤矿工人大罢工的冲锋号角。毛泽东同志在《中国社会各阶级的分析》一文中，盛赞焦作煤矿罢工、海员罢工、铁路罢工、开滦煤矿罢工等工业无产阶级革命运动力量"特别能战斗"。

穿越世纪风雨，见证百年跋涉。"特别能战斗"精神已深深融入一代代焦煤人血脉里，成为企业最富活力的红色基因，在历次结构调整和转型发展中，依托历史文化底蕴，利用工业遗存元素，成功探索出一条"工业旅游+红色教育+创客基地"的发展道路。"百年老矿西大井重焕活力，这何尝不是'特别能战斗'精神的生动写照。"焦煤集团党委书记、董事长魏世义说。

——永不褪色的红色旗帜

成功试验出中国第一套国产综采设备，先后培养出感动中国"十大杰出矿工"和多名全国劳动模范，先后四次被评为"全国煤炭工业先进集体"，被评为"全国煤炭战线十面红旗""十五面红旗""百面红旗"单位，中华全国总工会授予"全国工人先锋号"等荣誉称号……义煤公司千秋煤矿八一采煤队在全国有着如此广泛影响，内在的原因到底是什么？义煤公司党委书记、董事长李中超如是说，是党的坚强领导，是红色旗帜在召唤，铸就了"英勇善战、艰苦奋斗、顾全大局、乐于奉献"的"八一采煤队"精神。

发扬红色传统、高举红色旗帜。被评为河南省委"两优一先"先进基层单位、入选"出彩河南人"2021感动中原十大年度人物候选人……新一代八一采煤人在鉴往知来中砥砺前行，他们表示要以实际行动让红色旗帜更加鲜艳。

在党的辉煌成就、艰辛历程、历史经验、优良传统中，河南能源人更加深刻认识到坚持党的领导、加强党的建设是国有企业的"根"和"魂"。集团公司党委以上率下，以党委理论中心组和党委常委会"第一议题"形式开展学习研讨24次，集团公司各单位组织赴革命纪念馆、红色教育基地等参观学习120次，组织开展"颂歌献给党"歌咏比赛，职工直接参与活动近2万人次，呈现了层层压茬、全力推进的良好局面。

**二、悟思想——守正创新葆恒心**

一切学习都不是为学而学，学习的目的全在于应用。河南能源党委班子成员手中，有两张时间节点任务表：一张是党史学习教育，另一张是改革重生。彼此的分量同等重要，时间同期推进。他们深知，扎实推进党史学习教育，必须坚持学思用贯通、知信行统一，只有提升运用党的创新理论分析问题、解决问题的能力，才能把党的创新理论转化为深化改革、浴火重生的强大力量。

省委工作会议指出，要锚定"两个确保"，全面实施"十大战略"，其中全面深化改革战略的第一条，就是深化国资国企改革。河南能源坚持从根上改、制上破、治上立，改革重生工作取得阶段性成果，企业内生动力不断增强。

经营效益实现破局。河南能源强化经营管理，夯实发展根基。特别是2021年8月煤炭板块盈利6.5亿元，环比实现翻番；化工板块继3月、4

月、5月连续3个月盈利后8月再次实现板块整体单月盈利。值得一提的是，2021年9月集团公司实现利润突破20亿元，提前3个月完成2021年利润目标。初步预计，2021年实现营业收入1100多亿元，实现盈利32亿元，创近年最好成绩。

新增融资实现破冰。河南能源积极稳妥化债，着力控风险增信用。存量融资重组取得突破性进展，协调37家金融机构存量融资利率下调为一年期LPR或五年期LPR。增量融资实现提升，金融机构新增授信50亿元，已放款12.2亿元。债券展期兑付顺利，累计完成26笔共计240亿元债券展期，兑付债券本息144亿元，向资本市场展示有诺必践的诚信形象。

深化改革实现破立。河南能源制定改革三年行动实施方案和重点改革攻坚推进方案，激发全员活力。深化集团管控模式改革，指导河南能源制定总部机构改革优化提升方案。深化三项制度改革，大力推行经理层任期制契约化管理，推动各级子公司经理层实行任期制契约化管理895人，完成比例为67.5%。深化混合所有制改革，煤炭板块以资产证券化为主要路径，将新疆豫能公司资产装入上市公司大有能源，提升资产证券化率。

产业转型实现破题。河南能源聚焦发展煤炭、化工新材料两大主业，着力推动从传统能源向新能源转变、从基础化工向化工新材料转变。大力调整产品结构，打造"1"个全系列生物降解材料产业集群和做优做强"4"大高端功能性新材料产品，打造全国最大、品种最全、竞争力强、成长性高的生物降解材料和高端新材料产业集群。稳步进军新能源产业。义马园区开祥化工与国机集团牵头的联合方签订年产10万吨PBT项目EPC总承包合同，拟建成国内总产能最大的PBT生产装置。鹤壁龙宇新材料有限公司与中国五环签订年产30万吨聚甲醛一期项目EPC合同。

心有所信，方能行远。河南能源把握精髓要义，狠抓贯彻落实，全面审视自身在国资国企改革中如何定位，改革重生争当开路先锋，把思想伟力转化为推动事业发展的强大动力。

### 三、办实事——人民至上恪本心

国有企业究竟为何而存在？追根溯源，国有企业是为克服私人资本的逐利性、盲目性而诞生的，是社会主义公平正义、共同富裕的经济基础，代表着全民福祉。河南能源扎实推进党史学习教育，开展"我为群众办实事"实践活动，不仅要让广大党员、干部受洗礼、有提升，也要让群众受教育、得实惠，更加坚定社会主义公有制的道路自信。

民本，解决"急难愁盼"事项。

河南能源最难的时候，不只是煤炭、化工板块的亏损，还有金融机构授信的约束。"企业只要有点钱，先还债，再发工资。"回忆起那段时光，河南能源工会常务副主席刘慧发记忆犹新。

当时，最长欠发有半年的职工工资。收入不稳则人心不稳，造成企业高技术骨干人才流失，业界同行见状也纷纷前来挖人，甚至招聘启事都贴到矿门口。

2020年12月，河南能源新一届领导班子提出"安全是第一责任、职工是第一牵挂、发展是第一要务、创新是第一动力"的企业理念，其中"职工是第一牵挂"的首要任务，就是想方设法将欠发职工的工资给补上。2021年4月，河南省政府出台《河南能源化工集团改革重生方案》，旗帜鲜明支持河南能源深化改革的态度，以时间换空间，重新提振金融机构和投资者信心，为河南能源争取债券展期创造了条件。

截至目前，河南能源职工欠发的工资已补发到位。"不少流失的技术骨干也重新回来了。"刘慧发说。

——抢险，发挥骨干带头作用

"烟花"满天飞，郑州遭遇汛情。

2021年7月20日晚，河南大学郑州龙子湖校区专家公寓地下两层全部灌满水，大约有60万立方米的水量。灾后，小区已经停水停电，有大量教师被困高层住宅，急需大功率抽水设备援助。

灾情严重，考验着国有企业的责任担当。得知求助意向后，河南能源永煤、义煤、焦煤、鹤煤等单位迅速行动，组建由510余人组成的14个防汛抢险救援队，星夜驰援郑州地铁五号线、阜外华中医院、河南大学郑州新校区、新乡、鹤壁等10余地抢险救援，出动救援车辆、风机、发电机、水泵等救援设备近100台，排涝清淤约3万立方米，转移和救助受灾群众110余人。河南能源综合办主任吴山保说，遇到抢险救急，河南能源闻令而动，靠得住，信得过，拉得动，打得胜，每次都圆满完成任务。

**——保供，维护经济社会平稳**

告急！告急！2021年国庆长假期间，全国煤炭供应形势持续趋紧，省内主要电厂库存已降至历史低位，河南能源日均发运2.75万吨优质电煤供应国能荥阳热力公司、华润首阳山等电厂，解燃"煤"之急。

2021年前三季度累计向省内长协电厂发运电煤704万吨，占全省的42.2%，比市场价少收入4.8亿元，尤其是第三季度电煤履约率达116%，超额兑现省内电煤长协合同。有诺必践，积极履行社会责任的背后，是河南能源人肩头的责任和担当。诚如河南能源销售公司总经理蔡翔打趣时所说："别人是拿钱都拿不到电煤，我们是亏钱也要送到电厂。"

回望百年，中国共产党之所以能够历经千难万险不断从胜利走向胜利，最关键的是坚持把人民放在心中最高位置。这也时时刻刻激励河南能源人在顺应职工期盼、增进民生福祉的实践中，推动党史学习教育取得实效。

**四、开新局——改革重生强信心**

不忘初心方能行稳致远，不忘本来方能开辟未来。

开展党史学习教育，必须贯通历史、现在和未来。2021年是"十四五"开局之年，也是全面建设社会主义现代化河南新征程开启之年。河南能源从百年党史中汲取宝贵经验，坚持"安全是第一责任、职工是第一牵挂、发展是第一要务、创新是第一动力"的企业理念，开拓各项事业发展新局面，用实际行动实现改革重生，建设现代一流企业。

安全是第一责任。对于安全，河南能源有敬畏之心和红线意识。出台"煤炭22条""化工14条"关于安全生产工作的特别规定，把"三不四可"安全理念具体化、人格化，做到落实落地、入脑入心，用最严惩戒落实安全生产责任，矿长不履行带班下井职责的，其他生产单位领导干部不履行值守职责、出现擅自脱岗的，一律予以免职处理。

职工是第一牵挂。河南能源有16万名职工，很多职工家庭都是几代人在企业工作，家庭的命运、个人的命运和企业的发展紧密联系在一起，要时刻不忘全心全意依靠职工办企业。一方面坚持尽力而为、量力而行，帮扶困难职工、解决职工"急难愁盼"的问题；另一方面坚持开门问策、问计于民，激发蕴藏在职工群众中的智慧和力量。

发展是第一要务。破解前行中的困难和问题，化解风险、改革转型等诸多重大挑战，完成改革重生的目标任务，必须紧紧把握发展"第一要务"。要立足新发展阶段，贯彻新发展理念，融入新发展格局，把转型升级作为突破路径，聚焦主业，瘦身健体，努力建成"创新引领、绿色循环、低碳高效、竞争力强"的现代一流企业。

创新是第一动力。今天的创新成果就是明天的发展成绩，创新能力薄弱是企业最突出的短板之一。要以创新引领发展，加大科技研发投入，确保今年河南能源及所属工业企业研发投入强度不低于2%，构建"一院四中心"科技创新体系；要用改革倒逼创新，大力推行任期制契约化管理，推进薪酬体系改革，推广"双百"试点企业改革经验，实施专业化治理。

踏上新征程，担当新使命，更加需要从历史中汲取奋进力量，以昂扬奋斗姿态开拓发展新局。

河南省第十一次党代会发出号召：勇敢担起建设现代化河南的历史使命。作为省管特大型国有企业，河南能源要勇当排头兵。

2022年省政府工作报告提出：持续深化重点领域改革，全面完成国有企业改革三年行动目标任务。面对改革重生的收官重任，河南能源要践履交答卷。

　　当前，省政府国资委党委正在大力实施党的建设"根魂工程"，奋力打造新时代河南省国有企业全面加强党的建设"河南篇"和国有企业改革三年行动"党建篇"。李涛表示，我们将积极运用党史学习教育成果，勇于进行自我革命，把党建设得更加坚强有力，让党旗在改革重生的战场上持续高高飘扬。

# 能源企业高质量发展管理体系实践与探索

# 附件 4

## 2022年4月14日，国有企业改革三年行动简报第56期：《河南能源通过改革转型助力企业化解风险 实现涅槃重生》

河南能源化工集团有限公司（以下简称河南能源）是河南省属国有独资能源化工集团，产业涉及能源、化工新材料、现代物贸、智能制造等领域，资产总额为2776亿元，拥有煤炭产能近8000万吨；化工产能合计1000万吨。近年来，受内部负债高、积弊重和外部市场剧变等影响，河南能源债务风险上升，资产负债率长期保持在85%左右，改革发展举步维艰，企业一度陷入资金平衡难、债券发行难、生产经营难的"三难"困境。2021年以来，河南省委、省政府通过推动河南能源改革转型，系统推进稳生产稳岗位稳人心、深化改革转型升级、债务化解、审计、维稳五项工作，实现扭亏增利70亿元，经济效益创近年来最好水平，基本走出债务危机阴霾，带动全省金融环境明显好转。

### 一、以化解债务为先，确保"三个降低"

河南能源将债务风险化解作为头等大事，遵循"不刺破，不引爆"等基本原则，集中力量攻坚克难，逐项逐笔化解债务。降低违约影响。省长带队走访国家金融监管部门和多家金融机构总部，表明省委、省政府支持河南能源改革重生的态度和决心，取得理解和支持。全力修复区域金融生态，逐步务实"政银企命运共同体"共识。为恢复企业信用，省政府发起设立总规模300亿元省企信保基金，协调70亿元专项支持河南能源用于刚性兑付，降低存量债务。成功召开新一届债权人委员会，促成债务重组方案，提振社会各界信心。目前存量融资保持稳定，已完成1015亿元贷款利率下调。争取债券投资人充分理解，逐笔沟通到期债券，以支付50%、展期50%方式达成展期方案。降低经营成本。加大治亏提效力度，57家亏损企业已扭亏20家，同比减亏50.5亿元，其中化工板块向比减亏40亿元。狠抓节支增盈，强化应收款清收，非生产性支出同比下降12.9%，长期应收款和存货总额同比减少39亿元。分类分批推进"两非两资"项目盘活出清，推动资产变现，2021年处置项目48个，回笼资金91亿元。

## 二、以深化改革为要，抓好"三个聚力"

河南能源以治理能力为重点重塑管控体系，以三项制度为重点重构管理机制，以强身健体为重点重组优化资产。一是聚力"改治"。在完善公司治理中加强党的领导，制定党委前置研究讨论重大经营管理事项清单，充分发挥党委领导作用。制定董事会工作规则，加强董事会建设，实现各级董事会外部董事占多数，初步建立董事会向经理层授权管理制度。细化落实"煤炭十条""化工十六条"授权举措，充分激发基层活力。二是聚力"改人"。积极实施中层管理人员"四制"改革，有力推进各级经理层任期制和契约化管理。各级公司1009名经理层成员全部由"身份管理"转变为"岗位管理能上能下"。通过人力资源结构优化、劳动组织清理整顿及产业结构调整，减员1.24万人，人均工效向比提升4.8%，实现"能进能出"。优化收入与业绩联动机制，选取试点单位实施长效激励机制，实现"能高能低"。三是聚力"改制"。积极稳妥探索混合所有制改革，通过现金收购将阿拉尔豫能公司资产注入上市公司大有能源，深度整合鹤壁等化工园区法人企业。通过"以混促转"实现新上项目转型发展。打破企业原有管控模式，重塑管理机制，推进瘦身健体，释放内部活力，2021年压减法人户数25户，7户企业进入破产程序。

## 三、以保障稳定为重，落实"三个稳住"

河南能源坚持以党建为引领，着力办实事、解难题、开新局，为改革重生创造良好环境。一是稳住人心。统筹推进党史学习教育和企业改革重

附件　部分新闻媒体报道

生，以党史学习教育引领改革方向、激发重生动力，以改革重生实践检验明理增信、崇德力行效果。坚持将职工作为第一牵挂，扎实开展"我为职工办实事"实践活动，办好民生实事2100多项，千方百计筹集资金，补齐欠发的6个月职工工资，增强了职工归属感、获得感。二是稳住大局。积极争取各方支持，实现重大节点"零非访"良好局面。推进诉讼案件司法集中管辖，2021年全年积案化解率为92%，有效应对债权人分散起诉及财产保全的不利影响，维护企业核心资产，保障正常运营。探索完善"三推一考"办法与市场化选人用人相结合的干部选拔任用机制，优化多渠道、多元化干部选拔方式，在企业改革重生关键时期稳定了干部队伍的基本盘。稳住预期。坚持转型发展不停滞，以创新为第一动力，着力推动从传统能源向新能源转变、从基础化工向化工新材料转变。煤炭产业大力实施智能化建设，开拓优质资源，保持稳产增产，2021年高附加值煤炭销量实现提价增收近50亿元，新能源产业在焦作、永城等多地抢滩布局；化工产业实施"东引西进"和"1+4"产业发展战略，与中科院、上海交大等科研院所共建"一院四中心"研发体系，集中力量推动新材料产业延链补链强链，全力打造全国最大、品种最全的生物降解材料和高端新材料产业集群。

# 附件 5

## 2022年7月14日,《河南日报》:《河南能源:全面实施重塑性改革　阔步转入高质量发展》

2022年上半年,完成营业收入596亿元,同比增加146亿元;实现利润30亿元,同比增加19亿元……翻开河南能源集团有限公司(以下简称河南能源)财务"半年报",成绩可圈可点。

数据表明,河南能源认真贯彻落实省委、省政府决策部署,按照"根上改、制上破、治上立"基本要求,全面实施重塑性改革,破除机制性障碍、结构性矛盾、政策性"瓶颈"三道"藩篱",化解资金平衡难、债券发行难、生产经营难"三项难题",开创出一条依靠改革实现脱困、化险、重生的新路,发展合力充分凝聚,迈向高质量新征程。

### 一、重塑大脑,破除机制性障碍

河南能源将债务风险化解作为头等大事,治理能力提升作为鲜明导向,"三项制度"重构作为管理措施,以机制性成果为重塑性改革探路。锚定债务,存量融资重组取得积极进展,完成75家债权机构1060亿元利率调整及债务延期;增量融资实现突破,获得河南省农信联社3年内不低于150亿元授信支持,已成功落地20亿元;债券展期兑付顺利,累计完成47笔共计278亿元债券展期兑付。锚定职能,实施总部机构改革,将总部职能部室及其他机构由28个精简到17个;推动混改提质扩面,累计239户存量混改企业提质,混改比例为62.3%,其中引入民营控股上市企业美瑞新材料参股鹤壁煤化工转型升级项目,推动整个园区100多亿元资产实现混改。锚定市场,推进各级经理层任期制和契约化管理,各级公司1009名经理层成员全部由"身份管理"转变为"岗位管理";咬定每年精减冗员1万人目标,成立人力资源集团,开拓外部用工市场,化"冗员"为"资源",先后向省政务服务大厅、富士康、新疆广汇等事业单位和企业开展劳务输出,统筹实施共享用工2.68万人次,直接创收1.36亿元。

## 二、重塑筋骨,破除结构性矛盾

河南能源突出煤炭、化工新材料两大主业,全面退出不具竞争优势的氧化铝、钼等有色金属产业和房地产等非主业,持续巩固主业竞争优势,以结构性调整为重塑性改革蹚路。煤炭产业做精做强,坚持"稳住河南、发展西部"整体发展思路,在河南省内重点推动新旧产能置换,通过新建、技改新增优质产能400万吨以上,加强智能化改造,控员减员1.38万人,整体人均工效提升9.5%;在河南省外加快抢滩布局,重点开拓新疆、内蒙古资源,加快股权整合和优质产能核增。化工产业高位嫁接,围绕"东引西进"发展战略和"1+4"产业发展方向,有效提升化工产业集中度,与中科院、上海交大、郑州大学、河南理工等合作打造"一院四中心"研发体系,推动基础化工产品向生物可降解材料和高端功能性新材料转型,中科院过程所共建实验室已建成投入使用;树牢"项目为王"理念,深化企地合作,推动化工延链补链强链,世界上唯一替代石油路线新型工艺项目濮阳园区2×5万吨/年(一期5万吨)乙烯法制甲基丙烯酸甲酯、国内首套草酰胺规模化生产工业化装置项目濮阳园区1万吨/年草酸二甲酯合成草酰胺等16个总投资316亿元的化工转型升级重点项目全部落地开工;将河南省内部分乙二醇、甲醇等基础化工产品搬迁到新疆等地区,实现"腾笼换鸟"。

## 三、重塑活力,破除政策性"瓶颈"

河南能源坚持以党建"第一责任"引领和保障发展"第一要务",保安全、办实事、稳供应,以政策性保障为重塑性改革拓路。安全生产为要,出台加强"煤矿22条""化工14条"安全生产工作特别规定,全面推进安全专项整治三年行动治本攻坚，坚决守住安全生产的底线和红线。情系职工为重，扎实开展"我为职工办实事"实践活动，千方百计筹集资金，为职工补齐欠发的 6 个月工资 40 亿元，永煤等四大煤业 1500 名离职骨干技术人员全部"回流"。社会责任为纲，2021 年以来，为长协电厂发运电煤 1504 万吨，占河南省供煤量的 40%，向社会让利 15 亿元，全力服务能源安全大局稳定。

改革是自我革命，重塑是脱胎换骨，重塑性改革带来改革性重塑。省政府国资委党委书记、主任，河南能源党委主要负责人说，河南能源内生动力不断增强，依次实现新增融资"破冰"、产业转型"破题"、经营效益"破局"，步入良性发展轨道，正阔步转入高质量发展、迈向世界一流企业。

附件　部分新闻媒体报道

# 河南日报
HENAN DAILY

2022年7月14日

## 楼阳生拜会全国人大常委会副委员长白玛赤林

## 楼阳生在疫情防控工作视频调度会议上强调
### 坚定信心 坚决果断
### 尽快实现社会面清零严防疫情再次输入
王凯出席

## 白玛赤林率全国人大常委会执法检查组来豫检查
### 深入贯彻实施外商投资法 以法治力量推动高质量发展

多措并举稳经济 全力以赴促增长

## 我省新设135个博士后创新实践基地

防住是硬道理

## 河南能源：全面实施重塑性改革 阔步转入高质量发展

259

# 附件 6

## 2022 年 8 月 10 日，《河南日报》：
## 《河南能源集团以高质量发展推动创建一流企业》

大就要有大的样子。河南能源集团作为全省特大型国有企业，这个"大"，就是企业以高质量发展推动创建一流企业的高标准。

标准决定质量，有什么样的标准就有什么样的质量，只有高标准才有高质量。一流企业是具有全球竞争力的企业，是科技创新的领头羊、是市场保供的稳定器、是经济发展的压舱石、是产业转型的主力军。在全面建设社会主义现代化国家、向第二个百年奋斗目标进军的新征程上，省委、省政府锚定"两个确保"、实施"十大战略"，省政府国资委党委坚决贯彻落实"根上改、制上破、治上立"基本要求，进一步向纵深推进国有企业改革，加快建设一批一流企业，主动肩负起建设并实现现代化河南的历史使命。

企业强则地区强。河南能源集团心怀"国之大者"，心系"省之要者"，站位发展大局，主动担当作为，不断提高企业创新能力、竞争能力、抗风险能力、治理能力，按照"产品卓越、品牌卓著、创新领先、治理现代"的一流企业标准，努力践行高质量发展的企业路径，创建全国乃至世界一流企业，当好河南经济社会发展的"方面军"和"顶梁柱"。

**一、强创新，大有大的担当**

2022 年上半年科技投入同比增长 108%，对科研工作支持力度空前；引进急需的"高精尖缺"人才，加快打造一批高素质人才队伍；深化科技研发人员薪酬分配改革，建立以知识价值为导向的分配机制；推动中科豫能化绿色过程联合研发中心等积极融入我省科研体系，加大与中科院、上海交通大学等对外合作，充分发挥"一院四中心"科研体系作用……牢固树立"创新是第一动力"理念,河南能源集团持续打造投入、人才、政策、合作"四个高地",串联从"0"到"1"再到"N"创新链条。

**二、保供应,大有大的责任**

克服疫情、部分矿井关停等不利影响,为长协电厂发运电煤1608万吨,占河南省供煤量的40%,向社会让利23亿元;出资4000万元与有关省管企业联合组建医学生物检测公司,提升全省应急核酸检测保障能力;组织医护人员参与疫情防控工作6.9万人次,并驰援武汉、上海、吉林等地。重要之年当施超常之策,省管企业特别是河南能源集团带头保供稳价,切实肩负起"负责任、懂感恩"的企业担当。

**三、稳增长,大有大的品格**

2022年上半年,完成营业收入596亿元,同比增加146亿元;实现利润30亿元,同比增加19亿元,经济效益创近年来最好水平。越是大战大考越显格局与定力,河南能源集团既做到"稳自身"又努力"稳全局",依次破除机制性障碍、结构性矛盾、政策性"瓶颈"三道"藩篱",化解资金平衡难、风险防控难、生产经营难"三项难题",开创出一条依靠改革实现脱困、化险、重生的新路,也有力支撑了省管企业整体盈利能力逐步回升。

坚持"稳内扩外",优化煤炭产业布局,省内持续做好煤矿扩边储能、新能源项目建设,省外围绕内蒙古鄂永矿业800万吨/年至1000万吨/年、新疆中联润世煤业800万吨/年至1200万吨/年产能核增,不断加快优质产能释放,实现煤炭板块做精做优、做强做大。坚持"东引西进",加快化工新材料产业转型,以突破核心材料培育壮大产业集群,推进濮阳、鹤壁、义马、永城四大化工园区差异化发展,大力发展特种聚酯、生物可降解塑料、聚氨酯弹性体、高端电子化学品等高端材料,实现从关键基础原料向高端化工新材料跨越……着眼企业长远发展,聚焦煤炭、化工两大主业,争当能源革命的推动者和先行者。

创建全国乃至世界一流企业是不断改革突破、创新升级的过程。省政府国资委党委书记、主任,河南能源集团党委书记李涛说,河南能源集团作为全省特大型国有企业,大就要有大的样子,要发挥大的作用,坚决扛牢企业主责主业,开展能源核心技术攻坚、保障能源可靠供应、助力稳住经济大盘、推动能源清洁转型,不断创造经得起实践检验的优秀业绩,优质高效完成全年目标任务,以优异成绩迎接党的二十大胜利召开。

# 附件 7

## 2022 年 8 月 25 日，《中国煤炭报》：
## 《三生万物——河南能源改革重生记》

仅仅上半年，新疆公司就完成煤炭产量 583.19 万吨，营业收入 57.21 亿元，利润总额 16.84 亿元，创下历史同期最高水平。

化工新材料公司管理口径实现营业收入 121.5 亿元，同比增收 23.1 亿元；完成控亏 5.0 亿元，同比减亏 1.2 亿元。

研究总院投入研发经费 2000 余万元，后续将开展 20 多项科研项目，研发投入预计年底将达 1 亿元。

重装公司实现收入 5.28 亿元，同比增长 35%；实现利润 2859 万元，同比增长 262%，企业整体呈现良好的发展局面。

……

这是记者从河南能源集团有限公司（以下简称河南能源）年中工作会上获知的信息。谁也没有想到，2020 年 11 月因"永煤违约事件"而陷入困境的河南能源，能够在这么短的时间内逆境突围、凤凰涅槃，取得这样的业绩。

"河南能源改革重生取得成功，是河南省委、省政府坚强领导的结果，是社会各界鼎力支持的结果，更是集团公司全体干部职工在新领导班子领导下团结一心、攻坚克难的结果。"河南能源党委书记李涛说。

记者深入河南能源采访发现，该集团实现了"三个突破""三个重塑""三个降低""三个稳住"。以这四个"三"为标志，河南能源以党的建设引领、以深化改革为要、以化解债务为先、以保障稳定为重，实现了改革重生。

## 一、"三个突破"如何实现——以党的建设引领

"三个突破",即新增融资实现"破冰"、产业转型实现"破题"、经营效益实现"破局"。这是如何实现的?他们的答案是:以党的建设引领。

该集团以党的建设为引领,明确"安全是第一责任、职工是第一牵挂、发展是第一要务、创新是第一动力"理念,凝聚起强大合力,广大干部职工讲政治、顾大局,持续稳生产、稳岗位、稳人心,永煤等四大煤业公司 1500 名离职骨干技术人员实现"回流"。

由此带动了新增融资实现"破冰",存量融资重组取得积极进展,完成 75 家债权机构 1060 亿元利率调整及债务延期。增量融资实现突破,获得河南省农信联社 3 年内不低于 150 亿元授信支持,已成功落地 25 亿元。债券展期兑付顺利,累计完成 47 笔共计 278 亿元债券展期兑付。

与此同时,产业转型实现"破题"。煤炭产业智能化水平显著提升,建成一级智能化示范煤矿 6 对,智能化采掘工作面 80 个,工作面平均单产提高 8.9%。化工产业实现高位嫁接,依托四大园区与 16 家央企、知名民企合作,确定 30 个参股合作项目、引入总投资 546 亿元,合力打造全国最大的生物降解材料基地、功能新材料基地。

最终,经营效益实现"破局"。2021 年,实现营业收入 1100 亿元、盈利 32 亿元,消化潜亏 54 亿元,弥补前期安全欠账 50 亿元;2022 年 1 月至 6 月,实现利润总额 30 亿元、同比增加 21 亿元,投入安全费用 13 亿元,为地方经济社会发展做出重要贡献。

在"三个突破"的基础上,河南能源走出了一条依靠改革实现脱困、化险、重生的新路,内生动力不断增强,步入良性发展轨道,带动河南省国有企业改革三年行动全面实施和省域金融生态全面修复。

## 二、"三个重塑"如何实现——以深化改革为要

"三个重塑",即重塑治理模式、重塑选用机制、重塑产业布局。这是

如何实现的？他们的答案是：以深化改革为要。

"我们梳理废止了不适应发展的内部规章制度和规范性文件166项，印发董事会向经理层授权清单，有效控制经营风险，保障经理层依法行权履职，充分激发经理层'谋经营、抓落实、强管理'作用。"该集团总经理、党委副书记、副董事长田富军说，他们以治理能力为重点重塑管控体系、以"三项制度"为重点重构管理机制、以强身健体为重点重组优化资产，高效推进深化改革，国有企业改革三年行动40项重点任务全部完成。

在重塑治理模式中，该集团锚定职能，制定并落实"煤炭十条""化工十六条"授权放权举措，打破原高度集中的"六统一"管控模式，扩大基层自主权，充分激发动力。实施总部机构改革，明确职能定位，将总部职能部室及其他机构由28个精简到17个，正式职工由291人精减到202人。持续推进"瘦身健体"，2021年以来压减法定代表户数25户，7户扭亏无望的企业进入破产程序，今年年底前完成破产重整后可盘活资产69.5亿元，甩掉外部债务包袱22.4亿元。推动混改提质扩面，累计239户存量混改企业提质，混改比率为62.3%。

在重塑选用机制上，该集团锚定市场，探索完善"三推一考"办法与市场化选人用人相结合的干部选拔任用机制，实施中层管理人员"四制"改革，推进各级经理层任期制和契约化管理，各级公司1009名经理层成员全部由"身份管理"转变为"岗位管理"。咬定每年精减冗员1万人目标，优化人力资源结构和劳动组织，开拓外部用工市场，化冗员为资源，统筹实施共享用工2.68万人次，直接创收1.36亿元。

在重塑产业布局时，该集团锚定主业，突出煤炭、化工新材料两大主业，全面退出与主业相关性不强的房地产和有色金属加工等产业，持续巩固主业竞争优势。其中，煤炭产业做精做强，坚持"稳住河南、发展西部"整体发展思路，在河南省内重点推动新旧产能置换，通过新建、技改新增优质产能400万吨以上，加强智能化改造，控员减员1.38万人，整体人均工效提升9.5%；在河南省外加快抢滩布局，重点开拓新疆、内蒙古资源,强化股权整合和优质产能核增。

化工产业高位嫁接,围绕"东引西进"发展战略和"1+4"产业发展方向,将河南省内化工园区由9个缩减为4个,有效提升化工产业集中度,与中科院、上海交大、郑州大学、河南理工等合作打造"一院四中心"研发体系,推动基础化工产品向生物可降解材料和高端功能性新材料转型。与鹤壁、濮阳、三门峡、商丘等地深化战略合作,通过共同招商引资、引技,与国机集团、上海丹通等16家央企和知名民企合作,推动化工延链补链强链。

以该集团化工新材料公司为例,为加快推进既定项目按期建成,他们实施了项目风险抵押机制,组织召开月度建设项目推进交流会。义马园区PBT、永城园区乙腈、鹤壁园区聚甲醛3个已开工项目均实行风险抵押,参与抵押人员共计76人,总抵押金额185.3万元。实行风险抵押后,核心管理人员责任意识明显增强,项目进度明显加快。

### 三、"三个降低"如何实现——以化解债务为先

"三个降低",即降低违约影响、降低存量债务、降低经营成本。这要如何实现?他们的答案是:以化解债务为先。

河南省委、省政府全力支持河南能源改革重生,以突出信用修复为抓手,降低违约影响。为恢复企业信用,河南省政府发起设立总规模300亿元的省企信保基金,协调70亿元专项支持河南能源用于刚性兑付。河南省委、省政府领导带队走访国家金融监管部门和多家金融机构总部,表明支持河南能源改革重生的态度和决心,取得理解和支持,全力修复区域金融生态。

信用修复的同时,该集团突出有诺必践,降低存量债务。他们将化解债务风险作为头等大事,遵循"不刺破,不引爆"等基本原则,集中力量攻坚克难,逐项逐笔化解债务。成功召开新一届债权人委员会,形成债务重组方案,提振社会各界信心。充分争取债券投资人理解,逐笔沟通到期

债券，以支付50%、展期50%方式达成展期方案。同时，完成到期债务续贷或置换935亿元，债委会召开后未再发生抽贷压贷现象，为企业轻装上阵促改革创造了有利条件。

此外，该集团突出深挖内潜，降低经营成本。分类分批推进"两非两资"项目盘活出清，转让鹤壁等地的宾馆、技校，剥离企业办社会职能，推动资产变现，累计处置项目69个、回笼资金223.5亿元。狠抓节支增盈，强化应收款项清收，2021年4月以来，非生产性支出同比下降10.6%，长期应收款下降4.2亿元，存货减少36.6亿元，纳入亏损源治理范围的36家亏损企业已全部实现扭亏，积极用好助企纾困政策，争取到增值税留抵退税等政策红利5.1亿元，为企业长远发展增添底气。

在降低经营成本方面，该集团下属各公司因地制宜，因产品制宜，探索出了不同的方法。以重装公司为例，他们通过设计优化提高材料利用率，通过采购优化降低钢材采购价格和辅材采购价格，通过生产组织优化降低电费和油品等。上半年，该公司制造成本同比下降近20%，实现降本增效2200余万元。

**四、"三个稳住"如何实现——以保障稳定为重**

"三个稳住"，即稳住安全不动摇、稳住人心不偏离、稳住大局不松劲。这是如何实现的？他们的答案是：以保障稳定为重。该集团坚持将保障发展作为第一要务，着力办实事、解难题、开新局，为改革重生创造良好环境。

坚持"安全是第一责任"，严格落实"三管三必须"，制定下发最严格的党委管安全措施，树牢"三不四可"新安全管理理念，推动国务院安委会制定部署的安全生产十五条措施落地见效，出台加强"煤矿22条""化工14条"安全生产工作特别规定，全面推进煤矿安全专项整治三年行动治本攻坚，强化区队建设和班组建设，坚决守住安全生产的底线和红线。

以该集团所属新疆公司为例，为推动瓦斯治理从"被动管理"向"主

动治理"转变，新疆公司在榆树岭煤矿开展"井上—井下联合超前瓦斯治理项目"研究。该项目是新疆首个"井上—井下联合超前治理瓦斯"示范项目，对新疆煤矿瓦斯抽采经验积累、技术工艺储备、安全生产水平提升，具有重要的现实意义。该项目得到了国家矿山安全监察局新疆局的充分肯定，并要求建成示范标杆项目，以供学习借鉴推广。

与此同时，该集团坚持将职工作为第一牵挂，扎实开展"我为职工办实事"实践活动，办好民生实事2100多件。千方百计筹集资金，为职工补齐欠发的6个月工资40亿元，职工获得感明显增强。

此外，该集团认真做好改革风险评估，积极争取各方支持，及时化解不稳定因素，实现重大时间节点"零非访"。推进诉讼案件司法集中管辖，郑州中级人民法院司法集中管辖案件2555起，标的额112.3亿元，已办结2341起，化解率为92%，未发生一起因债务危机引发的恶性信访事件或重大社会影响事件，维护了企业核心资产，保障了企业正常运营。

把煤炭保供作为首要政治任务。2021年以来，为长协电厂发运电煤1504万吨，占河南省供煤总量的40%，向社会让利15亿元，全力服务能源安全大局稳定。"实现高质量发展、打造一流企业既是集团的新目标、新使命，也是河南省委、省政府对我们改革发展的新要求、新定位。"该集团董事长梁铁山表示，转入新阶段、踏上新征程，他们正以更加昂扬的斗志、更加扎实的作风投身到企业的改革发展中，"为实现集团高质量发展和打造一流企业目标而努力奋斗"。

附件　部分新闻媒体报道

**中国煤炭报**　聚焦

## 奋进新征程 建功新时代

### 三生万物
——河南能源改革重生记

仅仅是上半年，新疆公司就完成煤炭生产583.19万吨，营业收入57.21亿元，利润总额16.84亿元，创了历史同期最高水平。

化工新材料公司营业收入121.5亿元，同比增长23.1%；完成税金5.0亿元，同比减少1.2亿元。

研究总院投入研发经费2000余万元，后续将开展20多项科研项目，预计新增产能达1亿元。

重装公司实现收入5.28亿元，同比增长38%；完成利润2859万元，同比增长282%。企业整体呈现良好的发展局面。

这是记者从河南能源化工集团（以下简称河南能源）1年中工作会上获知的信息。想必没有想到，2021年11月河南能源"永城煤电的事件"后，河南能源改革就是在这样的时间内迅速完成，风起涌动，展现这样的局面。

河南能源改革重生取得成功，是河南省委、省政府坚强领导的结果，是社会各界鼎力支持的结果，更是集团公司全体干部职工在新形势下团结一心、改革先进的结果，"改革重生"在此挥毫写意。

记者奔赴河南能源总部现场，试图回答河南能源如何实现了"三个突破""三个重塑""三个降低""三个稳住"，以这四个"三"为标志，以党的建设引领，以深化改革为要，以化解债务为先，以保障稳定为重，诠释了改革重生。

### "三个突破"如何实现？
——以党的建设引领

"三个突破"，即煤炭能源有实现"破冰"，已经是国家"破冰"，是集团内部的"破冰"，也是对河南能源的"破冰"，他们的策略是，以党的建设为引领。

这里是记者想深入介绍，河南省关于集团党员、员工、党员干部队伍建设的一些情况。"改革重生"，一切尽是破。在十多年前"改革重生"的风雨中，河南能源以党建引领，抗住压力，稳住了1560名党委部门负责人的领导核心作用。

目前公司设立了党委"改革重生"工作专班，集中精力，集中保障，比部署，比运行，各部门把"改革重生"作为"重中之重"，建立领导小组并把1560名党员团结起来，党员干部重新激发，打开了集团47个改革专项任务清单。

"党建同心、产业发展共生"理念，围绕一改革重生——以党的建设为新的起点，稳定引领、行业赶超、高质量发展，也是打开了2022年"三步走"的新步骤，以更有效的措施保障党员干部真正进入到实际生产和经营中。这些年中，河南能源党委常委会开展研究，重大会议集中研究事项，深入基层调研重点工程，推进"三重一大"决策程序，确保各项决策的有效性。同时集团按照"思路一心，力量一致，步调一致"的战略方针，推动党的路线方针和决策部署贯彻执行。

### "三个重塑"如何实现？
——以深化改革为要

"三个重塑"，即集团的战略模式、董事产业生态、及其政治企业文化，这是如何再次打造，都记者实际为重。

"改革最根本之举，是迭过重塑的内在体系设立再理顺。"郭波介绍，河南能源重塑集团层级化架构，将下设的煤炭板块、非煤板块、化工新材料板块，整合为河南能源集团的三大板块。副董事长及党委常委会集中管理，同时集团同党委常委决议运行，严格执行"三重一大"决策程序。重塑"两级法人、三级管理"架构，除了在集团控制下的二级公司外，其余公司按相应权责归并。

在改革重塑的同时，在集团层面引入先进理念，"强管办"在"引一流"同时，形成了"人才流"的"双循环"效应。大力推进人才内部流动，合并三大板块的产业布局，成立了矿业、化工、新材料等29个集团化公司。截至2021年末，矿业公司共完成资产合并约29个，实现资产合计293亿元的新增；化工新材料公司整合资产42亿元，合并整合煤化工公司人才500余人、收储煤化工板块战略资产23.1亿元；新材料公司人资源战略合作，共计250个岗位转岗安置。截至2021年末，河南能源整合资产43亿元。

在董事生态方面，河南能源结合行业科技创新情况，聚焦主业"强管办"，分层决策，做好煤炭及化工板块的科技创新。同时，以"两重两新"战略布局引领"新基建"建设，落实15MW高端光伏项目建设，开启中低排放处理等PBT工业化生产运营。

### "三个降低"如何实现？
——以化解债务为先

"三个降低"即降低法人户数，降低通过贷款规模，降低贷款成本。这是如何实现的，郭波介绍。

"以前法人户数过多，管理链条长，降低法人户数，就是把管理更精细的化。"河南能源有大小法人户数500余家。河南能源改革重生后把分公司、子公司都迁到一个新的管理核心部位，通过化零为整，集中控股。这个决策一般以来，河南能源把1年时间完成法人户数的合并和整体减少，目前各项方案都在有条不紊地推进。

合并后的法人户数，郭波介绍，我们打开了持续降低负债总体规模。

为此每入大小，"消解，不利破，不切增"有基本能策略，降低利率各种。集团各板块规模等的设定银行金融机构间的紧密合作。截至5月末，集团综合融资规模减少，融资成本保持降低趋势。2022年5月末，河南能源综合融资规模1100亿元，集团新增流动性12亿元，负债率84.4%，比改革初降低。

集团结合实际加入行业"救助"，发挥主业"化解"效能，协调各方联合通过推动化工板块股权同步联动。河南能源集团化工新材料板块实现全新资产合并。前十月份实现超过200亿元核算40亿元。

### "三个稳住"如何实现？
——以保障稳定为重

"三个稳住"，即稳住安全生产底线，稳住人心大家盘，稳住企业大秩序。这是怎样实现的？

安全生产是民生之基，河南能源牢牢把安全稳定高悬"一把手工程"作为最重要的事情来抓。"以集团层面完善领导下沉工作，我们每个月都必须深入基层安全生产一线调研"。

事事"安全第一、质量第一"、严格落实"三个必须"，制定了河南能源安全生产体系"全整顿"、推进了"不同时"集团党委全面管理下的"三全责任体系的落实"、14万多的安全生产工作制度，全面落实至每一个岗位员工。集团"三级六经"、安全质量监督。

此外，河南能源还采取了各种实际举措，推行"成本控制""价格控制""质控"控、加强质量安全性的管控。

同时稳住人心"大家盘"，首先是"伙伴同心力士者"，郭波介绍，"伙伴同心力士者"的推行，让干部上下都有紧迫感，创新的员工实行"职位晋升"。

此外，还坚持定期走访各级干部和基层员工，经济各方面、工作各方面、生活各方面，疏导员工心事，关注员工家人。

安全是天大的"事上工程"，稳定才能持续地稳上"新起点"。郭波介绍。事上工程也被"国家下次工作"管理。"国家能源上报"的提出，新年度、定起点提升。郭波介绍，2021年河南能源实现营业收入1984亿元，全年上缴税费88亿元，创下了十几年来的最好水平。

"党组书记和董事长、总经理、新年起，政策出新意，面对新形势，我们要以更有"破冰"之智，带领员工在战马扬鞭行进的征程中实现新的发展。"郭波介绍。"在河南能源的每一位员工，都是集团的'同心力士'。"

269

# 附件 8

## 2022 年 10 月 31 日，《新华财经》：《能源国企如何改革破局重塑辉煌——专访河南能源集团董事长梁铁山》

2022 年前三个季度，河南能源集团上缴税费 121.29 亿元，创下历史同期最高水平；实现利润总额 45.12 亿元，同比增加 21.76 亿元，经济效益创十年来最好水平。

作为河南省最大的工业企业，从濒临破产到重塑辉煌，河南能源集团如何紧抓国企改革三年行动的窗口期和机遇期，走出破局之路？能源国企如何持续深化改革，为未来发展蓄势储能？河南能源集团董事长梁铁山就此接受了记者专访。

### 一、脱困：紧抓三个重塑，精准定位"一盘棋"

2020 年下半年，受周期性、体制性、行为性因素叠加影响，河南能源集团核心子公司永煤控股发生债券违约事件，冲击河南金融环境乃至全国资本市场。河南能源集团自身发展也陷入困境，面临破产危局。

这一年恰逢国企改革三年行动的起始之年，梁铁山任职河南能源集团董事长。在梁铁山看来，企业发展锚定两大主业最佳，主业超过三个就很难维系。当时的河南能源集团全面开花，产业布局涉及能源、化工、有色金属、装备制造、房地产等多个领域，项目分散在全国各地，其中河南全省 18 个地市就涉及 17 个。

"化工产业需要集聚发展，走循环发展、链式发展之路。一个工厂排出的气体就是附近其他工厂的原料，这样运输成本低，经济效益才能实现最大化。"梁铁山说。为此，河南能源集团围绕建设全省能源保供主平台的新定位，聚焦煤炭、化工新材料两大主业，全面剥离非主营业务和低效无效资产。

针对两大主业，煤炭产业"稳住河南、发展西部"，省内重点推动新旧产能置换，加强智能化改造；省外加快抢滩布局，开拓新疆、内蒙古等区域资源。化工产业"东引西进"，沿着一条由基础化工原料向化工新材料领域延伸的主线，做优做强生物可降解塑料、特种聚酯、聚氨酯弹性体和高端电子化学产品四大新材料，与鹤壁、濮阳、三门峡等地共同招商，面向东部沿海地区引进高端化工企业，推动延链补链强链；同时，省内重点发展濮阳、义马、永城、鹤壁四大园区，将不具成本优势的乙二醇、甲醇等装置"西进"新疆等地，依托当地资源，合作建设煤制气、煤制烯烃等下游转化项目。

梁铁山表示，重塑是产业结构"瘦身健体"的过程，也是优化集团治理模式以及选用机制的过程。在治理模式上，河南能源集团全面实施总部机构改革，将总部职能部室及其他机构由28个精简到17个；通过关停长期扭亏无望的企业等手段，将法人户数从500多户压减到364户；厘清党委会、董事会、经理层等各治理主体权责边界，印发董事会向经理层授权清单，制定"煤炭十条""化工十六条"授权放权举措，全面下放资金、销售、人事等六大类权限；引入美瑞新材料股份有限公司、安徽瑞柏新材料有限公司等知名企业"以混促转"，236户存量混改企业提质，混改比例达64.8%。

在选用人机制方面，河南能源集团探索完善"三推一考"办法与市场化选人用人相结合的干部选拔任用机制，推进各级经理层任期制和契约化管理1009名；咬定每年精减冗员1万人目标，优化人力资源结构和劳动组织，人均工效提升9.9%；2021年以来，实施企业间"共享用工"3.16万人次，直接创收1.59亿元。

## 二、化险：扛起企业责任，实施化债"组合拳"

债务危机下选择"躺平"还是"雄起"？河南能源集团将债务风险化

解作为落实"六稳六保"的必然要求和底线工程，坚决防止债务风险扩散、失控。

河南能源集团拥有2700多亿元资产和近2000亿元存量有息债务，如此体量企业的化险处置鲜有成功经验可供借鉴。在梁铁山看来，坚持规范运作，把市场化、法治化作为处置难题的基本原则。河南能源集团扛起债务化解责任实施的是一套"组合拳"。

一是突出信用修复，降低违约影响。省领导带队走访金融监管部门和金融机构，为河南能源集团取得理解和支持。获得70亿元河南省企信保基金专项用于刚性兑付。获得河南省农信联社三年内不低于150亿元授信支持，已有27.13亿元成功落地。

二是突出有诺必践，有序偿还债务。成功召开新一届债权人委员会，充分争取债券投资人理解，以支付50%、展期50%方式达成展期方案，完成债券展期及兑付56笔，偿还本息341亿元。完成75家债权机构1096亿元利率调整及债务延期，占可调整存量债务总额的99%。

三是突出深挖内潜，做好增收节支。分类分批处置"两非两资"，转让鹤壁等地宾馆、技校，剥离企业办社会职能，累计处置项目75个，回笼资金248.15亿元。强力压减"两金"占用，2021年4月以来，长期应收款下降12.86亿元，存货减少40.91亿元，纳入河南省政府国资委考核的36家亏损企业全部实现扭亏。争取到增值税留抵退税等政策红利16.9亿元。

梁铁山表示，"永煤事件"是河南能源集团资产负债结构不合理的一个缩影。河南能源集团在黄金时期以大规模发债方式融资扩建项目，短贷长用现象突出，债务风险不断积聚，一旦爆发，难以承受不利的外部环境影响。

目前，河南能源集团债务风险化解工作已取得显著成效，并以国企改革三年行动为契机，推进风险化解和风险防控双结合、双同步，不断完善债务风险管控体系，逐步建立防控债务风险长效机制。

### 三、重生：安全高效绿色，创新发展"天地宽"

国企改革三年行动临近收官，但是能源国企改革之路任重道远。梁铁山认为，能源企业必须要走安全高效、绿色发展之路。

聚焦两大主业，河南能源集团煤炭产业智能化水平显著提升，建成一级智能化示范煤矿8对，智能化采掘工作面90个，工作面平均单产提高8.9%；化工产业实现高位嫁接，依托四大园区与16家央企、知名民企合作，确定30个参股合作项目，引入总投资546亿元，打造全国最大的生物降解材料基地、功能新材料基地。

截至当前，河南能源集团已全部完成国家层面国企改革三年行动方案中规定必须完成的40项重点改革任务、公司国企改革三年行动方案中的164项具体任务。梁铁山表示，通过实施改革行动，河南能源集团"三个成效"，包括在形成更加成熟更加定型的中国特色现代企业制度和母子公司监管体制上取得明显成效、在产业布局优化和结构调整上取得明显成效、在提高国有企业活力和效率上取得明显成效，更加显著；"五种能力"，包括国有经济竞争力、创新力、控制力、影响力和抗风险能力，更加坚实。

河南能源集团的生产经营、诚信建设也得到信用评价机构的高度认可。中国企业联合会、中国企业家协会最新发布的2022年第二批企业信用评价结果显示，河南能源集团获评AAA级信用企业，这是近三年来企业在信用评价方面取得的突破，对下一步化解掣肘发展最突出的融资困境具有积极意义。

回顾河南能源集团依托改革脱困、化险、重生的实践经历，梁铁山强调，改革必须要下真功夫，无论是国有企业还是民营企业发展，都必须遵循市场经济和企业发展规律。

面对加快发展方式绿色转型的未来重任，梁铁山表示，河南能源集团要推进高质量发展，让发展成果惠及每个职工，扎实推进共同富裕，要坚持科技是第一生产力、创新是第一动力,聚焦煤炭和化工新材料两大主业,坚决打赢关键核心技术攻坚战,开辟煤炭发展新领域新赛道,不断塑造能源发展新动能新优势,推动传统能源向新能源转型、基础化工产品向生物可降解材料和高端功能性新材料转型。

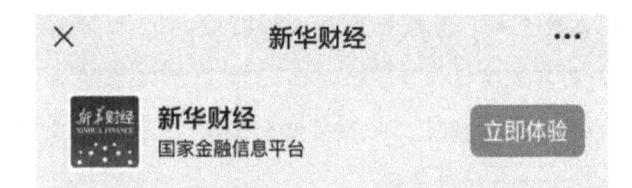

---

**新华财经**

新华财经
国家金融信息平台

立即体验

### 【高端访谈】能源国企如何改革破局重塑辉煌——专访河南能源集团董事长梁铁山

新华财经 李文哲 5小时前　　　　阅读量 30.5万

"化工产业需要集聚发展,走循环发展、链式发展之路。"梁铁山说,河南能源集团围绕建设全省能源保供主平台的新定位,聚焦煤炭、化工新材料两大主业,全面剥离非主营业务和低效无效资产。

新华财经郑州10月31日电(记者李文哲)今年前三个季度,河南能源集团上缴税费121.29亿元,创下历史同期最高水平;实现利润总额45.12亿元,同比增加21.76亿元,经济效益创十年来最好水平。

# 附件9

## 2022年11月2日,《河南日报》:
## 《河南能源:改革重生》

翻开河南能源2022年前三季度的财务报表,关键指标数据飘红,特别是净利润一项,同比增长195%,经济效益达到近10年最好水平。用好改革关键一招,牢牢把握大宗原材料行业上行周期,河南能源集全省之力闯出一条化险脱困之路。

作为全省规模最大的市场主体,河南能源一度深陷债务风险泥潭,在鲜有成功经验的前提下绝地求生,以时间换空间的魄力与胆识、用最小的成本获取最大的收益。

扛得住挺过来活得好,便是重生。党的二十大代表,河南省政府国资委党委书记、主任,河南能源党委书记李涛回到工作岗位后,第一时间传达大会精神,带领干部职工继续奋斗,以企业高质量发展新成效为现代化河南建设做出新贡献。

### 一、信念——大道直行开路先锋

时间回溯到两年前,河南能源受周期性、体制性、行为性因素相互叠加影响,深陷债务危机泥潭,资金链条几近断裂,融资能力基本丧失。这在省管企业历史上从未有过,引起了政府和市场的高度关注。

"黑天鹅"事件,来得有些猝不及防。信用急转直下、债主登门围堵、续发债券停滞……资产负债率高达81.53%,其中有息负债占九成。河南能源正经历着前所未有的风险和始料未及的挑战,绝非凭一己之力,就能化险为夷。

债券到期,一笔接着一笔,对于河南能源来说,每一天都很重要;现金兑付，一环扣着一环，对于河南能源而言，每一步都很艰难。

河南省委、省政府没有犹豫，从讲政治的高度迎难而上，明确"不引爆、不刺破、渐进式、软着陆"的原则，不断提高应对风险挑战的能力水平，集中力量推动河南能源改革重生。

道阻且长，不行不至。河南能源有2700多亿元资产，牵涉16万名职工、上下游产业2万家供应商的生计，还连带30家银行、51家非银机构的债权安全和河南金融秩序的稳定，一旦走上破产清算程序，将引发一系列"多米诺骨牌"效应。必须以河南一域之稳定为全国大局之稳定尽责任、做贡献。

开路先锋，不为不成。河南能源大而全的业务结构、高度统一的管控模式，阻碍企业发展，脱胎换骨的改革成为唯一出路。国企"一张椅子坐穿""论资排辈""大家同吃一锅饭"等"老毛病"仍然不同程度地存在。如何实现"表里兼治"，既解决债务问题又解决结构问题，率先走出一条高质量发展的路子，考验推进改革者的勇气和智慧。

只要路走对了，就不怕遥远。

2021年4月，河南省政府常务会议通过《河南能源化工集团改革重生方案》，全力支持企业走出困境。

2021年6月，河南省委常委会召开扩大会议，强调更好地防范化解债务风险。

目标定则方向明，方向明则干劲足。根据改革重生总方案和稳生产稳岗位稳人心、深化改革转型升级、债务风险化解、专项审计调查、妥善处置维稳风险等"1+5+N"方案体系，从省政府常务会议到省政府国资委党委会会议、河南能源董事会会议，一项项举措标定在改革重生时间表上。

**二、化险——资本市场正和博弈**

如何抓住大宗原材料行业上行周期，平衡各方诉求，拿出风险化解方案？最佳结果是避免零和博弈，追求正和博弈，通过利益兼顾实现共赢。

这一切的前提，需要上下同欲、条块结合，各领域各环节的改革措施有机衔接、有效贯通、有序联动。

——开跑"接力赛"，政府纾困，企业自救

"看得见的手"信誉背书，赴京走访中国人民银行、中国银保监会、中国证监会和多家金融机构总部，表明河南支持河南能源改革重生的态度和决心，取得理解和支持；河南省高级人民法院积极协调最高人民法院指定郑州市中级人民法院，对河南能源涉诉司法案件集中管辖，防止不同属地的法院争相采取保全、执行强制措施。河南省高级人民法院有关同志介绍，此举有利于保护企业核心资产，稳定职工就业和正常生产经营，防止债务风险蔓延和外溢。

"看不见的手"奔走腾挪，非核心资产能卖则卖，盘活处置宾馆、职业技术学院等非主业资产，退出多元化投资股权，回笼资金快速还账。

——使用"灭火器"，债市兑付，股市保壳

资本市场的放大效应，关乎财富也关乎风险。

债券风险爆发后，河南能源信用评级从3A降至2B，"发新债还旧债"的路子走不通。

偏偏按下葫芦浮起瓢，新问题不断浮出。回想起A股上市公司"大有能源"保壳战，省政府国资委原二级巡视员、河南能源改革脱困工作组副组长秦岭至今仍觉得"惊心动魄"。债券风险尚未消除，河南能源义马煤业公司因流动资金拆借，占用大有能源资金，未能保证上市公司独立性，系大股东违规行为。"倘若大有能源退市，遭遇股债'双杀'打击，河南能源可能再无翻身之力。"秦岭说。

除了找钱，别无出路。必须在中国证监会监管规定期限内和允许方式下，连本带息全部归还。

——打开"工具箱",行业授信,地方增信

中国人民银行郑州中心支行和河南银保监局共同设计债务风险化解方案,将金融机构到期和未到期的债务重新安排;河南证监局推动企业与120余家债券投资者依法开展谈判,争取剩余50%本金展期并豁免违约;河南银保监局牵头召开河南能源新一届债权人会议,引导75家金融机构借款展期、降息、债转股,执行债委会决议的债权比例高达97.34%。"河南干好这件事,态度、工作、决心都有,就差一张赞成票。"河南银保监局副局长马超逐一拨通债权人电话,推心置腹地解释和争取。

金融监管部门稳定债务,地方行政部门也在争取资金。

省政府发起总规模300亿元的省企信保基金,25家省管企业共建"资金池",协调70亿元专项资金及省属法人银行中原银行配投,支持河南能源等用于债券兑付;省政府国资委批准豫资控股集团牵头组建中豫信用增进公司,为河南能源等信用加码。

### 三、创新——解决问题创造财富

从外部市场赚钱,从内部管理省钱。对于尚有存量债务的河南能源而言,创新就是解决问题创造财富,通过扩大有效投资与持续降本增效,平衡资产与负债的比值,降低企业债务风险。

——有限的资金投到最具效益的地方

即便在企业"一分钱掰成两半花"的时候,也是持续朝着"城墙口"冲锋,坚持做精做强煤炭产业和高位嫁接化工产业,实现产业结构从传统能源向新能源、从原材料向新型材料的换道领跑。

煤炭,端稳"工业粮食"饭碗,稳住省内存量,发展西部增量。

经过连续多年开采,河南能源省内接续煤炭资源多在千米以下,开采安全风险高,投资收益低,原煤生产转移是大势所趋。"采煤到资源最丰富的地方去开采，新疆、内蒙古将成为企业的战略转移承载地和利润增长极。"河南能源副总经理贾明魁说。

省内加强现有矿井升级改造，压减低效无效产能的同时，也在积极谋求向清洁能源转型，朝着"风光无限"进发。

化工，提升"初级产品"价值，链条"进退补转"，布局"东引西进"。

西部有资源供给，东部有市场需求，河南能源将原先省内9个化工园区缩减成4个，将不具备原料成本优势的甲醇、乙二醇等基础化工装置搬迁到新疆，并引进上海丹通、瑞柏新材料等高端化工企业合作生产可降解和低碳材料，连接东西部消费纽带。"化工放在煤炭多的地方转化，有利于打通上下游产业链，拥有更多市场话语权。"河南能源副总经理段志广说。

——最好的资源用在最有潜力的地方

无论是技术创新，还是商业模式创新，河南能源敢于"抢早"，将潜在需求转化为现实供给，创造更多利润。

早走一步，攻克"卡脖子"技术。催化剂相当于化工产品的"芯片"，上游企业"任性"涨价，导致成本难以控制，造成产销价格倒挂的窘状。

历经8年时间、超万次反复实验，河南能源研究总院科研团队攻克发达国家垄断30年的技术关隘，自主研制新一代乙二醇催化剂及所属装置，并在企业内部实现成套国产化替代，使得国际市场同类产品价格降低70%。"'卡脖子'气不顺，咱不蒸馒头得争口气。"院长蒋元力说。

快走一步，开启平台化模式。河南是全国重要的能源原材料生产地和输出地，但还缺少与市场地位相匹配的能源交易市场和定价中心。

利用产业和区位双重优势搭建大宗商品交易平台，吸引上下游交易商参与，掌握现货定价话语权，每天有近万单生意成交，运行两年成交金额超360亿元。"下一步，还将纳入风能、太阳能等清洁能源，打造河南省大宗商品交易中心。"河南能源国贸集团党委书记、董事长程东全说。

### 四、变革——以人为本重塑企业

近日,有家北京的投资公司再访河南能源,洽谈业务后吃惊地说道:"大家的精气神跟两年前不一样了,原来拖了半年的事情,两三天就给办妥了。"这家企业的干部职工也说,相比于以前"怨天怨地"的心态,更喜欢这种"有干劲"的状态。"改革的关键在于人,以责任唤醒信心,以转制推动转型,以诚信赢得信任,一起创造重生奇迹。"李涛说。

——根上改,树牢改革思维

债务风险发生前,安全欠账多,职工工资停发,企业已接近生存压力极限。不少干部带头"躺平",这种思想咋能行?

眼前最紧要的事情,就是提振"精气神",牢牢树立"安全是第一责任、职工是第一牵挂、发展是第一要务、创新是第一动力"的理念。每个月资金到位,首先保证职工工资正常发放,再偿还债券和贷款。"职工的心气儿降到了冰点,咱要把人心暖起来。"河南能源董事长梁铁山说。

——制上破,激活改革动能

重塑思想观念撬动改革破冰,但冰冻三尺非一日之寒,动真碰硬的关键是"强筋健骨",调整组织结构和产业结构,充分调动发挥职工积极性和创造性,让每个职工与企业"利益攸关"。

组织结构去"中心化",制定"煤炭十条""化工十六条"授权放权举措,全面下放"人财物产供销"权限;产业结构先"研"后"发",打造"一院四中心"科技创新体系,架起实验室与生产线之间的桥梁。

——治上立,形成改革合力

改革重生事关国企改革三年行动,事关平稳防范化解金融风险,事关河南经济大盘稳固。这场改革中,每个参与者"血脉相通",要共同把全面深化改革这篇大文章写好。

省政府国资委牵头改革,中国人民银行郑州中心支行和河南银保监局牵头化险,省财政厅募资基金,河南证监局推动上市公司和券商债券展期,河南银保监局促进金融机构债委会达成协议。"自身风险化解的关键通常在于如何帮助别人化解风险。"中原银行股份有限公司党委书记、董事长徐诺金说。

逆境时,懂得应对挑战,向改革要动力;顺境时,更要居安思危,向创新要潜力。

这家昔日的世界500强企业,正阔步转入高质量发展阶段,向着创建一流企业的目标进发。

不经历危机,怎么能重生?

能源企业高质量发展管理体系实践与探索

# 参考文献

[1] Lavy A, Merry U. Organizational transformation [M]. New York: Praeger Publisher, 1986.

[2] Porter M E. The competitive advantage of ations [M]. London and Basingstoke: Macmillan Publishers Limited, 1990.

[3] Gereffi G. International trade and industrial upgrading in the apparel commodity chain [J]. Journal of International Economics, 1999, 48 (1): 37-70.

[4] Penrose E. The theory of the growth of the firm [J]. Long Range Planning, 1995, 29 (4): 11.

[5] Richardson H W. A markov chain model of interregional savings and capital growth [J]. Journal of Regional Science, 1973, 13 (1): 17-27.

[6] Wernerfelt B. A resource-based view of the firm [J]. Strategic Management Journal, 1984, 5 (2): 171-180.

[7] Prahalad C K, Hamel G. The core competence of the corporation [J]. Harvard Business Review, 1990: 79-91.

[8] 伊查克·爱迪思. 企业生命周期管理 [J]. 质量与市场, 2002 (9): 2.

[9] 张辉, 王庭锡, 孙咏. 数字基础设施与制造业企业技术创新——基于企业生命周期的视角 [J]. 上海经济研究, 2022 (8): 79-93.

[10] Hammer M, Champy J. Business reengineering [M]. Frankfurt: Campus Verlag, 1993.

[11] 陈浮, 于昊辰, 卞正富, 等. 碳中和愿景下煤炭行业发展的危机与应

对 [J]. 煤炭学报, 2021, 46 (6): 1808-1820.

[12] 李俊彪. "双碳"背景下煤基综合能源企业的价值研究 [J]. 中国煤炭, 2022, 48 (9): 32-37.

[13] 荆宁宁, 龚晓明, 胡汉辉. 从波多里奇卓越绩效准则的变化看质量管理的演变 [J]. 科学学与科学技术管理, 2007, 28 (10): 163-167.

[14] 闫丹梅, 龙云. 卓越绩效管理"三级联动"闭环工作模式的探索与实践 [J]. 企业管理, 2022 (S2): 440-441.

[15] 张振刚, 陈一华, 肖丹. 世界一流制造企业的特征、演进与启示 [J]. 中国科技论坛, 2020 (7): 99-110.

[16] 叶鹏飞. 观念与制度: 国有企业产业工人职业地位提升的困境与反思——基于煤炭产业工人的调查 [J]. 暨南学报: 哲学社会科学版, 2021, 43 (3): 62-71.

[17] 王丹识, 王荣博. 煤炭企业数字化转型现状、问题研究及建议 [J]. 中国煤炭, 2021, 47 (12): 7-11.

[18] 周伟田. 论新形势下如何发挥企业集团党委作用 [J]. 山东社会科学, 2011 (S2): 2.

[19] 刘万波, 周勇. 后疫情时代煤炭企业高质量发展路径探析 [J]. 中国煤炭, 2020, 46 (5): 23-26.